O dom da mudança

Marianne Williamson

Best-seller no *The New York Times*

O dom da mudança

Um guia espiritual para uma nova vida

Tradução
Júlio de Andrade Filho

Título original: The Gift of Change
Copyright © 2004 by Marianne Williamson
Originalmente publicada e organizada pela Harper Collins Publishers

Todos os direitos reservados. Nenhuma parte desta obra pode ser reproduzida ou transmitida por qualquer forma ou meio eletrônico ou mecânico, inclusive fotocópia, gravação ou sistema de armazenagem e recuperação de informação, sem a permissão escrita do editor.

Direção editorial
Soraia Luana Reis

Editora
Luciana Paixão

Editora assistente
Valéria Braga Sanalios

Assistência editorial
Elisa Martins

Consultoria técnica
Clene Salles

Preparação de texto
Rosamaria Gaspar Affonso

Revisão
Maria Aiko Nishijima
Cid Camargo

Criação e produção gráfica
Thiago Sousa

Assistente de criação
Marcos Gubiotti

CIP-Brasil. Catalogação-na-fonte
Sindicato Nacional dos Editores de Livros, RJ

W693d   Williamson, Marianne, 1952-
         O dom da mudança / Marianne Williamson; tradução Júlio de Andrade Filho.
         - São Paulo: Prumo, 2009.

         Tradução de: The gift of change
         ISBN 978-85-61618-64-3

         1. Mudança (Psicologia). 2. Mudança de vida. 3. Vida espiritual. I. Título.

08-5377.
CDD: 158.1
CDU: 159.947

Direitos de edição para o Brasil: Editora Prumo Ltda.
Rua Júlio Diniz, 56 - 5º andar – São Paulo/SP – Cep: 04547-090
Tel: (11) 3729-0244 – Fax: (11) 3045-4100
E-mail: contato@editoraprumo.com.br / www.editoraprumo.com.br

Para minha mãe

Sumário

Agradecimentos 8

Introdução
O desafio do crescimento 11

Capítulo 1
Cruzando a ponte 23

Capítulo 2
De esquecer quem somos a lembrar de quem somos 35

Capítulo 3
Do pensamento negativo ao amor positivo 51

Capítulo 4
Da ansiedade à reconciliação 77

Capítulo 5
De pedindo a Deus para mudar
o mundo a rezando para que Ele nos transforme 97

Capítulo 6
De vivendo no passado e no futuro
até vivendo no presente 121

Capítulo 7
De concentrando-se na culpa
a concentrando-se na inocência 143

Capítulo 8
Da separação ao relacionamento 167

Capítulo 9
Da morte espiritual ao renascimento 197

Capítulo 10
Do seu plano ao plano de Deus 211

Capítulo 11
De quem fomos a quem estamos nos tornando 239

Agradecimentos

O ato de escrever um livro pode assumir o controle de sua vida durante um tempo. Estou profundamente grata por aqueles que me deram assistência nesse período: Bob Barnett, cujas mãos firmes continuam dirigindo minha carreira por todos esses anos. Admiro muito sua sabedoria e conselhos inestimáveis, tanto neste quanto nos livros anteriores. Sinto-me extremamente afortunada por contar com sua orientação em minha vida.

Agradeço a Steve Hanselman por ter me recebido de volta à Harper-Collins e me fazer sentir parte da equipe. Espero que este livro seja merecedor de sua fé e confiança.

Mickey Maudlin, por cuidar tanto de minha psique como autora quanto de minhas palavras. Terri Leonard, Claudia Boutote, Jennifer Johns, Priscilla Stuckey, Lisa Spindler e Jim Warner, obrigada pela excelência como profissionais e generoso apoio.

Andrea Cagan, agradeço por ter sido a musa que veio até mim mais uma vez, usando de sua capacidade emocional e editorial para me trazer de volta aos caminhos literários.

Obrigada a Nancy Peske, cuja assistência editorial foi inestimável. Não consigo enfatizar o quanto sua ajuda e talento foram importantes para mim. Aquilo que houver de bom neste livro é, em parte, por causa dela. E aquilo que não estiver bom será de minha responsabilidade.

Agradeço ainda a Oprah Winfrey, por ter criado meu público nacional no início, e por continuar apoiando meu trabalho. Ela fez uma enorme diferença em minha vida, assim como tem feito na vida de milhares de outras pessoas. Agradeço a ela constantemente, do fundo de meu coração.

Chalanda Sai Ma, pela luz em minhas veias.

Victoria Pearman, Diane Meyer Simon, Stacie Maier, Christen Brown, Suzannah Galland, Alyse Martinelli, Bonnie Raitt, Joycelyn Thompson e Anne Lamott – pelo amor e amizade fraternal.

Richard Cooper, por ter lido meu livro, minha mente e meu coração.

Tammy Vogsland, Casey Palmer, Matthew Albracht, Marci Stassi, Mary Holloway, Andy Stewart, Debra Carter, Kristina Roenbeck, Maryvette, Helen Sushynska e John Marusich, por sua contribuição sem par em minha vida.

Agradeço à minha mãe, por tudo que foi, tem sido e sempre será para mim.

E à minha querida Emma, por preencher meu coração com um sentimento tão importante; ela é minha maior bênção.

Para todos vocês acima mencionados, meu mais profundo e infinito agradecimento. Não poderia ter feito isto sem vocês, especialmente neste momento.

Eis aqui, vos digo, um mistério: nem todos dormiremos, mas todos seremos transformados, num momento, num abrir e fechar de olhos, ao som da última trombeta; porque a trombeta soará, e os mortos serão ressuscitados incorruptíveis, e nós seremos transformados.

Coríntios 15:51-52

Introdução

O desafio do crescimento

Os tempos atuais são muito difíceis, mais difíceis do que muita gente está disposta a admitir. Existe uma sensação permanente de ansiedade, que é compreensível, mas da qual nem sempre é fácil falarmos.

Quando as coisas não estão correndo bem na vida pessoal, talvez seja possível procurar ajuda com um amigo, uma pessoa da família, ou mesmo se consultar com um terapeuta ou fazer parte de um grupo de apoio. Mas, quando essas preocupações estão baseadas em realidades sociais mais amplas, fica difícil saber com quem conversar ou de que forma falar sobre elas. Quando você está temeroso por não saber de onde virá seu próximo salário, é fácil expressar seus temores; mas quando se preocupa com o futuro da humanidade, se ela vai ou não sobreviver até o próximo século, fica meio estranho mencionar isso durante o jantar.

Acho que existe uma depressão coletiva pairando sobre nós, com a qual não lidamos e que subsiste, camuflada e reprimida. Cada um de nós, como atores individuais num drama maior, carrega a marca de um grande desespero. Lidamos com medos intensos e muito caos, seja pessoalmente ou com as outras pessoas, e somos desafiados a recriar nossa vida, de um jeito ou de outro.

Com relação às conversas diárias, agimos em conjunto com o outro, ambos fingindo que as coisas vão bem, não porque acreditamos que estejam, mas porque não conhecemos maneiras de falar sobre essas camadas mais profundas de nossa experiência. Se eu lhe contar o que aconteceu hoje comigo, será possível que eu mencione como estou me sentindo sobre isso, e as duas coisas são relevantes. Mas, quando se trata de falar sobre nossas experiências coletivas, o diálogo em público não permite muita discussão sobre eventos de igual magnitude, em nível pessoal: "Bombardeamos uma escola por acidente e 50 crianças morreram". Como nos sentimos sobre isso? Epa, melhor não irmos por aí...

Então, continuamos a conversar principalmente sobre outras coisas, num tempo em que as notícias diárias são tão críticas quanto em qualquer outra época da história da humanidade. Quando não lidamos com nossos sentimentos mais profundos, continuamos a enfatizar as superficialidades exteriores. As notícias sobre os horrores da guerra aparecem no meio de relatos sobre o novo campeão de bilheteria nos cinemas e as novidades sobre o novo Valentino daquela atriz de Hollywood. Vejo esse mesmo comportamento em mim, quando interrompo um trabalho em que estou escrevendo sobre um tema que exige um mergulho profundo em minha consciência para checar obsessivamente meus e-mails, em busca de algo divertido que possa me distrair. É como o mecanismo de negação, na terapia – você quer compartilhar a fofoca, mas não deseja lidar com as questões mais reais e dolorosas. É óbvio que preferimos evitar a dor. Mas, quando fazemos isso, é inevitável que causemos mais dor.

É nesse ponto que nos encontramos hoje em dia. Expressamos nossos medos e angústias em ações, porque não enfrentamos nossas dores em profundidade. Manter uma conversação superficial parece ser um pré-requisito para colocar a dor de lado. Todos aqueles que se engajam num discurso mais profundo são sistematicamente barrados do comportamento predominante: dos jornais e das revistas, da tevê e, especialmente, do poder político.

Certa noite, eu estava assistindo ao noticiário sobre o último vídeo supostamente enviado por Osama Bin Laden a uma rede de tevê árabe. O foco da notícia não era a mensagem de Bin Laden, mas a tecnologia que os americanos tinham usado para checar a gravação. A mensagem de Bin Laden era horrível; então, a atitude do noticiário procurou nos afastar emocionalmente daquilo, fazendo com que desfrutássemos dos debates sobre tecnologia em vez de nos aprofundarmos no conteúdo da mensagem.

Conversei recentemente com meu médico, que faz parte da "Grande Geração", os veteranos da Segunda Guerra Mundial, e lhe perguntei como estava se sentido ultimamente.

— Estou bem — respondeu ele —, e você?

— Também — eu disse —, mas acho que, interiormente, todo mundo está ficando muito agitado; não falamos sobre assuntos que nos perturbam. Acho que o estado das coisas no mundo tem nos deixado mais tensos do que gostaríamos de admitir.

— Talvez você tenha razão — ele suspirou. — As coisas já foram bem difíceis noutros tempos, mas sempre tínhamos a sensação de que acabaria tudo bem. Agora, não acho mais a mesma coisa...

Sua voz diminuiu aos poucos, com uma tristeza óbvia. Ele parecia estar grato por eu ter trazido o assunto à baila, a julgar pela maneira como se mostrava infeliz com o estado das coisas pelo mundo. O fato de que continuamos a viver nossa vida do mesmo modo, como se a sobrevivência do mundo não estivesse em perigo, não é um sinal de que somos rijos, que não demonstramos nossas emoções, mesmo morrendo por dentro. É um sinal, na verdade, de uma sociedade que não quer, ou não está preparada, para discutir suas dores mais profundas.

Temos sido desafiados pelos eventos mundiais e pelo curso da história a desenvolver uma consciência mais madura. Porém, não seremos capazes de fazer isso se não enfrentarmos aquilo que nos machuca. A vida não é uma obra de ficção, quando, ao final da leitura, podemos nos levantar e sair para tomar um drinque. Todos nós somos atores em um grande drama que está se desenrolando e, até que nos aprofundemos nas coisas, não haverá nenhuma atuação mais destacada. E a forma como cada um de nós desempenha seu papel irá afetar o desfecho da peça.

Aqueles em quem nos tornaremos, a forma como cresceremos e nos transformaremos em face dos desafios da vida, tudo isso está intimamente conectado às mudanças pelas quais o mundo passará nos próximos anos. A razão disso é que o mundo é uma projeção de nossa psique individual, coletada numa tela global; o mundo é ferido ou curado em função de cada pensamento que tivermos. Na mesma medida em que me recuso a encarar os problemas mais profundos que me impedem de fazer as coisas, o mundo também ficará impedido de evoluir. Por outro lado, o quanto eu avançar, depois de ter descoberto a chave milagrosa para a transformação de minha própria vida, será a minha ajuda para mudar o mundo. É disto que este livro trata: tornar-se o instrumento de mudança do mundo.

Até o momento, parece que temos grande resistência em olhar para nossa vida e para nosso mundo com honestidade emocional. E acho que estamos procurando evitar mais dor. Estamos evitando aquela sensação de desesperança que *achamos* que vamos sentir quando nos confrontarmos com a enormidade das forças que obstruem nosso caminho. Entretanto, a verdade é que só conseguiremos finalmente enxergar a luz quando encararmos a escuridão – a escuridão em nós e no mundo. Esta é a alquimia da transformação pessoal. Bem no meio da noite mais escura e profunda, quando nos sentimos esmagados pela vida, a sombra esmaecida de nossas asas começa a aparecer. Só depois que encaramos os limites daquilo que podemos fazer é que começa a se manifestar em nós a infinidade do que Deus é capaz. As profundezas da escuridão, ao se confrontarem com nosso mundo, vão revelar a mágica de quem somos de verdade. Somos espírito e, desse modo, somos mais que o mundo. Quando nos lembrarmos disso, o mundo inteiro vai se dobrar a esta recordação.

RETORNO AO AMOR

Em 1978, tornei-me aluna de um programa de autoaprendizagem e psicoterapia espiritual chamado *Um curso em milagres*; em 1992, escrevi um livro de reflexões sobre tais princípios, chamado *Um retorno ao amor*. Sem pretender absolutamente nenhum tipo de monopólio sobre as percepções espirituais, esse curso é um treinamento psicológico da mente baseado em temas espirituais universais. Ele ensina as pessoas a desmantelar um sistema de pensamentos baseado no medo e a substituí-lo por outro, baseado no amor. Seu objetivo é conseguir a paz interior por meio da prática do perdão e da bondade. Você perceberá que o Curso é mencionado ao longo deste livro; muitos de seus ensinamentos estarão refletidos naquilo que escrevo. Quando não existe uma referência específica para as citações ou conceitos do *Um curso em milagres* (publicado pela Foundation for Inner Peace), acrescentei um asterisco para marcar um de seus princípios.

Embora ele use a terminologia cristã tradicional, não se trata de uma doutrina cristã. Tais termos são utilizados em um contexto psicológico, com um significado universal para qualquer estudante de princípios espirituais, independentemente de ele ter ou não orientação cristã.

Os princípios espirituais não mudam, mas nós sim. Enquanto amadurecemos com o passar dos anos, passamos a acessar informações das quais tínhamos compreensão apenas abstrata, de modo mais aprofundado. Há 20 anos, percebi a orientação obtida com o Curso como uma chave para a transformação da vida de uma pessoa; hoje, entendo que essa orientação é uma chave para mudar o mundo. Mais do que tudo, vejo o quanto esses dois fatos estão conectados profundamente.

Foi por esse motivo que escrevi este livro. Ele representa, uma vez mais e, espero, de uma maneira mais profunda, minhas reflexões sobre alguns dos princípios de *Um curso em milagres*.

Ao reler meu livro *Um retorno ao amor* muitos anos depois de tê-lo escrito, fiquei perplexa com o exemplo que usei para mostrar quanto pode ser difícil tentar perdoar alguém. Contei a história de um homem que marcou um encontro comigo, na Olimpíada de Los Angeles, mas nunca apareceu, e como lutei para superar minha raiva e frustração. Hoje, vejo com incredulidade o fato de eu ter um dia pensado que levar um bolo desses era um profundo exemplo da crueldade do ego. Nas palavras de Bob Segar, "Gostaria de não saber agora o que eu não sabia então". É muito fácil perdoar quando ninguém realmente o machucou de verdade.

A vida era mais inocente para nós há não muito tempo. Hoje, o mundo parece encerrar muito perigo e tristeza; já não é tão fácil declamar princípios metafísicos e esperar que tudo esteja bem na manhã seguinte. Estes são tempos que desafiam nossas suposições espirituais, quando o poder das trevas nos questiona com escárnio: — E então, onde está *agora* todo aquele amor em que você acredita?

A resposta é que o amor está dentro de nós, esperando para ser liberado. A escuridão é um convite à luz, invocando o espírito que há em todos nós. Todo problema implica uma pergunta: — Você está pronto para incorporar aquilo em que diz acreditar? Você consegue alcançar dentro de si bastante clareza, força, perdão, serenidade, amor, paciência e fé para dar uma reviravolta? Este é o significado espiritual de qualquer situação: não aquilo que acontece conosco, mas *aquilo* que fazemos com o que nos acontece e quem decidimos nos tornar por causa do que aconteceu. A real falha é o fracasso em crescer com base naquilo por que passamos.

O DESAFIO DO CRESCIMENTO

Quer aceitemos ou não, a vida hoje é totalmente diferente do que esperávamos. A velocidade com que as coisas mudam é maior do que a psique humana parece capaz de lidar, e tem sido crescente a dificuldade de reconciliarmos nosso ritmo com a rapidez dos ciclos de notícias a cada 24 horas. Os finais e recomeços dramáticos têm sido mais predominantes que nunca. Nascimentos, mortes, divórcios, transferências, carreiras, mudanças – sem falar que o mundo em si mesmo parece irrecuperavelmente alterado –, tudo isso parece chamar algum tipo de transformação. As coisas que achávamos estáveis e seguras não parecem ser mais desse modo, e as coisas que avaliávamos como possibilidades distantes misteriosamente se aproximaram. Muitas pessoas estão se sentindo extremamente amedrontadas. É uma sensação aterrorizante de que podemos estar vivendo uma mentira.

Não se trata de dizer que nossos relacionamentos carecem de integridade ou que nossa carreira não é chacoalhada positivamente por nossos mais sinceros propósitos. É algo mais profundo que isso – uma sensação de que a realidade é uma camada de celofane que nos separa de uma existência verdadeiramente mágica. Sentimos a perda de algum significado em tudo, como uma doença da qual não nos livramos. Adoraríamos nos libertar, como se estivéssemos ficado presos numa caixa durante tempo demais. Não vemos a hora de nos espreguiçar, esticando os braços e as pernas, alongando a coluna, jogando a cabeça para trás e rindo de alegria ao sentir o sol em nosso rosto. Nem lembramos mais da última vez que fizemos isso. E nem lembramos que, daquela última vez, parecíamos turistas em férias, visitando uma atração muito procurada. As coisas mais maravilhosas na vida não parecem mais reordenar o tecido de nossa existência normal. Ou talvez elas nunca tenham feito isso. Não temos certeza.

Muitas pessoas experimentam uma vontade profunda e subconsciente de viver em outro tipo de mundo. Cantamos sobre isso, escrevemos poemas sobre isso, vemos filmes que tratam disso e até criamos mitos sobre o assunto. E continuamos a imaginar esse mundo, embora nunca o encontremos. Nosso desejo secreto é penetrar sob o véu entre o mundo em que vivemos e aquele que parece ser muito mais real. De uma coisa temos certeza: *este* mundo não pode ser o que imaginamos.

Muitos de nós estamos prontos para empreender essa jornada de libertação para encontrar aquele mundo melhor do outro lado do véu e não mais compactuar com um mundo absurdamente pavimentado pela dor e que se leva a sério demais. A questão é:
— Como fazer isso? Se o mundo em que estamos não é real da maneira como foi exaltado, e se o mundo que desejamos está do outro lado do véu, então onde isso nos deixa?

Quem nunca se sentiu deslocado em um mundo que supostamente é nossa casa e, ainda assim, vive em conflito total com o amor que reside no coração? E como fazer para alinhar esse mundo a nós, em vez de lutar sempre para nos alinharmos a ele?

Talvez estejamos vivendo numa hora mágica, aquela entre a noite e o dia. Acho que nos encontramos no meio de duas épocas históricas, quando uma massa crítica da humanidade tenta se desligar de sua obediência cega a um sistema de pensamento baseado no medo. Queremos cruzar a ponte para algum lugar novo.

Quando observamos a inocência das crianças, o modo como elas aprendem e amam, nos perguntamos: — Mas por que as pessoas não podem continuar desse jeito? Por que os bebês têm de crescer, sendo obrigados a enfrentar o medo e os perigos? Por que não podemos fazer o máximo possível para proteger seu amor e sua inocência? Você não é o único a estar preocupado; o mundo segue um curso de autodestruição, e nossas crianças e os filhos de seus filhos nos suplicam que mudemos as coisas.

Estes tempos atuais pedem mudanças fundamentais, não apenas mudanças marginais. Milhões de pessoas sentiram-se chamadas em sua alma para a tarefa de transformação mundial, desejando ser agentes ativos da virada monumental de um mundo governado pelo medo para um mundo de amor. Podemos sentir que o tempo é agora, e sabemos que somos aptos a fazer isso. O problema é que não sabemos exatamente como fazê-lo!

Como participar, de forma mais efetiva, de uma tarefa tão grande e tão idealista? Sentimos uma nova energia em ascensão por todos os lugares, chamando-nos para formas mais esclarecidas de ver, viver, pensar e ser. Livros em exposição nas livrarias proclamam maneiras mais saudáveis de amar, de guiar, de viver. Seminários e grupos de apoio nos mantêm trabalhando em novas formas de melhorarmos, praticando disciplinas espirituais e ritos religiosos. Estamos nos envolvendo em política e causas nobres, enviando mensagens, mandando dinheiro. Mas, de alguma forma, ainda parece que não atingimos o alvo, a chave milagrosa que pode mudar o mundo.

Não podemos evitar as notícias, a guerra, os alertas de ataques terroristas, o medo. Estamos fazendo o possível para mudar o mundo de nosso jeito modesto, mas as novas ideias e as forças mais compassivas parecem ser sobrepujadas por seus opostos. Algumas poucas coisas parecem ter melhorado, mas muitas outras pioraram bastante. Logo quando o amor parecia estar na moda, o ódio fez soar suas trombetas estridentes. E o mundo inteiro não pôde fazer nada mais senão ouvir.

A BÚSSOLA ETERNA

O mais importante a ser lembrado durante tempos de grandes mudanças é fixar os olhos mais uma vez sobre as coisas que não mudam.

Coisas eternas se tornam nossas bússolas durante os períodos de rápida transição, ligando-nos emocionalmente a um curso firme e uniforme. Elas nos lembram de que nós, os filhos de Deus, ainda estamos no centro do propósito divino para o mundo. Essas coisas eternas nos dão forças para fazer mudanças positivas, sabedoria para suportar as mudanças negativas e capacidade de nos tornar pessoas em cuja presença o mundo se move em direção à sua cura. Talvez estejamos vivos durante esses tempos de rápida mudança, nos quais "o centro se desintegra", justamente para nos tornar o centro que *não* se desintegra.

Percebi em mim mesma que, se alguma coisa sem importância deu errado – não acho a pasta que deixei sobre a escrivaninha, minha filha não fez o que pedi antes de sair para a casa de sua amiga –, fico facilmente nervosa. Mas se alguém liga para informar sobre um problema sério – um acidente ou uma criança com problemas –, percebo uma calma profunda tomar conta de mim enquanto reflito a respeito do problema.

No primeiro caso, minha inclinação a ficar desvairada não atrai soluções, ao contrário, retarda-as. Não existe nada em minha energia pessoal que convide os outros a vir ajudar, nem eu possuo a clareza necessária para pensar sobre a questão e descobrir o que fazer a seguir. No último exemplo, porém, toda minha energia se move em direção a um nível mais elevado, em busca da solução: meu coração se encontra a serviço dos outros, e minha mente está concentrada e aberta. Quando me coloco no resultado do problema, eu me torno parte dele. Mas quando estou centrada em mim, eu me torno parte da solução. E esse fenômeno, multiplicado milhares de vezes, é a força que salvará o mundo.

Quando as coisas no mundo estão inquietas e perturbadas, nossa necessidade não deve ser nos juntar ao caos, mas aderir à paz interior.

A única forma de ganhar poder em um mundo que está se movendo tão rapidamente é aprender a diminuir a marcha. E a única forma de propagar a influência de alguém é aprender a mergulhar mais fundo. O mundo que desejamos para nós e para nossos filhos não vai emergir da velocidade da eletrônica, mas sim da tranquilidade espiritual que tem suas raízes em nossa alma. Então, e só então, criaremos um mundo que vai refletir nosso coração, em vez de despedaçá-lo.

O tempo para a tentativa de ajustar esta ou aquela circunstância externa já passou. Nenhuma mudança superficial vai resolver as coisas. Precisamos mais do que uma mudança comportamental ou psicológica. Nossa necessidade nada mais é do que receber uma luz de outro mundo, que entre em nosso coração e nos transforme em uma totalidade. A resposta não está no futuro ou em outro lugar. A mudança não é de tempo ou de espaço, mas uma mudança de percepção, que possui a chave para um novo mundo. E esse novo mundo está mais perto do que pensamos. Podemos encontrá-lo quando nos colocamos profundamente nas dimensões amorosas e ocultas de qualquer momento, permitindo que a vida se manifeste da maneira que quiser e que nós sejamos da maneira como fomos criados. Esse Instante Sagrado, como é chamado em *Um curso em milagres*, nos liberta, por meio do amor, do medo que controla o mundo.

    Cada um de nós está conectado a um cordão umbilical cósmico, recebendo alimento espiritual de Deus a cada momento. Por sermos escravos das ordens ditadas pelo ego baseado no medo, resistimos ao elixir do sustento divino, preferindo, em vez disso, beber o veneno do mundo. É impressionante que façamos isso, tendo em vista a dor extraordinária que reside na maior parte do nosso cotidiano. Como a confusão mental criada pela nossa forma de pensamento dominante é tão intensa, e porque estamos treinados pelo mundo para obedecer aos comandos ditados pelo medo, aquela libertação surge, na maioria das vezes, em lampejos. Felizmente, hoje em dia, há mais e mais desses lampejos. Embora a escuridão pareça estar nos cercando por inteiro, está surgindo uma compreensão de uma natureza mais profunda para iluminar nosso caminho.

    Essa luz, um tipo de estrela de Belém secular e contemporânea, indica coisas novas no horizonte e nos acena a seguir e a partilhar o nascimento de alguma coisa fantástica. As maravilhas do mundo exterior não são nada quando comparadas àquilo que acontece dentro de nós. Isso não é o fim, mas um novo começo. O que está sendo gestado é um novo tipo de ser humano, que é reproduzido em cada um de nós. Livre das limitações do ego, livre para ver, ouvir e tocar a mágica que estamos perdendo durante nossa vida, finalmente livres para nos tornarmos quem deveríamos ser.

Quando estava no fim de sua vida, o gênio literário George Bernard Shaw foi indagado sobre qual personalidade da história ele gostaria de ter sido. Sua resposta foi que ele gostaria de ter sido aquele George Bernard Shaw que nunca conseguiu ser.

UM NOVO COMEÇO

Um dos princípios da fé é que Deus sempre tem um plano. Sem se importar com a loucura em que a humanidade mergulhou, Ele sempre nos confiou, por fim, à paz que existe além das loucuras.

Hoje, podemos ficar bem no meio das grandes ilusões do mundo e nossa simples presença irá dissipá-las. Quando cruzarmos a ponte para uma orientação preenchida de amor – quando aprendermos as lições da transformação espiritual e as aplicarmos em nossa vida –, nós nos tornaremos agentes de mudança numa escala enorme. Ao aprender as lições da mudança, tanto internamente quanto externamente, cada um de nós poderá participar do grande processo coletivo no qual todos os povos do mundo, surfando na onda de um entendimento mais iluminado, verão a raça humana em sua trilha de destruição e irão fazê-la mudar de curso bem a tempo.

Para alguns, este parece ser o Grande Final, talvez o Armagedon, mas na verdade é o tempo do Grande Começo. É o tempo de fazer morrer aquele que costumávamos ser e nos transformar naquele que somos capazes de ser. Este é o presente que espera por nós: a oportunidade de nos tornarmos quem realmente somos.

E este é o grande milagre: o dom da mudança.

Capítulo 1

Cruzando a ponte

A vida como a conhecemos está se extinguindo, e algo novo começa a nascer para tomar o seu lugar.

Temos um papel nesse grande processo de transformação, porque cada um de nós está sendo forçado a confrontar seja o que for que façamos, ou mesmo pensemos, para manter o amor a distância, porque quando bloqueamos o poder do amor que transforma nossa vida, bloqueamos seu poder de mudar o mundo.

A humanidade está se movimentando para a frente agora, apesar de continuarmos gritando e esperneando. A natureza parece nos dizer: "Pronto, chegou a hora. Acabou a brincadeira. Trate de se transformar na pessoa que você deveria ser".

Bem que a gente gostaria, mas é difícil. Os problemas do mundo de hoje parecem ser maiores do que jamais foram antes, fazendo com que seja mais fácil sucumbir ao cinismo, ao medo, ao desespero e à desesperança. Até o momento, que fique bem claro, em que nós nos lembrarmos de quem somos.

Porque nosso verdadeiro eu é muito maior do que todos os nossos problemas juntos, sejam eles pessoais ou coletivos. E quando nos lembrarmos de quem somos, tais problemas – que nada mais são do que manifestações de nossa falta de memória – vão desaparecer.

Bem, *isso* seria realmente um milagre, você poderia dizer. Pois bem, é esse precisamente o ponto.

Este livro fala do aprendizado de quem somos, que podemos nos tornar os agentes de uma transformação milagrosa. Quando liberamos os pensamentos baseados no medo, que nos foram ensinados por um mundo assustado e assustador, podemos ver a Verdade de Deus revelada: que nós somos, em nossa essência, o próprio amor. E os milagres ocorrem naturalmente, como expressões do amor. *[1]

Os Alcoólicos Anônimos dizem que todo problema carrega sua própria solução e o presente trazido pelos nossos desafios correntes é a oportunidade de darmos um grande passo na atualização de nosso potencial. A única maneira de o mundo poder fazer um avanço espetacular, do medo e do conflito para o amor e a paz, é que esse mesmo avanço espetacular também ocorra dentro de nós. Então, e só então, vamos nos tornar homens e mulheres capazes de resolver os problemas que nos afligem. Quando pulamos para dentro da área onde nosso Eu mais autêntico existe, entramos nos domínios das infinitas possibilidades.

Até que entremos nessa área, continuaremos bloqueados, porque Deus não consegue fazer por nós aquilo que Ele não consegue fazer por meio de nós. Dizer que Deus tem as soluções para os nossos problemas é dizer que Ele tem um plano para as mudanças que cada um de nós precisa passar para nos tornarmos pessoas *por meio das quais* Ele vai colocar em prática aquelas soluções. O fator mais importante para determinar o que vai acontecer com o mundo é o que você vai decidir que acontecerá em seu interior. Qualquer circunstância, não importa quão dolorida seja, é um desafio lançado pelo universo para que nos tornemos quem formos capazes de ser. Nossa missão, para o bem de todo o mundo e de nós mesmos, é enfrentar o desafio.

Todavia, para nos transformarmos em quem desejamos ser do fundo do coração, precisamos encarar quem somos agora, mesmo que essa imagem não seja agradável. O momento atual está nos

---

1 – (*) Os asteriscos ao longo da obra indicam citações e conceitos de *Um curso em milagres*.

obrigando a olhar de frente todos os problemas que evitamos, forçando-nos a chegar à verdade essencial sobre nós mesmos, não importa se gostamos ou não disso.

E até que consigamos esse avanço dentro de nós, não haverá nenhum avanço fundamental no mundo. Este mundo que vemos reflete as pessoas nas quais nos tornamos, e se não gostamos daquilo que vemos, devemos enfrentar aquilo de que não gostamos dentro de nós. Ao fazermos isso, atravessaremos nossa escuridão pessoal até a luz que existe mais adiante. Vamos abranger a luz e expandi-la.

E quando mudarmos, o mundo vai mudar conosco.

DO MEDO PARA O AMOR

Gastamos muito tempo em coisas pouco importantes – coisas sem significado – e por razões que ninguém parece compreender profundamente, e essas coisas não essenciais ficam no centro de nossa existência terrena. Elas não apresentam conexão com nossa alma, embora permaneçam atadas ao nosso funcionamento material. Como se fossem parasitas espirituais, essas coisas acabam drenando nossa força vital e nos impedindo de sentir alegria. A única forma de nos livrarmos de seus efeitos perniciosos é caminharmos para longe... não daquelas coisas que precisam ser feitas, mas daqueles pensamentos que precisam morrer.

A travessia para um mundo melhor começa ao atravessarmos a ponte para dentro de nossa mente, daqueles padrões mentais de medo e separação, para as percepções mais iluminadas de amor e unidade. Vivemos com o hábito de gerar pensamentos medrosos, e é preciso uma forte disciplina espiritual para mudar isso, em um mundo no qual se desconfia mais do amor do que do medo.

Para conseguirmos viver a experiência milagrosa da vida, devemos adotar uma perspectiva mais espiritual. Se não for assim, vamos morrer sem jamais ter conhecido a verdadeira alegria de viver. Essa alegria surge da experiência de nosso verdadeiro eu – quando nos distanciamos das projeções dos outros sobre nós, quando nos permitimos sonhar nossos maiores sonhos, quando desejamos perdoar os outros e a nós mesmos e quando somos capazes de lembrar que nascemos com um único propósito: amar e ser amados.

Qualquer um que observe o estado do mundo atual reconhece que existe algo radicalmente novo – algo que exige que identifiquemos a espécie de seres viventes que somos e qual é a nossa relação uns com os outros e com o planeta. O fundamento psicológico que mantém unido este planeta disfuncional é o mesmo das vacas sagradas: temos medo de tocá-las, com receio de que algo ruim acontecerá se assim o fizermos. Na verdade, alguma coisa ruim vai acontecer se *não* o fizermos. É a hora de mudar. Esta é a hora de fazer aquilo que sabemos, do fundo do coração, que nascemos para fazer.

Nós estamos aqui para participar de uma gloriosa subversão da forma dominante de pensamento no mundo, que é baseada no medo.

Só existem duas emoções centrais: amor e medo. O amor é para o medo o que a luz é para a escuridão: na presença de um, o outro desaparece. Quando mudamos nossa percepção do medo para o amor – em alguns casos não é tão difícil e, em outros casos, exige-se grande maestria espiritual –, nós nos transformamos em artesãos de milagres em seu sentido mais verdadeiro, porque quando nossa mente está cercada por amor, está na verdade envolvida por um poder maior. E a partir daí, todos os milagres acontecem.

MILAGRES

Um milagre é a transformação da percepção, a partir do medo, para o amor. É uma intercessão divina a partir de um sistema de pensamentos muito além do nosso, rearranjando nossas percepções e, por conseguinte, nosso mundo. (*)

O milagre está muito além daquilo que a mente mortal pode compreender. A orientação de Deus não surge como um mapa que a mente racional possa seguir; em vez disso, surge como uma iluminação espiritual, criando progressos psicológicos que nosso eu mortal jamais alcançaria. À medida que cada um de nós evoluir, começaremos a alcançar níveis mais elevados, combinando nossas energias de maneiras mais criativas e que jamais pensaríamos ser possível. Tudo o que for preciso, o amor providenciará. Receberemos os "Dons do Espírito Santo", intensificando as dimensões do talento e da inteligência. Nós nos encontraremos com as outras pessoas de maneiras mágicas. Poderemos corrigir os erros que pareciam incorrigíveis. Faremos todas essas coisas por meio dos milagres de Deus.

Quando o World Trade Center foi atingido por aviões que causaram a sua explosão, a solução completa para o problema com o qual nos confrontamos foi desenvolvida completamente dentro da Mente de Deus. A solução é um plano que envolve cada ser humano, até o limite de nos tornarmos disponíveis para Ele.

Todas as pessoas que encontramos, todas as situações que se apresentam, representam lições que nos ensinam a dar o próximo passo em direção à atualização do nosso eu. Todas as coisas que acontecem são parte de um processo educacional misterioso no qual somos arrastados de forma subconsciente até as pessoas e situações que constituem nossa próxima missão. A cada nova lição, somos desafiados a mergulhar mais fundo, para nos tornar mais sábios e afetuosos. E qualquer que seja nosso próximo passo, a lição vai nos esperar onde quer que estejamos.

O trabalho Dele consiste em nossa grande transformação, e não precisamos ser alguém diferente ou fazer qualquer outra coisa para realizar isto. A jornada para um mundo melhor não é uma estrada horizontal, mas sim um caminho vertical; não é uma viagem para outro lugar, a não ser para o local mais profundo de nosso coração. Bem na sua frente, neste exato momento, existem coisas para fazer e pensamentos a realizar que poderiam representar seu "eu possível", muito mais elevado do que este que se manifesta agora. Em qualquer ocasião, existe mais amor do que podemos ver e expressar.

E, quando fizermos isso, vamos curar o mundo.

FAZENDO NOSSA PARTE

Quando mudarmos nossa percepção, Ele mudará nossa essência. E, ao nos tornarmos aqueles que esperávamos ser, vamos saber o que se espera que façamos. E quando nos lembrarmos Quem está caminhando conosco, teremos a coragem de fazer o que precisa ser feito.

Este livro discute as dez mudanças básicas que cada um de nós pode realizar ao enxergar o mundo com os olhos do amor e não com os olhos do medo. A predominância dos pensamentos baseados no medo acabou envenenando nossa psique, criando uma fusão tóxica dentro de nossa mente. Buscamos caminhos saudáveis e não saudáveis para escapar até o santuário da verdade mais profunda. Porém, não é suficiente apenas procurar a verdade ou mesmo conhecê-la. Precisamos conceder permissão a nós mesmos agora para viver a verdade como a entendemos, com toda a miríade de implicações sobre nossa vida.

Aquele que trabalha o milagre tem este objetivo: considerar a possibilidade da existência de outro caminho. (*) E esse caminho existe, Ele vai mostrá-lo para nós.

Você pode estar fazendo um julgamento parcial sobre alguém; então, neste momento, é possível respirar profundamente e orar para Deus pedindo perdão. Talvez você esteja pensando sobre aquilo que falta em sua vida, mas quem sabe pudesse escolher reavaliar seu pensamento, concentrando-se em tudo aquilo que tem. Talvez esteja preocupado com sua capacidade de realizar um trabalho e então se lembre, de que Deus vive dentro de você e não existe nada que Ele não possa fazer. A qualquer instante, uma vida melhor está disponível.

Quando começamos a viver a vida – não a "procurar" por ela, mas simplesmente *escolher participar dela* –, então descobrimos que tudo está ao nosso redor, durante todo o tempo. Deus está em nossa mente. Aonde quer que a gente vá, Ele está lá.

Algumas vezes existem problemas que empurramos para o fundo da gaveta, do jeito que estão. Sabemos que nos pertencem e que um dia deveremos lidar com eles. Mas, mesmo assim, continuamos a empurrá-los e a empurrá-los, até que um dia alguma coisa acontece e um deles é trazido para primeiro plano. Foi o Universo que deixou as coisas bem claras: aqui, agora, você vai lidar com ele. Seja qual for a parte de nossa personalidade que permaneça machucada, agora é a hora de curá-la. Pode ser um problema de relacionamento, uma questão financeira, um vício, alguma coisa com seus filhos, ou o que for. A forma desse ponto fraco não é o que interessa: o que importa é que, enquanto não lidarmos com o problema, estaremos limitando nossa disponibilidade para sermos usados no Grande Plano de Deus.

Este é o momento em que todos no planeta devem estar de prontidão. Não é certo ficar preso na pequenez do narcisismo quando nossa grandeza é tão requisitada. Este é o momento de enfrentarmos, de uma vez por todas, os demônios que nos mantiveram acorrentados às nossas neuroses e dores; é a hora de defender nosso *eu* como uma forma de apoiar o Plano de Deus; e é o momento de assumir nosso lugar nesse plano, para a salvação do mundo.

Este é um período ao mesmo tempo excitante e crítico, mas não é o momento para um cavaleiro solitário. Este é o tempo, apesar de nossa dor e sofrimento, de alcançar nosso eu mais profundo e humildemente nos aproximarmos uns dos outros, porque será lá que encontraremos Deus, e todas as respostas que procuramos estão em Deus, todas as soluções e toda a alegria que pensávamos ter desaparecido para sempre. Este é o momento, e nós faremos a diferença.

Mas por que ainda não estamos trabalhando num nível mais alto de habilidade espiritual? Aquilo que nos mantém presos não é nossa ignorância espiritual, mas nossa preguiça espiritual. Nós *conhecemos* muitos dos princípios para alcançar níveis mais elevados de consciência; porém, somos mental e emocionalmente indisciplinados para aplicá-los de forma universal. Nós concedemos perdão onde é mais fácil, usamos da fé quando parece fazer mais sentido racional, e damos amor quando é conveniente. Somos sérios, mas nem tanto...

Agora, compare isso com os defensores do ódio. Os terroristas nos odeiam apenas *parte do tempo*? Seu *compromisso com a causa é apenas parcial*? Por acaso eles levam menos a sério o objetivo da manifestação plena de *seu* ponto de vista do mundo? A única maneira de podermos triunfar sobre o ódio é nos tornarmos tão comprometidos com o amor quanto algumas pessoas são comprometidas com o ódio; tornarmo-nos tão profundamente devotados a expressar o nosso amor quanto algumas pessoas são devotadas a expressar o ódio, e mantermos nossa convicção firme de que o amor é *nossa* missão, tanto quanto alguns são firmes em acreditar que o ódio é a missão *deles*.

Muitos de nós já somos alunos da espiritualidade; o problema é que somos maus alunos, e isso precisa mudar.

VIVENDO NA LUZ

A cada momento que nos desviamos de nosso nível mais elevado – causando dor aos outros e a nós mesmos – também nos desviamos do amor. Foi o momento em que simplesmente não sabíamos como agir de forma honrada e íntegra e ainda assim conseguir que nossas necessidades fossem completadas. Caímos novamente no velho padrão do ego e do medo, pela única razão de que é assim que fomos programados subconscientemente para agir. E quando todos os outros esforços falharem, provavelmente pediremos a Deus para nos ajudar. E Ele vai nos ajudar. Deus irá nos reprogramar nos níveis mais profundos. E então, por meio da alquimia dessa divina programação, encontraremos as pessoas que devemos encontrar, para atravessarmos as situações que precisamos enfrentar, de forma a aprender as lições que nos transformarão, deixando de ser aqueles seres imersos no medo para virarmos outros, transbordantes de amor. Teremos a oportunidade de aprender por meio da alegria, e, quando nos negarmos a fazer isso, aprenderemos pela dor. Mas aprenderemos.

Não é fácil fazer aflorar nosso potencial espiritual. O trabalho espiritual pode ser muito árduo – um instante sagrado quando, ao mesmo tempo, desistimos, rendemo-nos, não nos importamos se estamos certos ou errados, antecipamos nossa impaciência, afastamo-nos das opiniões e dos prêmios do mundo e descansamos nos braços de Deus. Mas o resultado final é o amor em nossa vida. Passamos a nos sentir mais confortáveis dentro de nós mesmos, menos carregados pela angústia crônica que assinala os tempos em que vivemos. Começamos a nos sentir finalmente livres das mágoas do passado, novamente capazes de amar de forma destemida. Passamos a exibir a maturidade e a força que antes faltavam em nossa personalidade. Uma nova energia passa a emanar de nós, e os outros também podem ver isso.

Tudo isso é muito simples, mas não quer dizer que seja fácil. O caminho espiritual não é uma questão de crescer de forma complicada metafisicamente; trata-se de um processo pelo qual crescemos de forma cada vez mais simples, enquanto aplicamos certos princípios básicos a tudo o que vivemos. Não aprendemos a amar, porque o amor já está gravado em nosso coração; na verdade, começamos a desaprender o *medo*. (*) E a cada mudança que fazemos, desde culpar alguém até abençoar alguém, penetramos o véu de ilusão que nos separa daquele mundo pelo qual ansiamos.

| 31

Nem toda lição será divertida enquanto estiver acontecendo, e de vez em quando vamos resistir ao crescimento ferozmente. Mas, enquanto ficarmos abertos ao milagre, moldaremos os novos domínios do ser, onde o amor apagou os padrões do medo que nos sabotaram no passado, elevando-nos a alturas inimagináveis. Cada situação carrega um presente: a oportunidade de sermos quem desejamos e de vivermos a vida da maneira que realmente queremos.

Iremos habitar um mundo que escolhemos enxergar, e por isso é tão importante que não percamos de vista o amor. Enquanto lemos sobre a guerra, não vamos nos esquecer da beleza do pôr-do-sol. Quando pensarmos sobre o estado do mundo atual, não podemos esquecer da quantidade de pessoas que se apaixonaram hoje. Deus nunca perde o entusiasmo pela vida, não deveríamos fazer isso também. Sob os acontecimentos superficiais do mundo, as pessoas continuam a sorrir para os outros, continuam curando, tendo bebês, perdoando, criando arte, tornando-se mais iluminadas, rindo, ficando mais sábias e amando, apesar de tudo. Em um mundo que parece dividido entre o amor e o medo, nosso grande poder reside em concentrar o foco de forma mais nítida. Certas coisas no mundo são muito sombrias; e o que este mundo precisa agora é de mais pessoas trabalhando pela luz.

Ver a luz e então viver nessa luz é a forma de nos tornarmos senhores do poder que a luz concede.

ESCOLHENDO UM NOVO CAMINHO

Nas palavras de John Lennon: "Você pode dizer que sou um sonhador, mas não sou o único". Os sonhadores devem encorajar os outros, porque uma das formas de suprimir nossos sonhos é nos fazer pensar que somos os únicos.

Se alguém de nós sugerir algo próximo da ideia de que o amor pode ser a verdadeira resposta, será esmagado como uma mosca por nosso pensamento policial contemporâneo. Dirão que somos ingênuos, tolos, e que nossa análise da situação mundial é simplista: "Ela é louca! Ela é da Nova Era! É uma lunática"! OK, está bem. Mas aqueles que constroem armas, gastando centenas de bilhões de dólares por ano e não acham que isso seja um problema, são o quê, s*ensatos*? Aqueles que propõem construir bombas nucleares mais aperfeiçoadas como solução para o conflito global são o quê, *racionais*? Aqueles que brincam de guerra como se esta fosse um novo conjunto de Lego são o quê, *ajuizados*? O mundo se tornou alguma coisa parecida com *Alice no país das maravilhas*: os ajuizados parecem dementes e os loucos parecem ajuizados. Tem-se a impressão de que o mundo inteiro está de cabeça para baixo. Mas a boa notícia é que muita gente já sabe disso; é que nós estamos com medo de falar em voz alta porque achamos que somos os únicos a perceber isso.

Mas não somos. Um novo compromisso com o amor está renascendo das profundezas de nossa humanidade, e seu poder está nos transformando, em níveis fundamentais. Nossa mente se abriu para uma verdade libertadora, e sentimos essa verdade como uma substância alquímica que banha nossas células e transforma nosso pensamento. Embora a ciência não seja capaz de registrar a mudança, podemos sentir que não somos os mesmos. Devotamos nossa vida a uma possibilidade radical: a de que o amor é capaz de expulsar todo o nosso medo.

Na verdade, não mudamos externamente. Ainda temos a mesma aparência; nós nos vestimos do mesmo jeito, jogamos o jogo pelas regras definidas pelo mundo. Mas alguma coisa mudou na maneira como vemos o mundo. Percebemos outra realidade por trás do véu. O mundo que enxergamos não é profundo o suficiente para nos sustentar; sabemos disso agora, e paramos de fingir que o mundo um dia poderá nos suprir. (*)

Estamos desenvolvendo nossos olhos para enxergar por trás do véu. E com essa nova visão vamos invocar um novo mundo. Quando acordamos todas as manhãs, podemos abençoar o mundo. Podemos orar para sermos os servidores atuais de algo sagrado e verdadeiro. Podemos dar um profundo suspiro e nos capitular e entregar aos planos de Deus para nossa vida. E quando fazemos isso, vivenciamos os milagres. O mais importante é: *ficamos deprimidos quando não agimos assim*, porque trabalhar os milagres é o chamado de nossa alma. Ansiamos nascer dentro do novo estágio de nosso desenvolvimento espiritual. O medo do mundo é antigo e está se extinguindo, é por isso que ele está tão furioso. O amor mal respirou pela primeira vez, na Terra, é por isso que ele é tão sensível. Mas os humildes vão herdar a terra por uma única razão: sua força vai literalmente tomar posse do lugar. (*) Quem nós fomos não é tão importante quanto pensávamos, e quem nós seremos é algo simplesmente maravilhoso, excepcional.

Capítulo 2

De esquecer quem somos a lembrar de quem somos

Para mudar nossa vida para melhor, a primeira coisa que devemos fazer é parar de projetar nosso ego, de forma subconsciente, em todas as coisas. Ficar lidando com o Eu deprimido, o Eu inseguro, o Eu zangado, o Eu amedrontado não é exatamente o equivalente psicológico de aplicar seus melhores esforços para avançar. Entretanto, esses fragmentos psíquicos, do jeito que são, representam aquilo que conduzimos até que sejam incluídos na grandeza de nosso verdadeiro ego. A depressão, a insegurança, a raiva e o medo não são erradicados apenas porque usamos as roupas certas, temos bastante dinheiro ou apresentamos as melhores credenciais. Eles podem ser camuflados temporariamente. As pessoas assimilam, quase de forma telepática, a verdade de nossos mais profundos sentimentos e, subconscientemente, refletem de volta para nós. Todos nós estamos constantemente envolvidos nesse processo interativo, a todo momento, não importa o que aconteça.

O único modo de termos a vida *por inteiro* é habitarmos dentro da *inteireza* de nosso verdadeiro ego. E nós somos o todo quando somos Um com Deus. A palavra *sagrado* se refere à nossa conexão com Ele, e quando estamos fora dessa conexão ficamos dissociados de nossa essência. Não seria estranho se você fosse um dos filhos da Rainha Elizabeth e não soubesse que é um herdeiro do trono? Você não estaria perdendo um aspecto significativo de sua identidade? Amplie essa suposição de forma geométrica, em termos de efeitos psicológicos, e você terá uma noção de quão bizarro é quando esquecemos que nosso Pai está no céu.

De acordo com *Um curso em milagres*, temos um problema de "origem" (*), pois, ao não reconhecermos nossa fonte divina, acabamos nos expressando como criações do mundo, em vez de criações do espírito. O que o mundo carimbou em nossa psique foi a dor e a fragmentação. E não faz sentido tentar curar essa dor antes de termos curado nosso sentimento inapropriado de herança. Nós não somos filhos do mundo; somos filhos de Deus. Não podemos permitir a falsa contribuição que o mundo cansado oferece a nós e nos afeta pela maneira como o faz.

A confusão sobre nossa herança divina se exprime em confusão sobre nós mesmos: ao não compreendermos quem somos e de onde viemos, achamos mais difícil entender quem somos agora ou onde estamos agora. Por isso, temos carência de estabilidade espiritual. Na ausência de um sentido de se entender como criatura divina, a mente supõe que somos nossos próprios criadores e, desse modo, nosso próprio Deus. Se Deus não é o mais importante, então eu sou o mais importante! E esse pensamento de que eu sou o maior não é meramente narcisismo. É uma psicose que permeia a condição humana.

Ao nos lembrarmos da verdade sobre nossa origem, ficamos mais abertos à verdade de quem somos.

O GRANDE DESPERTAR

Na Bíblia, está dito que Adão adormeceu – e em nenhum lugar se diz que ele acordou. (*) Costuma-se afirmar que a humanidade tem estado adormecida durante eras, não de forma metafórica, mas, em certo sentido, de forma literal. Durante nosso sono, começamos a sonhar. E alguns desses sonhos se transformaram em pesadelos.

O sofrimento é um pesadelo. O vício é um pesadelo. A violência é um pesadelo. A fome e a guerra são pesadelos. E a maneira pela qual poderemos mudar o mundo, deixando de ser um lugar onde essas coisas acontecem para outro lugar, onde elas não mais existam, não será por meio daquilo que *fazemos* num sentido tradicional, mas sim porque acordamos do pesadelo vivo no qual tais coisas ocorrem. Estivemos adormecidos sem saber, tomando parte de um grande processo de esquecimento – esquecendo quem somos, qual é o nosso poder, de onde viemos e do que realmente precisamos.

Mas um grande despertar está no horizonte, tão inspirador quanto um novo amanhecer sobre nós. Não é à toa que os mestres iluminados são também chamados "Aqueles que Despertaram". E agora, uma espécie que ficou adormecida por tanto tempo está à beira de um despertar em massa.

A resistência a esse despertar, a sedução de continuar adormecido, o falso prazer da dormência, tudo isso é real em nossa experiência, mas não são fatos tão poderosos quanto aparentam ser. Somos Um com aquela Mente que nos inventou e nada que fizermos separadamente terá qualquer significado. (*) Quando nos lembrarmos do Um como nossa Fonte, despertaremos para nosso poder e os pesadelos desaparecerão.

O EGO CONTRA A SANTIDADE

Um dos testes do livro de exercícios de *Um curso em milagres* diz "O amor, que me criou, é aquilo que sou". Essa declaração resulta de uma avaliação radical de nossa verdadeira natureza, porque se eu sou tão bom, então quem é a pessoa que continua cometendo erros, se autossabotando e repetindo padrões neuróticos?

Essa pessoa é nosso ego baseado no medo. Aqui, a palavra *ego* remete aos antigos gregos: o núcleo da personalidade de uma pessoa, o eu pequeno e separado. Quando nos identificamos com

| 37

o ego, é como se olhássemos para a cutícula de um dedo e então pensássemos: "É isto que eu sou". O ego é um *eu* impostor, mascarando aquele que somos, na realidade, em troca da incorporação de nossa própria aversão. Ele é o poder de nossa própria mente voltada contra nós, fingindo ser nosso defensor, mas, na realidade, solapando nossas esperanças e sonhos. O ego é um fragmento de ilusão que se soltou de nossa ampla espiritualidade. Ele constrói um reino mental paralelo, onde vê a si mesmo como especial e diferente, justificando a manutenção do resto do mundo a distância. Quando nos vemos assim separados, nós subconscientemente atraímos e interpretamos algumas circunstâncias que parecem ostentar essa crença. Tal domínio ilusório é um verdadeiro inferno na Terra.

Ao nos lembrarmos de quem somos, finalmente fincamos o pé sob a luz de nosso verdadeiro eu, sendo filhos de Deus, e então aquele ego começa a retroceder, mesmo que gradualmente. A escuridão não consegue suportar quando verdadeiramente envolvemos a luz – quando a alimentamos conscientemente e nos devotamos a ela. É por essa razão que o reconhecimento de quem somos, que somos amor, e fomos criados por Deus, é a coisa mais importante a fazer em todos os momentos. O amor é nossa realidade espiritual, imaculada por qualquer coisa que tenha acontecido no mundo material.

Quando nos esquecemos disso, pensamentos sutis de ataque e defesa se tornam uma cortina de fundo mental para toda a nossa existência. O ego é "duvidoso na melhor das hipóteses, e malévolo na pior das hipóteses" (*). Se desejamos uma cura genuína de nosso coração – não apenas dando um jeito nas coisas, não apenas refazendo a aorta rompida do espírito –, devemos questionar as suposições fundamentais do ego. Porque só quando rejeitarmos o julgamento do ego sobre quem somos, poderemos então descobrir quem somos *realmente*.

E quem nós somos realmente é algo divino.

Nossa santidade é tanto o oposto como o antídoto para o ego. É um estado no qual nos reconectamos com nossa Fonte, lembrando que na verdade nunca partimos. Fomos criados por Deus em um estado de santidade, nascemos nesta Terra em um estado de santidade. E voltaremos a ele depois de nossa morte. Todos nós, entretanto, no período entre a infância e a morte, ficamos adormecidos com relação à nossa verdadeira natureza e passamos a viver no inferno autoimposto de nossa separação de Deus. Lembrar de nossa conexão com a Fonte nos desperta e liberta-nos dos pesadelos que criamos. Em qualquer Instante Santo, o ego fica sem efeito e sem valor.

A santidade não é apenas uma imagem teológica, aplicada aos santos e aos mestres iluminados, e a você ou a mim. Manter esse conceito num altar inatingível, longe de qualquer aplicação prática, é apenas uma manobra do ego para mantê-lo a distância. Dizer que somos divinos não é algo simbólico; é dizer que somos extensões da Mente de Deus e, dessa forma, nossa verdadeira natureza é divina. Quando paramos para considerar de fato que somos filhos de Deus – não apenas filhos deste mundo –, começamos a perceber a riqueza espiritual que herdamos. E que é nossa, para ser usada, para expulsar toda a escuridão interior e ao nosso redor.

Podemos criar milagres em nossa vida por meio das orações. Possuímos muito mais poder do que temos usado – para curar doenças, reconstruir relacionamentos, harmonizar as nações, proteger nossas cidades e transformar nosso mundo. Enquanto continuarmos pensando que apenas os "outros" são santificados, então apenas os "outros" parecerão os únicos a possuir uma autoridade milagrosa. Mas isso não é verdade. Na realidade, todos nós somos santificados, porque todos foram criados por Deus. Quando abrirmos nosso coração a Ele e a cada um de nós, nossa mente se tornará o canal do Milagroso. Todos nós podemos orar por milagres, e Ele vai nos ouvir sempre que o fizermos.

Quando libertarmos os recursos internos de compaixão que estão presos dentro da perplexidade da mente egocentrada, haverá uma explosão de milagres que transformará completamente nosso ego e nosso mundo. Ficaremos renascidos em espírito, livres para expressar a criatividade e a paixão que habitam dentro de nós, de uma forma que nunca fizemos antes.

Poucos mortais arranharam a superfície do gênio potencial que todos possuímos e do qual um dia nos aperceberemos. Os grandes mestres iluminados, como Buda, Moisés e Jesus, atingiram tal alinhamento com o espírito que o mundo que os rodeava nunca mais foi o mesmo. Eles são como irmãos mais velhos que demonstraram nosso potencial. Eles mostraram o que cada um de nós pode se tornar um dia.

Assim que nossa mente ficar permeada pelas realizações do poder extraordinário que existe dentro de nós, e quando nos permitirmos incorporar os princípios da consciência mais elevada, o ego ficará em uma posição de inferioridade perante a verdade superior. Ele não consegue suportar uma mente que começou a despertar para sua verdadeira identidade. Por fim, o conhecimento espiritual acumulado será a recompensa, e uma vida mais ampla começará a emergir.

INFINITAS POSSIBILIDADES

Quando eu era mais nova não usava relógio, e você poderia me perguntar que horas eram, a qualquer momento do dia ou da noite, que saberia dizer com bastante exatidão. Mas alguma coisa aconteceu no começo dos meus 20 anos: percebi que não seria mais capaz de fazer isso e, quase ao mesmo tempo em que pensei no assunto, deixei de fazê-lo. Porque era algo muito estranho e assim...

O que aconteceu comigo é o que acontece a todo mundo: somos convencidos, de forma sutil e insidiosa, de que nossos poderes naturais não existem. Nós nos tornamos escravos de um ponto de vista disseminado que reza que nossos poderes naturais são diminuídos, vistos como algo secundário, quando comparados aos poderes extraordinários da ciência, da tecnologia e de outros falsos deuses dos planos exteriores. O progresso moderno parece anular nossa alma, deixando-nos privados dentro de um universo sem significado. Não existe nenhum Deus verdadeiro, exceto o deus do desejo interminável.

Somos treinados dentro desse mundo a nos enxergar da maneira como o ego nos define. De acordo com o que ele decreta, somos pequenos e impotentes, cercados por um universo poderoso e gigantesco. Estamos aqui por apenas um minuto antes de sofrermos, envelhecermos e morrermos. Somos ensinados a nos identificar mais com nossas culpas do que com nossa inocência, e então vivemos assombrados pelos erros que acreditamos que vão dominar o resto de nossa vida; somos ensinados a censurar os outros mais do que a perdoá-los, e então ficamos presos aos sentimentos de vitimização; somos ensinados a viver separados dos outros e nos tornamos presa da grandiosidade e da insensibilidade. Fomos ensinados que as credenciais, os títulos, os erros e as influências, os casamentos e os divórcios, o dinheiro, o currículo, os pais, os filhos e as casas – seja qual for o rótulo ou a identidade que alguém pretenda colar em nós –, tudo isso é nossa essência. E, como resultado, esquecemos de quem somos realmente.

Essa negligência é a fonte de todo mal, porque nos deixa em uma escuridão pessoal, confusos sobre nossa herança, poder e propósito. A mente não pode servir a dois mestres, e quando esquecemos o verdadeiro, nos curvamos falsamente para o outro. Quando nos identificamos mentalmente com o domínio da matéria, vemos a escassez e a morte. Mas quando nos identificamos mentalmente com o domínio do espírito, enxergamos o amor eterno, as possibilidades ilimitadas e a unidade de todas as coisas.

Olhe para os raios da roda de uma bicicleta. Na extremidade do aro, cada raio está separado dos outros. No centro, porém, cada raio é unido a todos os outros. Nós somos como um desses raios, conectados com os demais no centro, na parte central de nossa unidade espiritual. Compreender que somos espírito é entender que estamos unidos aos outros, que é o significado esotérico da seguinte frase da Bíblia: "Tu és único diante do filho de Deus". É por isso que a Mente de Cristo, ou qualquer nome que lhe dermos, é nossa salvação. Ela é o ponto da recordação divina salvando-nos dos erros que cometemos, quando esquecemos que estamos em união com os outros. A renovação espiritual é a salvação do mundo, porque assim que entendermos que aquilo que fazemos aos outros estamos literalmente fazendo a nós mesmos, nossos pensamentos e comportamentos mudarão. Ferir os outros para recusar a compaixão se tornará impensável.

A BASE ESPIRITUAL DA AUTOESTIMA

Aprendi, quando a dor entrou em minha vida, que aquele *eu* que podia ser ferido não era meu verdadeiro eu. A mulher em mim, a profissional em mim, a escritora, a professora – o que tudo isso queria dizer? Eram apenas tijolos de uma prisão espiritual, procurando confinar minha vida, quando, na verdade, uma vida não pode ser limitada? Que diferença faz se alguém me trair, quando meu verdadeiro eu, meu espírito, não pode ser traído? Será que é um insulto quando existe a oportunidade de olhar a parte de mim mesma que pode ser insultada e dizer: "Ah, você nem mesmo corresponde a mim"? O verdadeiro eu não está imune à doença? Então, quem é aquela que fica doente? Não é verdade que o verdadeiro eu é ilimitado? Então, quem é aquela que pode ser encarcerada? O verdadeiro eu não é eterno? Então, quem é aquela que morre?

Esta é a pergunta: quem *somos* nós, de verdade? Porque se acharmos que somos pequenos e separados, seres mortais, então o mundo que criamos irá refletir essa crença. Viveremos em um mundo de separação, sofrimento e morte. Mas quando mudamos nosso sentimento sobre quem somos – quando entendemos que somos ilimitados, unidos a toda vida –, então a experiência humana que conhecemos se transforma. Um dos exercícios repetidos em *Um curso em milagres* declara o seguinte: "Eu sou como Deus me criou". De uma forma essencial, ainda *somos* os mesmos do momento da criação, e todos os problemas derivam do nosso esquecimento desse fato.

Se você é como Deus o criou, então nenhum erro que tenha cometido nem nenhuma opinião ou julgamento negativo que alguém tenha sobre você podem determinar quem você é ou mudar o seu valor. (*) Naquele Instante Santo, podemos nos lembrar de nossa essência divina e decidir expressá-la. E tudo quanto expressarmos irá refletir-se em nós. O universo está sempre pronto a nos oferecer novos começos, que reflitam nossa inocência, mas nem sempre estamos prontos para recebê-los. O sol pode aparecer, mas nós não o veremos se as cortinas estiverem fechadas. Não importa o quanto Deus nos ame, não sentiremos isso se não acreditarmos nesse fato. Enquanto pensarmos que somos menos do que a perfeita criação de Deus, então as experiências que atrairmos serão menos que a perfeita criação de Deus. A forma como acreditamos vai determinar como as coisas devem aparecer.

Seu valor é inestimável, porque você é um filho de Deus. (*) Caso se veja pensando: "Eu sou um perdedor. Sempre tento e sempre falho", pare imediatamente. Apague essa gravação e faça uma nova por cima. Expresse com firmeza para si, de maneira silenciosa ou verbalizando: "Eu sou a pessoa mais legal do mundo, porque Deus só cria perfeição. Reconheço meu valor inestimável, apesar de meus erros, para os quais peço perdão. Sou criação de Deus e, neste momento, peço ao universo que reflita em mim a grandeza de Deus que está dentro de mim". (Se alguém quiser rir disso, deixe rir. Que tipo de mundo *essas pessoas* estão criando?)

Todos os filhos de Deus são especiais e nenhum deles é especial. (*) Você não é melhor que ninguém, mas também não é pior. Todos receberam dons especiais, todos nasceram para brilhar de uma forma ou de outra, e todos são inocentes aos olhos de Deus. Veja as crianças no jardim-de-infância: são todas lindas e magníficas, assim como nós.

Não se trata de arrogância acreditar que você é infinitamente criativo, brilhante e potencialmente perfeito pela graça de Deus. De fato, seria arrogante pensar de outro jeito, porque aquilo que Deus criou não pode ser menos do que perfeito. (*) Essa conclusão se aplica a você e a todos os demais. Não é arrogância, mas humildade, aceitar os presentes de Deus e permitir que se manifestem por meio de você.

Porém, para o ego, não se trata de humildade mas sim de arrogância e você merece uma forte reprimenda por ousar acreditar em si mesmo.

APOIANDO A GRANDEZA DO OUTRO

Vivemos em um mundo onde os julgamentos são feitos rápida e facilmente. As mentiras são ditas sobre as pessoas e elas são impressas pela mídia irresponsável; qualquer pessoa pode escrever o que quiser em seu site e parecer uma pessoa crível. Outros destroem a reputação de alguns e assassinam o caráter das pessoas como se fosse um esporte.

Recebi um monte de críticas em meu caminho desde que minha carreira pública começou. Não sei por quais motivos – talvez pela minha condição feminina, minhas convicções, minha impetuosidade básica –, algumas pessoas pareciam sentir que sua missão era criticar pelo simples fato de criticar. Contudo, aprendi que você não dá o melhor de si para o mundo baixando a cabeça para as críticas e se desculpando envergonhadamente, dizendo: "Sim, você deve estar certo. Eu fiz algo errado". Assumir a responsabilidade pela sua parte nos desastres, sim – mas assumir as projeções de culpa de pessoas doentias? Não! Seja por qualquer motivo que as pessoas precisem projetar suas culpas e frustrações em você, não precisa aceitá-las, se não forem suas.

Em alguns ambientes, recebi o apoio básico: "Vá em frente, menina! Pode voar!" Mas em outros, ouvi: "Quem você pensa que é? Volte aqui pra baixo ou vamos forçá-la a descer!" Quando reconhecermos a vingança do ego — e o quanto ele detesta o espírito da vida e do amor, será mais fácil evitarmos assumir seus ataques maldosos. E existe aprendizado em tudo aquilo que vivemos. Todos os desafios ligados ao potencial de crescimento, que surgem das críticas severas feitas pelos outros, é que possibilitam que você decida por si mesmo em que basear sua autoestima: na opinião dos outros ou na opinião de Deus.

O pensamento de Deus está a 180 graus do pensamento do mundo (*), e uma das muitas áreas onde vemos as coisas completamente em desordem é a área da arrogância e da humildade. (*) Nunca deveríamos nos desculpar quando tentamos pôr em prática a grandeza de Deus que vive em todos nós. E todos aqueles que se recusam a apoiar os outros na manifestação de seus sonhos estão apenas negando apoio a si mesmos. Seja o que for que eu me recuse a comemorar em sua vida, serei incapaz de atrair para mim. Os pensamentos que tenho sobre você são inseparáveis dos pensamentos que tenho sobre mim mesmo. Se eu não lhe der permissão para brilhar, não darei permissão a mim mesmo para fazer isso.

Hoje em dia, sobreviver às nossas grandezas assume uma urgência para além de cumprir, além de realizar nossos sonhos individuais. Fazer nascer nossa grandeza é crítico para a sobrevivência da espécie; apenas se você conseguir viver seu pleno potencial e eu fizer o mesmo com o meu, então o mundo será capaz de realizar seu próprio potencial. Uma vez que pensamentos limitados produzem resultados limitados, apoiar os outros na crença de si mesmos ajuda o mundo a caminhar para a frente. E quando nos tornamos capazes de ser quem somos, independentemente da opinião alheia, isso se torna parte de nossa responsabilidade com Deus e conosco.

A menos que você apoie o despertar da grandeza nas pessoas à sua volta, não estará fazendo a sua parte em ajudar a curar o mundo. Um sorriso de incentivo, um e-mail, o menor dos gestos podem fazer a diferença ao ajudar a outra pessoa a acreditar em si mesma. De uma perspectiva material, aquilo que damos, perdemos. Mas, de uma perspectiva espiritual, só aquilo que damos é que conseguimos manter. (*) Quanto mais generoso for o amparo que dermos aos outros, mais generoso será o apoio que teremos do universo.

RENDENDO-NOS À NOSSA NATUREZA MAIS LUMINOSA

Muitas vezes, falhamos em desenvolver o aspecto de nós mesmos simplesmente porque ninguém nos serviu de padrão. Se um pai demonstra "sucesso" ou "elegância", então iremos colocar em prática essas coisas. Mas caso nenhum modelo esteja presente, quer seja na família ou culturalmente, então simplesmente não construímos o caminho psicológico para esse objetivo. Deus, entretanto, criou sua própria esteira.

A psique é como um gigantesco computador, com um número infinito de arquivos. Imagine uma pasta chamada "A Vontade de Deus", com vários arquivos em seu interior: Eu, o forte; Eu, o autoconfiante; Eu, o piedoso etc. Tudo aquilo que é o Amor de Deus está presente, como um arquivo que não precisamos pagar para baixar. E nenhum desses arquivos de Deus pode ser deletado.

Entretanto, a maioria de nós criou arquivos que *precisam* ser deletados. Eu, o arrogante; Eu, o sarcástico; Eu, aquele que julga; e Eu, o cínico são bons exemplos. Todos esses arquivos pertencem a uma pasta chamada "ego"; agora, imagine Jesus sentando em seu computador, realçando aquela pasta e clicando na tecla "deletar".

Eu, o furioso ou Eu, o arrogante são arquivos que representam Nada e que cresceram para se parecerem com Algo. Cada arquivo é parte da ilusão do mundo. Seria mais fácil, entretanto, convencer os outros e nos convencer de que nós somos desse jeito, se nos comportarmos assim. E mesmo que nossas ações não sejam assim, enquanto esses arquivos negativos existirem, eles agirão como venenos mentais e continuarão a ter a capacidade de nos refrear.

Outro conjunto de imagens que revela a verdadeira natureza de nossa eternidade reside nos contos de fadas. Aquela madrasta malvada é nosso ego, e ela deseja matar Branca de Neve, que representa o espírito inocente do amor dentro de nós. Mas a madrasta não consegue realizar seu intento, porque aquilo que Deus criou não pode ser destruído. A única coisa que ela pode fazer é colocar Branca de Neve em um sono profundo. Somente o beijo do Príncipe – o amor incondicional – é que consegue acordá-la.

Se o príncipe não tivesse beijado Branca de Neve – se, em vez disso, ele a tivesse criticado: "O que você está fazendo, dormindo até essa hora"? –, então ela não teria acordado. As pessoas capazes de nos despertar de nossa natureza mais inferior, fazendo-nos voltar ao nosso melhor estado, não são aquelas que nos condenam, mas as que nos abençoam e perdoam.

Alguém me disse uma vez, quando minha filha era bem pequena, que sempre seria melhor, quando possível, dizer-lhe "faça isso" no lugar de "não faça aquilo". Acho que este foi um dos melhores conselhos que já recebi. Você pode ser capaz de enxergar os prejuízos causados às pessoas que sempre tiveram respostas baseadas naquilo que é negativo. No livro *Medical Parent/Medical Child*, os autores Michael Mendozza e Joseph Chilton Pierce explicam que a natureza da ligação emocional entre pais e filhos é mais importante do que a informação específica entre eles. O teor de nossa comunicação é tão importante quanto aquilo que dizemos. Nossa missão é assegurar a bondade essencial nas pessoas, mesmo quando elas cometem erros. (*)

Sei disso por experiência própria, pois alguém me dizendo constantemente que eu não estou indo bem dificilmente me ajuda a melhorar. Existe o poder mágico quando nos associamos à bondade nas pessoas. Li certa vez uma entrevista da atriz Uma Thurman, filha do renomado filósofo budista Robert Thurman, em que ela dizia: "Acho que me rendi à minha natureza mais luminosa". Penso que ela foi ensinada direito, porque entendeu que existe tal natureza. O papel dos pais é enxergar isso nos filhos e refletir de volta para eles. E tal natureza existe em todos nós. Esta é uma abordagem psicológica muito diferente daquela que é normalmente associada às mentes ocidentais. Usualmente, pensamos que nossas qualidades "negativas" representam algo de que devemos "nos livrar". E é a partir daí que surgem todos os sistemas disfuncionais de educação, justiça etc. Imagine como o mundo seria se olhássemos para os outros e pensássemos: "*Tenho certeza* de que existe algo maravilhoso lá dentro"!

Na realidade, nossa necessidade é de *reclamar* e *abrir caminho* por entre nosso potencial espiritual, sem nos importar se ele já foi ativado dentro de nossa personalidade. O derradeiro potencial é nossa "Natureza de Buda" e o "Cristo". "Aceitar Cristo" é aceitar que o amor de Deus está em nós e em todos os outros. Uma luz eterna está dentro de nós, porque Deus a colocou lá, e invocar aquilo de que gostamos é muito mais poderoso do que tentar destruir o que não apreciamos. Na presença de nossa luz, a escuridão desaparece.

Os atores personificam um personagem ao descobrir a sua força vital dentro deles próprios. Não se trata de ser outra pessoa, já que é outra dimensão de sua própria individualidade. E a maioria de nós, sejamos atores ou não, temos dimensões de nossa individualidade que continuam inexploradas, pela simples razão de que ainda não decidimos explorá-las.

Todos podem cantar, embora apenas alguns poucos sejam verdadeiros cantores. Todos podem pintar, embora só alguns sejam verdadeiros pintores. E todos nós somos atores, embora normalmente a gente finja não ser.

No Alcóolicos Anônimos (AA), costuma-se dizer que é mais fácil agir em um novo modo de pensar do que pensar em um novo modo de agir. Assim como as crianças aprendem com as brincadeiras, os adultos podem fazer o mesmo quando se permitem. Subestimamos a capacidade de nossa mente subconsciente em nos apoiar quando criamos a mudança. Um bom conselho seria: "Finja até que você consiga". Quando as meninas brincam de casinha ou os meninos fingem ser o Homem-Aranha, estão seguindo uma estratégia subconsciente para o desenvolvimento da personalidade, usando a imaginação para prepará-los quando entrarem nos novos domínios da existência. E não é preciso parar de fazer isso, a não ser que seja nossa escolha.

Pratique a gentileza, e você começará a ficar gentil. Pratique a disciplina, e você se tornará mais disciplinado. Pratique o perdão, e você começará a se tornar mais generoso. Pratique a caridade, e se tornará mais caridoso. Pratique a bondade, e você será mais bondoso.

Não *importa* se você está ou não com vontade de ser gentil com o motorista de ônibus hoje; aja desse modo, desse mesmo jeito, e observe como isso começa a afetar o seu humor. Basta apertar a tecla do *eu* que deseja ser e o arquivo abre. Ele sempre esteve lá, afinal de contas, esperando ser baixado. Nós nos tornamos afáveis, quando *decidimos* ser afáveis. Temos o poder de gerar e de reagir aos sentimentos; temos o poder de afiar nossa personalidade à medida que viajamos pela vida. Nas palavras de George Elliot: "Nunca é muito tarde para ser o que você poderia ter sido". Nunca é muito tarde para nos tornarmos quem realmente somos.

Capítulo 3

Do pensamento negativo ao amor positivo

Uma amiga me disse, uma vez, que sou uma "sofredora". Eu não sabia o que ela queria dizer e ao mesmo tempo sabia exatamente o significado daquilo. As coisas podiam estar muito boas e então eu ia descobrir realmente alguma coisa bem idiota para me incomodar. Eu simplesmente estava habituada emocionalmente a prestar atenção apenas nas coisas negativas. Eu ainda precisava aprender que, em um amplo aspecto, somos responsáveis pela nossa própria felicidade. De acordo com *Um curso em milagres*, a felicidade é uma decisão que devemos tomar. E quem entre nós já não tomou decisões que estavam diretamente ligadas a nos fazer sofrer?

Em um determinado momento, é o nosso foco que determina nossa realidade emocional. São raros os momentos em sua vida nos quais tudo o que você olha, ou tudo o que você pensa, parece estar perfeito. A perfeição é um ponto de vista; o que se torna perfeito é a nossa capacidade de examinar cuidadosamente o ambiente e colocar a nossa atenção nele de uma maneira útil, amorosa e positiva.

Sempre há coisas que nos dão alegria e também outras que nos trazem tristeza. A ponte que nos leva a uma vida mais feliz é composta mais por uma decisão emocional do que por uma mudança na circunstância. A vida é como um pedaço de argila úmida, e cada pensamento que lhe dedicamos ajuda a moldar a sua forma. Uma vida feliz pode ter seus dias tristes, mas quando você já dominou os fundamentos de uma visão da vida basicamente feliz, atrai mais situações que provam que seu ponto de vista estava correto.

E o que poderia ser mais feliz do que uma compreensão da vida de que o amor é real e nada mais existe? (*) O truque, é claro, é que fica difícil se manter amoroso em um mundo sem amor. Ainda assim, com Deus, isso é possível. Quando passamos mais tempo procurando enxergar a vida com olhos mais afetuosos, e dedicamos menos tempo tentando descobrir o motivo de estarmos infelizes, então a vida muda muito mais rapidamente. O ego adora alimentar a ideia, a ilusão, de que somos impotentes diante do sofrimento. Para algumas pessoas, isso é a pura realidade; mas para a maioria de nós, aquela atitude é um jogo de autoderrota que praticamos, garantindo que a felicidade continuará distante, num eterno "quem sabe um dia".

Nossa capacidade de mudar a mente é a maior dádiva que Deus nos deu, e também a mais poderosa. (*) Ele está presente dentro de nós, a qualquer momento, para nos ajudar a voltar nossa mente para o amor.

Sempre é possível olhar uma situação e dedicar um momento para avaliar quão abençoados e agradecidos nós somos pela parte benéfica daquela situação. Sempre é possível convidar o espírito de Deus para proteger nossos pensamentos, para elevá-los até a Ordem Divina, para nos liberar do domínio do ego e para nos transformar naquilo que Ele pretende que sejamos. Em todos os momentos, podemos convidar Deus para entrar e purificar nossos pensamentos. Depois que fizermos isso, começaremos a ver os milagres. No início, alguns deles poderão parecer pequenos, mas com o tempo veremos uma mudança básica no tom de nossa vida.

Parece-me que a chave para a felicidade reside em deixar-se de lado. O tempo mais feliz de minha vida foi quando eu estava mais envolvida com algo que fazia para os outros do que nos momentos em que fazia coisas para mim mesma. Qualquer percepção que focalize apenas nossas necessidades individuais criará medo no final das contas, e qualquer percepção que focalize nossa unicidade com os outros criará paz. Muitas pessoas lutam, e são derrotadas, na intenção de encontrar a paz dentro de si mesmas, porque não conseguem perceber quem é seu verdadeiro eu. Por isso o ego é tão perigoso: ele nos fará pensar que estamos separados quando, na realidade, não estamos. Não é possível atingir a paz interior até que sintamos a completude dentro de nós mesmos, e não é possível se sentir completo sem a conexão com as outras pessoas.

Você não consegue descobrir seu eu apenas olhando para si mesmo, porque na essência *não é ali que você está*. O verdadeiro eu está expandido, é literalmente unido com o mundo inteiro. Por isso, encontramos a nós mesmos em nossa relação com o todo. Não seremos felizes enquanto não desejarmos o mesmo para todos.

Um dia, eu estava assoberbada com algumas preocupações baseadas no ego e relacionadas à minha vida, aborrecida porque isto ou aquilo não acontecia; lembro-me de estar particularmente preocupada porque não conseguia atingir meus objetivos na carreira. A conversa dentro da minha cabeça girava sobre mim (erro número um) e se concentrava naquilo que eu entendia que estava ausente (erro número dois). Finalmente, compreendi que meu pensamento não estava inclinado para os milagres, e ordenei a mim mesma para sair daquela situação.

Naquele momento, eu estava fazendo as malas para sair do hotel, e logo em seguida o carregador chegou para pegar minha bagagem. Comecei a lhe perguntar sobre sua vida. Perguntar sobre a vida dos outros, em vez de continuar remoendo sobre a própria existência, é um modo infalível de dirigir a mente para longe do ego. Perguntei a ele a que horas chegava para o trabalho, o que mais fazia em sua vida, e assim por diante.

E então ele me perguntou: — Desculpe-me, você é Marianne Williamson? — e continuou, me contando que costumava assistir, com sua esposa, às minhas palestras em Los Angeles, que sua esposa ouvia minhas gravações todos os dias, e sobre o quanto meu trabalho era importante para ambos. Fazendo isso, o rapaz abrandou as preocupações que eu vinha remoendo uma hora antes; seus comentários mudaram meu modo de pensar, e mudaram também meus sentimentos. Mas se eu tivesse simplesmente continuado com a linha de pensamento autoindulgente, sem redirecionar meu pensamento para o outro, não teria recebido aquele milagre. Aquela pessoa, pronta para me oferecer a cura, continuaria existindo, mas eu não estaria disponível para recebê-la. Se tivesse evitado o relacionamento com o carregador, teria sonegado a minha própria cura.

A generosidade, naquele sentido, é um ato de autointeresse. (*) E eu já vi isso muitas vezes, portanto, não duvido mais. Enquanto me lembrar que o amor que busco pode ser encontrado somente quando eu expandir esse amor para os outros, então a paz virá muito rapidamente. O desastre acontece quando nos esquecemos disso. O amor expandido é a chave para a felicidade; e o amor retraído é a chave para a dor.

UM PASSEIO COM DEUS

Eu costumava ouvir uma velha canção gospel que falava sobre "um passeio mais íntimo com Deus", e achava aquela imagem doce, mas esquisita. Dar um passeio com Deus é na verdade mais do que aquilo, porque metafisicamente nosso "passeio" significa nossa linha de pensamento. Rezar para um passeio mais íntimo com Deus é rezar pedindo ajuda para ter pensamentos mais espirituais, não porque a gente quer ser um beato, mas porque não queremos sabotar nossa vida do mesmo modo como fizemos no passado. Estamos pedindo para que nossos pensamentos e ações sejam guiados por Deus, agora e sempre.

Estar distante de Deus significa pensar qualquer coisa sem nenhum critério sagrado em nossa percepção. Uma vez que fomos treinados pelo pensamento mundano, sem a orientação de Deus, é mais provável que estejamos propensos a procurar instintivamente os pensamentos que sejam críticos, censuráveis ou rancorosos. Desse modo, ficaremos separados da experiência de receber o amor de Deus. Um passeio mais íntimo com Ele quer dizer estreitar a lacuna entre nossos pensamentos e os pensamentos de Deus. Quantas vezes já fizemos coisas das quais nos arrependemos mais tarde, pela única razão de que naquele exato momento não estávamos em contato com nosso eu superior? Permitimos que o eu impostor, baseado no medo, posasse como se fosse nós, enquanto nosso ser amoroso e essencial ficava enterrado e isolado debaixo das ilusões de nossa vida insatisfatória.

A forma de pensar do mundo é como um vírus de computador que invadiu nosso sistema. E o Espírito Santo é como o antivírus que ao mesmo tempo nos protege dos falsos pensamentos e desmantela aqueles conceitos baseados no medo, assim que invadirem a nossa mente.

É preciso uma disciplina mental para treinar novamente nossa mente e isso é imperativo se realmente desejarmos mudar nossa vida. A cada leitura inspiracional que fizermos, cada tempo para meditação ou cada ato de perdão, de caridade ou de amor, todos eles estarão diminuindo a influência do medo em nossa existência. Nós não podemos mudar a forma de pensar dos outros, mas na verdade isso não é necessário, porque todas as mentes estão combinadas. (*) Tudo o que precisamos fazer é transformar nosso próprio pensamento, e quando o fizermos, o mundo irá mudar conosco.

Nós não estamos separados de Deus; só pensamos estar. O que Deus cria é Um com Ele para sempre, assim como uma ideia não pode se separar de sua origem. (*) Deus é amor e Ele é tudo o que existe. (*) Por essa razão, quando não estamos pensando com amor, na verdade não estamos pensando. (*) Estamos nos alucinando. (*) E é isso que essa palavra significa na realidade: uma enorme alucinação da mente mortal.

Estamos separados de nossa própria realidade por um véu de ilusão, e dentro dessa ilusão sentimos muito medo. Imagine se Deus estivesse segurando sua mão em determinado momento, e logo em seguida você não O encontrasse mais. Ele teria desaparecido. Você não acha que o sentimento de pânico se instalaria imediatamente? Pois é assim o nosso desespero.

Todas as religiões se propõem a curar o desespero levantando o véu da ilusão. Algumas delas dizem que o véu se levantará depois de nossa morte; outras sugerem que ele possa ser levantado enquanto ainda estamos na Terra. Do ponto de vista orientado para o Milagre, a glória de Deus não reside naquilo que Ele venha a revelar mais tarde, mas naquilo que nos mostrar no momento. Vamos dizer que Deus lhe deu um presente extraordinário – que poderia ser muito útil neste momento, ajudando na transformação do mundo. Porém, você não tem acesso às pessoas ou circunstâncias que poderiam abrir caminho para que externasse aquele presente. Deus pode harmonizar todas as coisas, mas não vai determinar suas escolhas. Se você não pode lidar com os problemas pessoais que o impedem de se expressar ao seu máximo, então está escolhendo obstruir o seu próprio caminho. Deus se curvará à sua escolha, porque o dom do Livre-Arbítrio lhe foi oferecido no momento da criação. Entretanto, Ele moverá céus e terras para ajudá-lo a escolher novamente. Deus descobrirá uma maneira de lhe oferecer uma oportunidade de viver uma vida diferente.

Todo pensamento se estende para dentro do mundo. Se for um pensamento de amor, então mais amor estará no caminho e mais amor haverá ao nosso redor. Se for um pensamento de medo, do mesmo modo, o medo estará em nosso caminho e ao nosso redor. Nós não podemos interferir naquilo que acontece entre a Causa, que é o nível da consciência, e o Efeito, que é o nível do mundo. (*) Nem mesmo Deus vai interferir na Causa e no Efeito, porque essa lei foi feita para nossa proteção. (*) Mas sempre estamos livres para escolher outro pensamento, e este é o milagre. Quando a causa com "c" minúsculo (a mente do ego) é substituída por uma Causa com "C" maiúsculo (a Mente de Deus), o mundo de efeitos é transformado do mesmo modo.

Deus criou o Espírito Santo como uma "ponte de percepção", a partir dos domínios exteriores de ansiedade e desespero até os domínios mais íntimos de paz e alegria. (*) E o Espírito Santo está sempre presente, autorizado por Deus para nos liberar da vã imaginação do ego. Embora sabendo que Ele está lá, e asseverando Sua presença com qualquer nome que escolhermos, não faz disso uma garantia de paz. Esse milagre ocorre quando realmente damos um passo atrás e permitimos que Ele nos guie pelo caminho; quando nos separamos do campo terreno, mesmo que por um único momento, e mergulhamos em um local de disponibilidade fundamental, só quando estivermos vazios, ou pelo menos indiferentes, de nossos próprios pensamentos, é que o Espírito Santo poderá nos completar com os pensamentos Dele.

E quando nos "aproximarmos de mãos vazias até próximo de Deus" (*), a Luz da Verdade ofuscará o ego, não tudo de uma vez, mas gradualmente, e com um efeito cumulativo. Ficamos mais abertos e generosos, mais vulneráveis e menos defensivos – e não apenas com aquelas pessoas que já conhecemos e com as quais nos sentimos seguros. Isso porque se formos autênticos apenas com pessoas conhecidas, então vamos viver os milagres apenas com essas pessoas! Podemos e devemos criar um novo começo com todo mundo. E se permitirmos a Ele, o Espírito Santo criará uma tecla de restauração, e desse ponto em diante nos moveremos a partir de diferentes conjuntos de opções – um conjunto *infinito* de opções. Ele rebobina o mundo à nossa volta ao mesmo tempo em que Lhe permitimos rebobinar nossa alma.

Existe um modo de estar no mundo que transcende o mundo, uma maneira de sermos pessoas comuns e operadores de milagres ao mesmo tempo. Nós nos tornamos a lâmpada, emitindo a Luz que emana da eletricidade de Deus. Ninguém se sente intimamente em sua casa neste plano; ele não é o lugar de onde viemos, e não é para onde estamos sendo conduzidos. (*) Este é o lugar onde ficaremos por apenas um tempo, lindo e abençoado apenas quando permitimos que nossa percepção seja ofuscada pela percepção Dele, mas, de todo modo, o lugar é apenas de passagem. Estamos aqui porque temos uma missão: sermos o amor que falta em um mundo sem amor e, desse modo, podermos resgatar este mundo obscurecido e levá-lo até a luz.

TER E SER

Podemos *ter* na vida qualquer coisa que estivermos dispostos a *ser*, porque, afinal de contas, ser e ter são a mesma coisa. Quando concedemos a nós mesmos a permissão emocional de viver a vida conforme desejamos, existem muito poucas coisas no mundo que podem nos deter. Como é dito no *Curso*, nós não pedimos muita coisa a Deus, pedimos pouca coisa. (*) Nossa fragilidade é quase sempre apenas uma deficiência de fé – acreditamos mais nas limitações do mundo do que no poder ilimitado de Deus.

Para Deus, todo momento é um novo começo. *E Deus não é detido por nada*. Ele nunca diria: "Eu poderia ajudá-lo, mas você cometeu tantos erros que não quero fazer isso". E Ele também não diz: "Eu poderia lhe dar uma ótima vida, mas como seus pais são alcoólatras, minhas mãos estão atadas". As limitações não suportam os poderes ilimitados de Deus, e na verdade são os limites de nossa fé e não os limites das circunstâncias que evitam que não vivenciemos os milagres. Todas as situações nos oferecem a oportunidade de viver de uma maneira mais generosa e nos dão uma esperança mais audaciosa e a confiança de que todas as coisas são possíveis. Deus é maior do que qualquer circunstância restrita de nosso passado; Deus é maior do que qualquer limitação que o mundo esteja nos apresentando agora. Tais limitações existem apenas como um desafio para que amadureçamos espiritualmente, ao constatarmos que, por meio da Graça de Deus, somos maiores do que esses desafios. Maiores do que a falta de dinheiro? Sim, porque em Deus somos infinitamente abundantes. Maiores do que a doença? Sim, porque em Deus estamos num estado de saúde completa. Maiores do que o terrorismo? Sim, porque em Deus nós somos o Amor Infinito, e o amor é a única força contra a qual o ódio e o medo não conseguem se opôr. Não existe nenhum tipo de dificuldade nos milagres. (*) Se vários de nós orassem todas as manhãs, pedindo que o Espírito de Deus entrasse nesta confusão global que criamos e consertasse as coisas – renunciando às nossas ideias e pedindo as ideias Dele no lugar –, todas as coisas erradas começariam a se desfazer. Do jeito como as coisas estão, continuamos tratando dos problemas principalmente no nível do efeito, e raramente no nível das causas. A nossa fé no poder do problema e das soluções humanas supera em muito a nossa fé em milagres.

Certa vez, participei de uma reunião em que o orientador começou dizendo que a tarefa que tínhamos a realizar era basicamente impossível de ser feita, mas que nós faríamos o nosso melhor. O grupo não pôde avançar confiantemente, já que o próprio líder tinha declarado que o trabalho era irrealizável. No entanto, sugeri que cada um simplesmente tomasse fôlego, fizesse um momento de silêncio, e declarei que o trabalho poderia ser completado facilmente e de forma brilhante por meio do espírito de cada um, que eu tinha visto como uma centelha em cada um. O poder do pensamento é como uma grande reserva de ouro, sempre presente no meio de nós, apesar de a resistência do ego ser intensa e rigorosa, tentando evitar nossa mineração.

Tanto na Bíblia como em *Um curso em milagres*, somos informados de que mover montanhas é um ato muito pequeno, quando comparado àquilo que podemos realizar. Por meio da graça de Deus, podemos curar os doentes e fazer levantar os mortos; podemos realizar milagres em nossas relações pessoais, sociais ou políticas. O fato de que não estamos fazendo isso neste momento não significa que somos incapazes de fazê-lo. A questão fundamental é nossa resistência entrincheirada em nem ao menos tentar fazer isso – de fato, jogamos todo o nosso ódio contra aqueles que ousam!

Por que será que temos mais medo de sermos poderosos do que de nos tornarmos fracos? O que será que existe de tão ameaçador quanto à noção do poder ilimitado de Deus trabalhando por meio de nós? Será que não é porque tal noção é uma afronta à autoridade do ego?

E, afinal de contas, o que é que o ego nos deu até agora? Será que o reino material é tão poderoso quanto dizem que é? Será que o jeito como o ego trabalha está realmente dando certo, se encararmos o estado de nosso planeta atualmente? Por acaso tantos bens de consumo nos compram a felicidade? Será que tanto sexo nos compra o amor? Será que a despesa militar anual dos Estados Unidos de 400 bilhões de dólares nos compra a paz?

Jesus disse: "Meu reino não é deste mundo". Os problemas do mundo não serão resolvidos no nível da consciência, que é o problema. Jesus disse ainda: "Aquele que crê em mim também fará as obras que eu faço". Ele não disse que as faríamos *agora*; Ele disse que nós as faremos. E nós as faremos quando tivermos evoluído ao estágio seguinte de nossa maturidade espiritual, um processo para o qual Ele, entre outros, irá nos guiar.

Por que, em um mundo que proclama tanta fé em Deus, somos tão relutantes em permitir que Ele nos mostre como caminharmos para o próximo estágio de nossa humanidade? Qual é nossa resistência à suposição de nossa própria grandeza como Filhos da Luz? Nós somos suas crianças amadas, das quais Ele já está bastante satisfeito. Se Ele nos criou perfeitos e tem planos gloriosos para nós no Céu, então por que pretendemos fazer um jogo tão mesquinho enquanto ainda estamos na Terra?

Será que Deus está negando sua grandeza até morrermos, ou somos nós a resistir a ela enquanto ainda estamos vivos? O ego irá dizer qualquer coisa para nos manter distantes de Deus, e a frase "Você O verá *mais tarde*" é sua favorita.

A bênção de Deus permeia nosso ser por completo, em todos os lugares e durante todo o tempo. Mas, ainda assim, a bênção de Deus não é suficiente; precisamos recebê-la dignamente para poder experimentá-la completamente. O modo como recebemos alguma coisa é tão importante quanto aquilo que estamos recebendo. Se aceitarmos um presente com gratidão e humildade genuínas, louvando e honrando aquele que nos presenteou, então a nossa recompensa crescerá. Se, ao contrário, aceitamos o presente simplesmente como algo que era certo e garantido, sem agradecer o suficiente, então nossas vantagens diminuem. Pense quantas vezes minimizamos uma oportunidade, sem reconhecer um impressionante Presente da Vida e do Amor, antes que fosse tarde demais? Aprendemos da forma mais difícil o tamanho do poder que possuímos para deixar as coisas menores, simplesmente pensando que elas são pequenas. Quem entre nós nunca desperdiçou uma graça divina, de forma convencida e arrogante, deixando de perceber o que era essa graça?

Um número incalculável de dias e noites já se passou em que deixei de perceber o Sol e/ou a Lua. É muito fácil considerar como certo e garantido toda a glória que nos circunda, apenas pelo fato de elas estarem aí.

Quando eu era criança e morava no Texas, costumava ser testemunha do extraordinário pôr-do-sol, tão famoso naquelas cercanias. Eu não sabia que nem todo pôr-do-sol é pintado daquela maneira, em diversos matizes de rosa e púrpura, laranja e dourado. Eu não sabia naquela época que nem todo poente exibe nuvens volumosas e raios gloriosos de um sol que desaparece gradualmente, tudo isso pintado em um céu interminável. Eu não sabia o quanto era abençoada em poder assistir a tudo isso.

Hoje, de vez em quando, sinto falta daquele pores-do-sol de minha infância e percebo quão ingênua eu era ao pensar que era muito fácil que eles aparecessem. E reflito sobre a quantidade de milagres que posso estar subestimando hoje, milagres não reconhecidos e não glorificados. Acho que a maior das crises que enfrentamos – certamente a crise que eu enfrento – é uma crise de fé. Esqueço que o mesmo Deus que pinta aquele pôr-do-sol também mantém o sol no céu, transforma um embrião num bebê e está vivo dentro de mim. O motivo do esquecimento é a minha própria fadiga mental, a deficiência e a falta de minha própria imaginação, quando não consigo juntar os pontos entre os problemas que envolvem a minha vida e o poder infinito de Deus para resolvê-los.

UM PROBLEMA, UMA RESPOSTA

Todos nós temos problemas de vez em quando, muitas vezes alguns bens sérios. Mas, na verdade, aquilo que achamos serem vários problemas diferentes constitui-se na realidade em apenas um só: nossa separação de Deus. (*) Quando nos realinharmos com a Verdade de Nosso Ser, a não-verdade não poderá mais permanecer em nossa presença. Contei à minha filha recentemente que a vida não se resume apenas em não ter problemas; ela se resume em se transformar em alguém que saiba como se debruçar sobre os problemas de uma forma positiva. Trata-se de assumir total responsabilidade por qualquer que tenha sido a maneira que contribuímos com o problema; trata-se de perdoar os outros e perdoar-se, rezando para todos os envolvidos e desenvolvendo a fé de que o milagre de Deus sempre está a caminho.

Um problema não é necessariamente uma coisa ruim; se ele está acontecendo, é parte do curso divino que foi projetado como uma oportunidade de aprendizado para todos os envolvidos. E uma das coisas que aprendemos, quando passamos por um problema e então recebemos o milagre que o resolveu, é ter fé de que os milagres acontecem. Os milagres surgem da convicção (*), e nada nos dá mais convicção do que termos sido salvos do nosso próprio e profundo buraco. Todo desafio é uma oportunidade... para um milagre. Deus pode e irá desembaraçar a miríade de linhas com energia disfuncional que penetra numa situação, contanto que coloquemos isto em Suas Mãos. Com o olho de sua Mente, derrame luz na circunstância que o aborrece. Solte, largue mão de sua postura atitudinal. Veja tudo isso como uma lição – uma exibição potencial do milagroso poder de Deus para curar todas as coisas – e se renda a tudo isso agradecendo a Ele. Sinta seu eu interior abandonando o problema e não tendo mais de resolvê-lo. Expanda essa atitude para a infinitude de seu ser e de lá se aproxime tanto do problema quanto de sua solução. Agindo dessa forma, você ganha uma dimensão adicional do poder de sua habilidade para controlar qualquer coisa. Nós somos herdeiros das regras do mundo com as quais nos identificamos. (*) Uma vez que identificamos o espírito, não existem mais regras, exceto compaixão e amor.

Querido Deus,
Eu coloco este problema em seu altar.
Por favor, interprete essa situação para mim.
Que eu possa ver apenas o amor nos outros e em mim.
Mostre-me o que eu preciso ver,
Guie-me ao que eu preciso fazer.
Ajude-me a perdoar.
Eleve-me sobre o medo em minha mente.
Obrigada, Deus.
Amém.

O PODER DO PENSAMENTO

É muito fácil minimizar o poder de nossos pensamentos, embora todos eles criem forma de alguma maneira. (*) Você não consegue anistia cármica por pensar assim: "Claro, eu pensei aquilo, mas não era o que eu pretendia". A mente subconsciente ouve tudo e simplesmente reflete essas coisas de volta para nós: não existe nenhum filtro subconsciente para deixar de lado aquilo que não pretendemos fazer. Se você brincar com o fato de que ninguém gosta de você, logo ninguém gostará mesmo. Reafirme que tem o poder e logo você o terá. A mente subconsciente não sabe se você está falando seriamente quando pensa sobre alguma coisa, ela simplesmente arranja as coisas para cumprir as suas expectativas.

Eu adorava o personagem *nerd* do filme *Simplesmente amor*, que ficava reafirmando que ele era um deus do sexo e que todas as mulheres o amavam. Sua namorada passava o tempo todo tentando dizer que estava maluco, mas ele não acreditava. E, no fim do filme, ele se viu seduzido por mulheres maravilhosas – várias ao mesmo tempo!

Algumas pessoas ridicularizam a noção de que escrever 50 vezes "Eu sou inteligente e realizo um brilhante trabalho em meu emprego", todas as noites, durante um mês, antes de ir para a cama pode ser uma ótima força de cura. Ainda assim, essas mesmas vozes são sempre as primeiras a defender que o fato de sua mãe dizer: "Você é um idiota e nunca será ninguém na vida", todas as noites, quando você era criança, acabaram por machucá-lo durante toda a vida. Então, qual é o problema? Se as palavras podem ser perigosas, elas também podem curar – em qualquer idade. Assim como nós podemos gravar algo por cima de uma gravação anterior, também somos capazes de programar nossa mente com pensamentos que podem ser opostos àqueles que nos são habituais. Para o bem ou para o mal, a mente subconsciente escuta tudo.

Lembre-se, todos os pensamentos à nossa volta podem nos levar diretamente para o céu (a qualidade de perceber nossa unicidade) ou diretamente para o inferno (estado egocentrado de separação). Se pensarmos coisas boas sobre o mundo, então estamos propensos a enxergar essas coisas boas. E isso também acontece se pensarmos em coisas ruins. Conquistamos tão pouco porque temos mentes indisciplinadas. (*) Permitimos a nós próprios nos desviar facilmente para dentro de pensamentos negativos e palavras negativas. E é desses dois que vem a experiência negativa. Uma vez que todas as mentes estão ligadas, um conflito entre dois de nós pode contribuir para a guerra, e a reconciliação entre dois de nós pode nos aproximar da paz mundial. Nossa menor crítica pode aumentar a probabilidade de guerra. Mas o menor ato de clemência pode aumentar a paz. Os milagres afetam situações que nunca conheceremos. (*) A batida de asas de uma borboleta na América do Sul afeta os padrões dos ventos no Polo Norte, e os pensamentos de uma paz sincera em Idaho afetam os planos de paz na Palestina. Que oportunidade extraordinária, e que gigantesca responsabilidade, é tentar fazer isso direito.

O PODER DA LINGUAGEM

Um dos presentes que podemos dar aos nossos filhos é ensinar o poder metafísico das palavras. "Eu odeio a escola", "Ninguém gosta de mim", e "Eu não tenho boa aparência" são afirmações poderosas que parecem inócuas, mas não são. Cabe a nós, como pais, ensinar às crianças que aquilo que apregoamos ser verdade vai de fato parecer ser verdade. Algumas vezes, já me peguei dizendo coisas negativas que nem eu acreditava, rendendo-me a um tipo de autoindulgência mental que é a inimiga da felicidade. Na realidade, treinar nossa mente é tão importante quanto exercitar o corpo, e ambos são fundamentais para a saúde.

Em função do trabalho que realizo, recebo muitas cartas de pessoas de diferentes países do mundo. Já houve ocasiões em que eu estava reclamando ou me preocupando com coisas sem importância e então li a carta de um pai que tinha perdido o filho, ou o parente de um soldado pedindo uma oração, ou a carta de um paciente que lutava contra o câncer. Nesses momentos, minha perspectiva se alterava radical e automaticamente. Foi então que tentei desenvolver o hábito da gratidão e do louvor, pois percebi como sou afortunada. Passei a reafirmar o seguinte em meus pensamentos: "Uau, que lindo dia!" Um lembrete simples como esse, falando da beleza da vida, vai literalmente deixar sua vida mais bonita.

O significado de uma coisa é o significado que atribuímos a ela. Eu me lembro de que, quando era criança e reclamava sobre o dia chuvoso, minha mãe dizia: "Oh, não! Os fazendeiros precisam dessa chuva"! O que para mim era um aborrecimento, para minha mãe era um alívio.

Você vê uma casa linda e pensa como sua vida seria fascinante se morasse lá; assim que consegue comprá-la, entretanto, a pressão da hipoteca vai colidir com todo aquele encanto. Você acha que aquela bolsa não é tão legal, mas então vê alguém usando uma bolsa igual e de repente ela parece fabulosa. Você acha que seu marido não é assim tão interessante, mas então alguém mais acha que ele é e, subitamente, ele se torna maravilhoso. Tudo aquilo que experimentamos acaba sendo filtrado por nossos próprios pensamentos. A maneira como você vê a si mesmo é como provavelmente vai ver a sua vida, e a maneira como enxerga a vida é o modo como provavelmente verá a si mesmo.

Conheci pessoas que tinham muito pouco e ainda assim tratavam esse pouco muito bem. Então, não foi surpresa que aquilo que eles tinham, aumentasse. E também conheci pessoas que tinham muito e tratavam a riqueza de maneira miserável. Do mesmo modo, não foi surpresa ver o declínio daquela riqueza. O mundo se expande ou se contrai conforme a nossa participação nele. Somos 100% responsáveis pela maneira como praticamos nossa experiência.

Conheço uma mulher que passou por um divórcio terrível e, apesar disso, brilha intensamente a partir de dentro. Um dia, por acaso, eu a ouvi dizendo: "Você se torna amargo, ou se torna melhor". Quero ser como ela nesse sentido; quero que as coisas negativas se dirijam para bem longe, como uma bola que foi atirada em minha direção e que eu não preciso segurar. Até mesmo quando somos vítimas, cometemos alguns erros que são necessários para dar uma boa analisada neles. E, por isso, podemos até mesmo agradecer àqueles que nos machucaram, porque, por meio das experiências que eles geraram, poderemos aprender a evitar tais situações. Iremos crescer e talvez eles cresçam também. E a vida vai seguir adiante, porque Deus ama todos nós.

Para Deus, não existem mocinhos e bandidos. Existem as escolhas amorosas que vão ao encontro da felicidade e as escolhas sem amor que vão ao encontro da dor. E quem trabalha para o milagre interpreta tudo aquilo que não é amor como um chamado para o amor. (*) Considerando-se o fato sob essa luz, o coração fechado do outro não poderá mais nos atingir, porque não foi aquele coração fechado que nos fez sofrer, mas nosso instinto de trancar nosso coração em resposta. Faça uma oração por aqueles que foram injustos com você ou lhe causaram prejuízo. E a dor que você sofreu vai se transformar em paz.

Pode ser que isso não ocorra de forma instantânea, é verdade. Se alguém falou uma mentira sobre você, outras pessoas podem acreditar nas mentiras. Se alguém o roubou, pode levar tempo para que suas finanças se corrijam. Mas esse é o significado simbólico daqueles três dias entre a crucificação e a ressurreição. Leva tempo para a luz elevar-se novamente, mas vai acontecer. Enquanto nosso coração permanecer aberto durante a crucificação – aberto ao amor, ao perdão e àquilo que precisamos aprender e a resgatar –, então a ressurreição será inevitável. O que quer que seja também passará.

MUDANÇA RADICAL

Já ouvi muitas vezes a frase: "As pessoas não mudam". Mas é um princípio da fé que, por meio da alquimia radical do amor de Deus, podemos mudar e podemos criar mudanças. Existe alguma coisa dentro de cada um de nós que deseja se tornar melhor, que deseja se aperfeiçoar. O espírito está sempre buscando elevar-se.

Em 1999, um de meus amigos mais próximos adotou dois irmãos, de cinco e sete anos de idade, em um programa de adoção do município. Como eles tinham sofrido terríveis maus-tratos dos pais, Carl e Dylan exibiam sintomas comuns de crianças gravemente traumatizadas. Como resultado, eles não tinham sucesso no processo de transição entre o lar de adoção e as etapas de adoção. Houve uma ocasião na qual eles estavam bem avançados neste processo com um casal. E, no último instante, foram devolvidos à agência. Eles provavelmente estavam no pior período da vida antes de meu amigo levá-los para a casa dele.

Muitas das pessoas conhecidas de meu amigo, incluindo eu mesma, ficaram preocupadas por ele ter assumido uma tarefa tão grande. Como ele poderia, sendo um homem solteiro, enfrentar dois meninos traumatizados e ainda ser capaz de educá-los? Porém, à medida que as semanas, meses e anos passaram, todos que o conheciam testemunharam o milagre: os pequenos Carl e Dylan se transformaram em crianças-modelo e ninguém que os conhecesse agora poderia adivinhar que tinham vindo de circunstâncias tão problemáticas. O amor e os cuidados radicais de meu amigo criaram o espaço para que aqueles meninos mudassem – e para que eles se transformassem nas crianças que supostamente deveriam ser. O amor e a paciência do pai adotivo conseguiram realizar uma proeza surpreendente.

Li recentemente no jornal a notícia sobre um estudo patrocinado pelo governo para determinar o que faz as crianças aprenderem. O que eles descobriram – *depois de gastarem 25 milhões de dólares em pesquisas* – foi que o principal fator determinante é a presença de pelo menos *um adulto* que se importe com o que elas fazem – e esse adulto não precisa ser um parente biológico.

Milagres ocorrem na transformação pessoal e podem acontecer com qualquer um de nós.

Sempre que nosso mundo exterior se mostrar emperrado, torna-se uma obrigação olhar para nosso íntimo, não para o mundo exterior. Esse será um chamado para que procuremos os lugares dentro de nós onde estejamos presos às antigas formas – onde jogamos as culpas nos outros em vez de assumirmos nossa responsabilidade por nossas desventuras; onde criticamos os outros em vez de encorajá-los; onde somos inflexíveis em vez de nos mostrarmos mais sensíveis, abertos e gentis. Tais questões contêm as chaves escondidas que podem destrancar nossos mistérios ainda não solucionados. Para conseguirmos romper os obstáculos do mundo exterior, precisamos completar com êxito os avanços em nosso mundo interior. A razão é que o nível da consciência é o nível da causa. Quando nos dedicamos a resolver problemas em sua origem, estamos nos dedicando a resolvê-los dentro de nós. Se nos debruçarmos sobre os problemas apenas em seus efeitos – o mundo exterior –, estaremos falhando em tentar resolvê-los de forma definitiva.

O PODER DO AMOR

Quando minha irmã foi diagnosticada com câncer na mama, em 1989, ela disse a seu oncologista: — Minha irmã me disse que eu deveria procurar um grupo de apoio espiritual. E ele respondeu: — E qual foi a faculdade de medicina que ela frequentou?

A boa notícia é que, hoje em dia, esse tipo de atitude superior quanto aos benefícios físicos que a prática espiritual pode trazer se tornou mais difícil entre os médicos. Se alguém é diagnosticado com uma doença que pode causar risco de morte, o médico provavelmente será a primeira pessoa a sugerir: "Procure algum desses grupos de apoio espiritual". Por quê? Porque as mais renomadas instituições acadêmicas confirmaram de forma científica que, entre as pessoas que foram diagnosticadas com doenças de alto risco, aqueles que frequentaram grupos de apoio espiritual viveram em média duas vezes mais depois do diagnóstico.

O fato de nós acharmos que o amor é um poder impetuoso e impressionante não significa que sejamos pessoas sem personalidade ou fracotes. Certa vez, fui entrevistada na tevê e o entrevistador, ao me apresentar, fez alguns comentários maliciosos sobre eu ser pacifista e achar que não deveriam existir exércitos. Olhei para ele atordoada e perguntei de onde tinha tirado aquelas ideias. Ele respondeu: — Bem, foi minha conclusão! Como você acha que o amor é a resposta para tudo, calculei que deve pensar que os militares não são uma coisa boa.

É impressionante quanto de ridículo esse tópico sobre o amor pode atrair, quando não se apoia o estado atual das coisas e se propõe uma alternativa. Quando se vai desde: "Ela acha que o amor é a resposta" até "Ela acha que não deveríamos ter exército" banaliza-se a verdade mais profunda e espiritual jamais expressa na face da terra.

Um curso em milagres diz que o mundo é um sonho infeliz e que deve se transformar em um sonho feliz antes de despertarmos. (*) Isto quer dizer que o mundo deve ser transformado antes de ser transcendido. Esse é o propósito designado a algo que determina a sua santidade, e não existe nada inerentemente não-espiritual sobre os militares. Na realidade, existem pessoas trabalhando dentro das Forças Armadas americanas que possuem pensamentos mais ilustrados com relação às possibilidades futuras de nossos exércitos do que alguém poderia pensar. Quem sabe nossos militares possam vir a manifestar, ainda durante a nossa existência, a realização final da noção de "forças armadas". Eles estarão armados com práticas psicológicas, emocionais e espirituais e capazes de construir relações políticas e sociais tanto quanto estão hoje armados com equipamento bélico. As instituições evoluem do mesmo modo que as consciências. E nós estamos à beira de uma compreensão em massa de que, se desejamos mudar o mundo, devemos nos tornar tão sofisticados em promover a paz quanto estamos sofisticados em promover a guerra. Não obstante aqueles que nos ridicularizam, é importante que continuemos a proclamar o amor – não apenas os bons sentimentos que ele traz, mas também seu verdadeiro poder de curar todas as coisas. No nível da solução real, o amor é a resposta, não importando a categoria da experiência humana. De acordo com Mahatma Gandhi, o amor pode curar todas as relações sociais, políticas e pessoais. Nós apenas arranhamos a superfície do poder do amor, e quando escavarmos mais profundamente, descobriremos que ele é mais explosivo do que uma bomba nuclear. Precisamos de uma abordagem integrada com relação aos assuntos mundiais, na qual os campos emocional, psicológico e espiritual terão seus lugares na mesa do poder. Jesus disse: "Ame seus inimigos e faça o bem àqueles que o odeiam". Martin Luther King disse que Mahatma Gandhi foi a primeira pessoa a pegar a ética do amor e usá-la para o bem como uma força social em ampla escala. E isso não é apenas "lindo"; isso é imperativo. King disse que chegamos ao ponto em que não há mais a escolha entre a violência e a não-violência, existe apenas a escolha entre a violência e a não-existência.

Faz alguns anos, fui convidada pela senhora Coretta Scott King para discursar em Atlanta durante a comemoração oficial do aniversário de seu falecido marido. Eu era uma das últimas oradoras do programa. Sentei e fiquei ouvindo oradores e mais oradores falarem sobre o Dr. King, como se tudo que ele fez foi ter jogado o pó de pirlimpimpim sobre os Estados Unidos. Como ele foi grande, olha quanto amor ele propagou! Ninguém mencionou a resistência feroz que encontrou durante as batalhas e as lutas de sua jornada – uma luta pela qual sacrificou a vida.

Quando chegou minha hora de falar, tive que mencionar que o amor pelo qual Dr. King viveu e morreu não era conveniente para a situação de então e não é conveniente para a situação de hoje. O Dr. King não lutava por um amor sentimental, popular ou conveniente. O amor de Deus geralmente não é nenhuma dessas coisas. E, se desejamos verdadeiramente honrar a memória do Dr. King, devemos trabalhar tão seriamente quanto ele fez – lutarmos pelo amor, mesmo em face do ridículo e do ódio.

O ego pode destruir o corpo, mas não consegue destruir uma ideia. A ressurreição de Gandhi e King reside em nossa disposição de lutar pelas ideias que deram significado à vida deles. Essas ideias darão significado à nossa vida. *Um curso em milagres* ensina que Deus não está procurando mártires: ele está procurando professores. (*) Seguramente, alguns poucos entre nós conseguiram alcançar um amor perfeito e incondicional. Mas a noção de que uma grande onda de amor será a salvação da raça humana é uma ideia cujo tempo já chegou. E nossa disposição para ser parte dessa grande onda traz um propósito transcendental à nossa vida. Não somos ingênuos sobre o mal; nós não derramamos tinta cor-de-rosa sobre ele, fingindo que não existe. Nós lemos os jornais. Ficamos angustiados com o sofrimento. Mas muitos de nós achamos que Deus tem um plano, e ainda acreditamos que o nome desse plano é amor. Não um amor tolo, nem infantil. Mas sim um amor poderoso e impressionante, tão alinhado com Deus que mudará todas as coisas.

Ele mudará todas as coisas depois de nos ter transformado primeiro.

O Dr. King salientou que o conceito de Gandhi era que o fim é inerente aos meios: só se tentarmos praticar a paz poderemos ser verdadeiramente portadores da paz. E o universo nos fornecerá amplas oportunidades para tentarmos fazer isso.

Enquanto me preparava para fazer meu discurso naquele dia, vi atrás do pódio uma convidada que eu não sabia que estaria lá: a senhora Laura Bush. Eu havia planejado falar sobre o que Martin Luther

King teria a dizer sobre a política militar do presidente Bush, e de repente não tinha mais certeza sobre os comentários que preparara! Encontrei-me entre duas opções insatisfatórias. Eu não queria deixar de fazer minhas observações, evitando ofender alguém. Mas também não queria envergonhar a mulher sentada perto de mim, fazendo críticas ferozes ao homem com quem ela dormia todas as noites. Se eu não estivesse exercitando a fraternidade com ela, então não estaria exercitando a paz. Fiz então algumas pequenas correções em meu discurso. E todas as vezes em que eu mencionava o presidente, fazia alguns comentários diretos à senhora Bush, falando que nossas orações se dirigiam a seu marido durante estes tempos difíceis. Tentei expressar meu desacordo com as atitudes do presidente de uma forma que não o desonrasse pessoalmente. Ao fim de meu discurso, voltei-me para cumprimentar a senhora King e a senhora Bush. Quando me aproximei da primeira-dama, comecei a me desculpar se por acaso tivesse sido dura demais com o presidente. Mas antes que pudesse dizer mais alguma coisa, a senhora Bush colocou seus dedos em meus lábios e disse: — Shhh... Você foi *ótima*. Ela foi uma mulher muito generosa comigo naquele dia. Reconheceu meus esforços para encontrar um meio-termo e fiquei grata com o seu reconhecimento.

Muitas e muitas vezes, em milhões de maneiras sutis e nem tão sutis, as pessoas estão fechando as fissuras entre nós. Haverá um dia em que olharemos em volta e as divisões terão desaparecido. Tanto em nós mesmos quanto no mundo. E teremos então atravessado para um lugar melhor.

VOLTANDO À NOSSA PRÓPRIA MENTE

Nascemos com um desejo natural de nos dilatar no amor, embora o pensamento do mundo nos treine a pensar de forma não natural. Algumas vezes, é necessária alguma coisa fora do normal para nos sacudir de volta à nossa verdadeira realidade.

Certa vez, sofri de uma terrível dor de cabeça enquanto viajava de avião, e quando pousei, estava completamente enjoada. Então, fiquei muito mal, aparentemente por causa de intoxicação alimentar. Lá estava eu, vomitando no banheiro do aeroporto, e todas aquelas mulheres que nunca tinham me visto se reuniram para me ajudar. Eu quase não conseguia acreditar nisso – elas estavam colocando compressas úmidas em minha testa, ajudando a encontrar um lugar onde eu pudesse descansar, duas delas até rezando. Comecei a chorar e não foi porque estava me sentindo mal – chorava porque fiquei muito emocionada com todas aquelas mulheres desconhecidas tomando conta de mim. O que aconteceu naquele dia foi para me lembrar do quanto as pessoas são boas. Numa outra ocasião, engasguei com uma amêndoa e perdi o fôlego. Minha filha viu que eu estava me debatendo para respirar e exclamou: — Mamãe não consegue respirar! O motorista do carro onde estávamos estacionou no acostamento e vários trabalhadores da autoestrada de Detroit se juntaram para me ajudar; um deles me fez a manobra de Heimlich. Aqueles homens salvaram minha vida.

Este tipo de piedade instantânea acontece quando certas situações ocorrem tão rapidamente que os pensamentos egocentrados de medo e separação são ignorados. Ironicamente, as situações perigosas muitas vezes revelam o que há de natural nas pessoas. Tenho a sensação de que aquelas maravilhosas senhoras que participaram ativamente para me ajudar no aeroporto talvez não aprovassem algumas de minhas abrangentes crenças religiosas; também não tenho certeza se aqueles trabalhadores e eu teríamos nos relacionado em nossa humanidade de forma tão profunda, numa situação diferente. Mas nesses momentos em que estamos mais vivos – quando vemos por qualquer razão que somos vida e que a vida por si só é tão preciosa –, é que nos damos permissão para perceber que somos todos irmãos e devemos nos comportar como tal. Será assim que o mundo vai se mostrar quando nossa mente estiver purificada e nosso coração, liberado para amar.

O que ocorreu naqueles exemplos é que todo mundo se apresentou instintivamente para colaborar com aquilo que podiam. E é dessa forma que o mundo inteiro pode ser curado – e será curado –, quando voltarmos para nossa própria mente. Este é o problema do mundo de hoje: não estamos literalmente em nossa própria mente. Pelo menos nos Estados Unidos, permitimos que o espírito competitivo, que é apropriado para nosso sistema econômico, domine nossas interações sociais. Perdemos de muitas maneiras nosso sentido de comunidade e nossas relações familiares amplas como filhos de um Deus. Mesmo que alguém viva em uma cidade adjacente ou em um país vizinho, eles são nossos irmãos, e todos nós somos igualmente preciosos aos olhos de Deus. Todos sabemos disso, mas agimos dessa forma? Quando assim o fizermos, voltaremos ao jardim do Éden. E não antes disso.

Todos estão em um caminho espiritual, mas algumas pessoas simplesmente não sabem disso. Todos, individual e coletivamente, estamos sendo forçados pelas circunstâncias a nos lembrar de quem somos em relação ao amor. E iremos aprender por meio da sabedoria ou por meio da dor. Podemos aceitar a verdade de nossa unicidade ou podemos nos opor à lição e aprendê-la mais tarde. Mas quanto mais tarde esperarmos, maior será o caos que iremos produzir.

Pelo bem de nossas crianças, espero que aprendamos agora.

Capítulo 4

Da ansiedade à reconciliação

Algumas vezes, fico andando de um lado para o outro, pensando que o mundo está maravilhosamente bem e, de repente, achando que está completamente atrapalhado.

É claro que tem que ser assim, porque as duas hipóteses são verdadeiras.

De acordo com a Bíblia, depois que Deus criou o mundo, Ele olhou para cá e viu que era bom.

— Ah, ele fez isso, então? Bem, eu acho que foi naquela época. Agora o mundo não é tão legal! — deixei escapar essas palavras quando baixei o jornal com suas notícias de sofrimento e horror.

— Seus olhos não são tão bons quanto você acha que são.

Olhei em volta para ver quem estava falando comigo. Eu sabia quem era. Estava conversando comigo mesma.

Olhei para meu dedo, que eu cortara acidentalmente havia três dias. Tirei a bandagem e fiquei maravilhada em ver como o corte tinha quase desaparecido, a pele quase completamente curada. Olhei lá fora pela minha janela e vi os primeiros botões germinando nas árvores. Notei o sol fluindo pelo vidro da janela de minha cozinha. Vivo com o mesmo sentido de desconexão que a maioria de nós apresenta, entre as glórias do amor e da natureza e a bagunça que causamos neste mundo.

Todos os dias, tenho duas escolhas: posso enfrentar o dia com tal enigma tempestuoso dentro de mim, me atraindo na direção da raiva e da frustração, ou posso tentar lidar com o problema antes

de sair para o trabalho. Quero insurgir-me contra as notícias do jornal, não porque não as tenha lido, mas porque as percebo de uma perspectiva mais elevada. Não quero ficar enganchada em toda aquela energia negativa que flutua ao nosso redor atualmente. Mas nenhum conceito mental consegue construir a ponte para mim, a ponte que leva do medo ao amor e da ansiedade à paz.
Eu me conheço. Está na hora de rezar.
Entro em meu quarto, fecho a porta e acendo uma vela que tem uma imagem da Virgem Maria. Começo a conversar com ela como se fosse minha terapeuta: — Não gosto do que acontece com minha personalidade toda vez que leio o jornal —, começo a dizer. — Não quero ser daquele jeito. Quero ser mais parecida com você.
E então há silêncio.

Minha respiração começa a ficar mais lenta, meus olhos começam a se fechar sozinhos e relaxo num lugar onde consigo senti-la ao redor de mim. Não é como se ela realmente falasse alguma coisa; ela apenas me leva de volta para um lugar natural em minha mente. E sei que vou para casa, para um mundo mais calmo do que esse lá fora. E quando estou lá, sei qual é o meu trabalho: tornar-me essa paz, encarnar isso completamente e então voltar para o mundo e levar a paz comigo. É isso o que ela gostaria que eu fizesse. E é isso que vai curar a minha dor.

A CASA DE DEUS

As coisas estão mudando rapidamente no mundo, e não faz sentido pensar que estamos nos movendo em uma direção mais pacífica. Ficar atento às coisas dessa vez tem menos a ver com ganhar habilidades ou conhecimentos específicos do que com tornar-se mais habilitado na busca de serenidade e quietude, em meio às tempestades intensas. Por outro lado, seremos arrancados de nosso jogo a cada catástrofe que o mundo tiver a oferecer.

Os dramas da vida são como as mudanças climáticas: transformações inevitáveis dentro do curso natural das coisas. E tentar resistir a esses dramas é tão inútil quanto tentar resistir às mudanças do tempo. Se for cair uma tempestade, vista-se de forma apropriada para sair na chuva; e procure, é claro, evitar os momentos mais perigosos. Mas tentar controlar a dança da natureza? Não faz sentido, eu penso. Quando chove, você pode ir simplesmente para dentro de casa. E assim é com Deus. Quando a vida se torna tempestuosa, podemos nos abrigar na Casa de Deus. A Casa de Deus é uma figura de linguagem que acabou se mostrando mais do que isso. No campo espiritual, existe uma casa e ela é nosso abrigo. "Que eu sempre habite na casa do Senhor" é mais do que uma afirmação simbólica. Significa que se espera que a percepção daquilo que é real e do que não é real esteja baseada apenas na realidade eterna de Deus, em todos os momentos, porque, se assim acontecer, você estará emocionalmente protegido durante as tempestades da vida. As pessoas nascem, ficam doentes e morrem. Nós enriquecemos, empobrecemos, casamos e nos divorciamos, temos filhos, eles crescem, conseguimos novos empregos, saímos de velhos empregos, as pessoas nos desejam felicidade, outras nos traem. E cada uma dessas mudanças é um desafio que se apresenta para nos relembrar da verdade. O amor é a única realidade absoluta, que nunca se transforma e nunca morre. Abrigar-se onde nada muda, enquanto as coisas ao nosso redor estão se transformando a cada minuto, é nossa chave para a paz interior. Quando eu era criança, as pessoas costumavam construir abrigos contra bombas – o que agora parece um esforço bizarro para nos defender no caso de um desastre nuclear. Nosso ímpeto para nos abrigar debaixo da terra, quando as coisas na superfície ficam enlouquecidas, é uma resposta instintiva para as forças em constante transformação do mundo exterior. E existe uma verdade espiritual correspondente. Nós precisamos de um refúgio para o coração, e a Casa de Deus é esse abrigo, aonde podemos ir todos os dias para encontrar a paz.

Precisamos dessa paz, porque o mundo se move rapidamente hoje em dia, e o sistema nervoso de todos está afetado pela absoluta velocidade das coisas. Quase todos se mostram esgotados; é como se precisássemos de férias para retornar ao nosso estado natural, alguns dias deitados na areia para restaurar nosso equilíbrio natural. Fingimos que a velocidade não afeta nossos filhos, mas a suspeita é que afeta. Permitimos que eles fiquem sentados durante horas em frente da tevê e do computador, desde muito cedo, e é impossível que seu cérebro não seja afetado. Vi um bilhete escrito por um garoto de dez anos: "Sou um cara extremamente nervoso". Temos um claro problema aqui.

Pode ser que a criança estivesse apenas nos imitando. Todos vivemos correndo tanto que é impossível pensarmos ou sentirmos as coisas da melhor forma. A mente e o corpo precisam de algum espaço vazio para permitir que a voz de Deus penetre. Além disso, mesmo vivendo num ritmo tão frenético, acho que somos viciados na adrenalina da vida moderna. Continuamos nos movendo desse jeito como uma forma de não lidar com as coisas. Se nos movermos muito rápido, talvez seja possível esconder o quanto estamos machucados.

Nossa dor existencial fica comprimida, embutida, e então começa a nos devorar de dentro para fora. À medida que envelhecemos, começamos a desenvolver os sintomas físicos de um envelhecimento precoce. O corpo consegue carregar uma quantidade de estresse antes que comece a agir como Yertle The Turtle[2], no ápice da crise, e comece a gritar: "Chega, chega!" Crise física, crise emocional, crise familiar, qualquer que seja ela... a natureza exige demais, e depois explode. Então, existem as pressões financeiras e de todos os outros tipos que nos acompanham quando precisamos lidar com as crises que criamos, porque temos muitas formas de pressão e de aflição com que conviver.

---

2 - Famoso personagem de Dr. Seuss, popular escritor infantil norteamericano. (N. T.)

Se quisermos, podemos parar com tudo isso. Em Deus, existe uma maneira de fazê-lo.

A TENSÃO DE UM CORAÇÃO CONTRAÍDO

Em todos os momentos, expandimos ou contraímos o coração. Quando ele está contraído, outras coisas também se contraem: nossos relacionamentos, carreira, dinheiro, saúde, a vida. Em geral, nós nos contraímos em resposta às tensões, como se estivéssemos tentando nos defender contra a chegada de uma força oposta. Mas, na verdade, se eu me contraio para evitar as pressões, inevitavelmente acabo criando mais pressão. Por quê? Porque meu comportamento quando estou reprimido – fico mais inflexível, estressado, dolorido – causa situações que provocam mais estresse.

O antídoto à tensão é intuitivamente relaxar. Se você tem crianças para cuidar, trabalho a realizar, algum documento para escrever e duas viagens de trabalho a fazer antes do final da semana, vai ajudar se, em vez de ficar tenso, relaxar um pouco. Sua rigidez não vai contribuir para que todas essas coisas sejam feitas a tempo. Na verdade, aja de forma oposta: solte-se um pouco, e o tempo também vai ficar mais afrouxado. De acordo com Einstein, tempo e espaço são ilusões da consciência. Como todas as outras coisas, elas assumem o comando a partir de você.

Quando reconhecemos a origem do estresse com base em uma perspectiva espiritual, descobrimos a chave para desmantelar os pensamentos que os produzem. O estresse é simplesmente a consequência inevitável de acharmos que o irreal é real. Nesse aspecto, o estresse acaba se tornando uma opção.

Se um problema é extraordinário, fora do comum, então quando vinculamos a ele nossas sensações de sucesso ou de fracasso, de satisfação ou de insatisfação, estamos fazendo uma espécie de ajuste. Mas nada no mundo pode nos dar a paz profunda, porque o espírito não se sente em casa nesse mundo. Como a escala de nossa sensação de bem-estar se encontra presa às coisas materiais do mundo, estaremos predispostos às preocupações e à inquietação.

Ainda assim, quase nos sentimos obrigados *a ter* estresse quando existe muita coisa a fazer, muita coisa prestes a acontecer e muito a refletir, tudo ao mesmo tempo.

E aqui está o mais engraçado de tudo: a única razão pela qual as coisas nos pressionam tanto é porque achamos que elas são pesadas.

Se acharmos que precisamos manter no ar todas as bolas com as quais fazemos malabarismos, então teremos todas as razões do mundo para nos sentir abatidos e assustados. Mas o fato é que só estamos fazendo esses truques porque achamos que devemos fazê-los, e então continuamos com essas ilusões. Assim que percebemos que todos têm escolhas, que o universo estará apertado ou afrouxado dependendo da maneira como o concebermos, esse momento será tão limitado ou dilatado conforme nossa opção, e as coisas serão fáceis ou difíceis conforme as entendermos; só assim o estresse começa a evaporar. Literalmente, estaremos mais iluminados. Todas as vezes que pensamos: "Meu Deus, tenho tanta coisa para fazer e não sei como vou conseguir fazê-las", podemos mudar nossa forma de pensar. Podemos deixar todo o peso nas mãos de Deus, pedir por um milagre e agradecer antecipadamente por Ele ter providenciado. Então, vamos parar de ficar tão tensos; vamos parar de ficar tão preocupados e de viver tão destituídos de alegria. O ego mentiroso continuará dizendo coisas como: "Não posso fazer isso! Eu tenho responsabilidades!" Contudo, este é exatamente o ponto: uma vez iluminados, atraímos pessoas e circunstâncias que nos trazem os meios para concluirmos uma tarefa sem esforço. Não é como conseguir um milagre *sem fazer nada*.

Por que então ficamos tão preocupados, se os milagres estão ao alcance da mão? Nosso ser é um espaço para milagres.

E seja qual for o problema, podemos libertá-lo nas mãos de Deus. Rezar algo como: "Deus, por favor, pegue isto" é um ato de força e não de fraqueza. Pois quem, em sã consciência, não escolheria os milagres em vez do estresse, se realmente soubesse que tinha uma escolha?

Algumas vezes, as pessoas falam sobre a "reunião do comitê" em sua mente, a conversa interminável do ego perturbando-as ao longo do dia. Pois eu aprendi alguma coisa sobre esse tal "comitê em minha mente": aprendi a tomar conta dessa reunião. Depende só de mim manter os pensamentos positivos de forma a não restar espaço para os pensamentos negativos. Quando uso o "repertório para resolver problemas" (*) da mente orientada para o milagre, procurando o eterno em vez do terreno, permanecendo na fé e pedindo por milagres, paro de viver sob o efeito dos acontecimentos terrenos. Trata-se de *minha* responsabilidade lembrar a mim mesmo o quanto sou abençoado e de oferecer essa bênção aos outros. Quando me lembro de que o poder de Deus é ilimitado, paro de me estressar sobre quão limitado é o meu próprio poder.

Tudo depende de mim, porque tudo está dentro de minha cabeça.

Certa noite, eu passava por um período particularmente difícil, suportando uma daquelas horas desesperadas que se esticam interminavelmente e que se constituem no significado da solidão espiritual. Muitas coisas haviam se acumulado, e cada uma talvez pudesse ser resolvida individualmente, mas a combinação delas me deixava vacilante. Um grande desvio de dinheiro, ser traída por pessoas que eu pensava serem honradas, mais algumas coisas como essas e me senti num turbilhão. Eram quase cinco horas da manhã e eu ainda não tinha conseguido dormir; também não conseguia trabalhar, ler ou fazer qualquer outra coisa. Eu só podia mesmo listar os desastres que enxergava e me lembro de falar em voz alta: — Querido Deus, eu sou um fracasso.

Cinco minutos mais tarde, apanhei um pacote da Fedex que estava perto da minha cama. Ele tinha chegado um dia antes e continha as provas do novo livro do rabino Harold Kushner. Ele havia me pedido que as lesse e deixei para fazer isso quando tivesse oportunidade. Peguei as provas num esforço para sair de mim mesma, para fazer alguma coisa por alguém, para tentar conter a espiral de autopiedade que estava me levando para baixo, para dentro de um buraco escuro e doloroso. Enquanto lia as primeiras páginas do livro, meu queixo caiu. Eu sentia como se estivesse encontrando as palavras de Deus. Kushner escreveu que os sentimentos de insucesso ocorrem na vida de todo mundo, e a questão é saber em quem nos transformamos como resultado da situação. Naquela manhã, ao ler aquelas palavras, recebi a capacidade de recontextualizar minha experiência completamente, recompondo meus sentimentos e me agarrando a alguma esperança. O livro me ofereceu um sentido de significado transcendental para minha tristeza, deixando-me capaz não apenas de finalmente poder dormir, mas também de acordar mais tarde com entusiasmo e energias renovados.

Eu não conseguia acreditar que aquele livro em especial, com aquele tema em especial, estava esperando por mim ao lado de minha cama naquele exato momento. E não me passou despercebido o fato de que Harold é um rabino, trazendo-me consolo com base em minha própria tradição religiosa. Eu sabia que a troca na percepção, causada por suas palavras, foi um verdadeiro milagre. O que aconteceu comigo não foi a mudança em relação àquilo que ocorreu; foi uma maneira diferente de pensar sobre o fato. Deus – e o rabino Kushner – me agraciaram com um ponto de vista diverso.

O CONSOLO VEM

Algumas semanas antes da morte de meu pai, ele estava sentado em seu banco favorito, já gravemente doente, e eu, sentada no chão ao seu lado. Ele apresentava um olhar intenso, mas distante, e me disse: — Eu não tenho medo. Sei para onde estou indo. Simplesmente olhei para ele e compartilhei o momento, mas desde então desejei ter pedido mais explicações. Meu pai claramente percebeu uma realidade perpétua que o levaria através da morte.

É uma pena que nós esperemos a morte para nos deixar mais atentos sobre aquilo que importa e o que não importa, o que é eterno e o que é efêmero. Por que não somos capazes de lembrar, muito mais cedo, de que o amor é tudo o que importa, pois é tudo que perdura? Quando a morte está à nossa porta, é como se nos dessem uma dose grátis de compreensão sagrada. Talvez se a gente pedir essa dose mais cedo, ela venha.

Querido Deus,
Que o Espírito Santo proteja minha mente,
E me dê olhos para ver.
Que eu possa perceber o amor que sei que existe,
E não tome conhecimento do resto que não seja amor.
Que eu possa me elevar sobre a escuridão do mundo,
E que minha mente seja banhada em luz.
Que eu possa ficar sereno e consolado,
Pela Verdade.
Amém.

ESCAVANDO FUNDO

Debaixo das camadas de nossos pensamentos normais, jaz um nível de consciência que é puro amor e paz. Entretanto, não podemos alcançar esse nível de percepção simplesmente decidindo fazer isso; precisamos escavar profundamente no solo de nosso ser interior, criando um espaço para ouvirmos a "Voz baixa e tranquila de Deus". Quanto mais coisas estiverem acontecendo externamente, mais importante será descobrir essa tranquilidade interior.

Cada um dos erros que cometemos aconteceu porque, no momento em que ocorreu, não estávamos em contato consciente com nosso eu superior. Não estávamos focados em nosso espírito. É por isso que fazer aquele contato, e dedicar um período todos os dias para alimentá-lo, é a coisa mais poderosa que podemos fazer. Quantas vezes cometemos um erro que afetou o resto de nossa vida simplesmente porque, naquele momento, estávamos nos movendo muito rapidamente, sob o efeito do estresse, da raiva ou do medo? Será que teríamos cometido o mesmo erro se nos lembrássemos de quem somos de verdade, no sentido espiritual, e de quem são os outros em relação a nós? Sob a misericórdia dos pensamentos rasos e negativos, somos compelidos a não perceber os outros e a nós mesmos.

O que acontece na vida depende de quem somos em vida. Todas as coisas que experienciamos ao longo de um dia tem tudo a ver com quem somos ao longo desse mesmo dia. E quem eu sou durante o dia tem bastante ligação com a maneira como eu o começo.

Dedicar cinco minutos ao Espírito Santo de manhã garante que Ele estará encarregado de nosso sistema de pensamentos durante todo o dia. (*) Em todos os momentos, escolhemos entre o amor e o medo, embora o ego fale primeiro e mais alto. A voz de Deus não se impõe sozinha; ela tem de ser recebida, precisa ter um espaço e ser bem-vinda dentro de nossa mente. Quando procuramos Deus e damos bom acolhimento para Seu consolo no começo do dia, então algo acontece. Não que nos tornemos perfeitos, mas ficamos mais conscientes. E esse estado de atenção nos deixa prontos para receber os milagres de uma maneira que não seria possível de outro jeito.

Sempre que acordo, pela manhã, procuro me lembrar de agradecer e glorificar. Obrigada Deus, pela minha vida hoje. Obrigada Deus, pela minha família e meus amigos, pelo meu lar. Obrigada por tantas bênçãos. Obrigada por Seu poder de cura, que agora está se derramando sobre mim. Eu clamo por isso agora e rezo por milagres. Por favor, abençoe este dia para mim e para todo mundo. Amém.

MEDITAÇÃO

Além das orações, precisamos de um tempo reservado para Deus. E esse é o propósito da meditação. A meditação é como encher uma panela imunda com água e sabão. Algumas vezes, a comida fica grudada na superfície de uma panela e o único jeito de limpar é deixá-la de molho a noite toda. Dessa forma, aquela comida grudada amolece e finalmente flutua para a superfície. Um tempo em paz com Deus é como "ficar de molho espiritualmente", no qual aqueles pensamentos medonhos que estão aderindo de forma pegajosa na superfície da mente acabam se soltando e, finalmente, sobem para a superfície e vão embora.

Observe que existe um tempo certo para que a comida grudada comece a subir e a água fique mais suja, não mais limpa. Então é assim que acontece durante a meditação, podemos ficar mais agitados antes de ficarmos mais serenos. Mas o sentimento de agitação é apenas uma etapa no processo, que deve ser suportada até que passe.

A menos que dediquemos um tempo para meditar, permitindo que a alquimia do Espírito Santo mude as regiões mais profundas de nossa mente, continuaremos a carregar conosco aqueles pensamentos oprimidos pelo medo e pela culpa, como se fossem um peso espiritual sobrecarregando nossos ombros. Normalmente, vivemos os efeitos desses pensamentos como uma ansiedade que flutua livremente, sem sabermos exatamente o que está nos deixando nervosos e deprimidos. A culpa e as acusações permeiam nosso pensamento, causando um incômodo constante e um caos emocional. A meditação é a única maneira de tratarmos e erradicarmos as camadas mais profundas de nossa angústia.

Podemos caminhar por uma rua muito bonita, num dia de primavera maravilhoso, apreciando esse momento de folga com a pessoa que amamos, mas não estaremos felizes se os pensamentos perturbadores continuarem a desviar nosso espírito. A vida não é como um comercial de tevê no qual, se tudo *parece* bom, então deve ser bom. Você pode comprar o produto que estão anunciando e tentar mudar aquela situação. Mas você também pode meditar *de graça* e mudar a sua vida.

Certa vez, num dia bastante corrido, só tive tempo de dar uma rápida olhada no livro de exercícios de *Um curso em milagres* antes de sair de casa. Li a frase: "Minha santidade envolve tudo o que eu vejo". Enquanto realizava as atividades do meu dia – sentada no táxi, pedindo um café, esperando o elevador –, repeti a frase sempre que pude. Percebi que o meu nervosismo diminuía enquanto fazia isso, e me recriminei por não ter despendido pelo menos cinco minutos sozinha para fazer aquele exercício antes de sair de casa. É claro que eu tinha motivos, estava atrasada para uma reunião, e assim por diante. Mas sabia, no fundo de meu coração, que tinha mais que motivos; eu tinha resistências. Do mesmo modo como tenho bem claro que a meditação pode alterar radicalmente o meu dia, é surpreendente para mim a frequência com que ainda evito fazer isso. Não tanto como eu costumava fazer, mas de vez em quando. E quem pode desejar que a vida seja menos do que poderia ser, *de vez em quando?*

Os gurus indianos estão certos ao dizer que não importa o tamanho do problema, a resposta é sempre a meditação. Eles estão certos porque, como dizia Einstein, não iremos resolver os problemas do mundo com base no nível de pensamentos em que estávamos quando eles foram criados. A meditação muda esse nível de pensamento e é por isso que ela transforma a nossa vida.

Especialmente nos dias de hoje, cada um de nós carrega mais preocupação e aflição do que percebe. Isso nos bombardeia, mesmo do outro lado do mundo. De repente, descobrimos que não podíamos confiar em muito daquilo que achávamos que podíamos. Os ataques de 11 de setembro de 2001 nos Estados Unidos foram como uma bomba-relógio da preocupação coletiva. Em um único dia, tudo mudou, e fomos forçados a aprender uma profunda lição espiritual: a única segurança real reside em nossa força interior. Qualquer coisa pode acontecer a qualquer um, em qualquer momento. Porém, nossa desilusão simplesmente significa que, antes, confiávamos numa ilusão – achando que nossa segurança externa estaria garantida. Agora que sabemos quais casas foram construídas na areia, temos a oportunidade de reconstruí-las sobre rochas. Todas as vezes que meditamos, é como se estivéssemos criando um local subterrâneo seguro para onde podemos nos refugiar, quando os tempos se tornarem mais difíceis.

Em seu livro *The Soul's Awakening*, o filósofo Rudolf Steiner escreveu: "Aquele que irá criar o novo deve ser capaz de suportar a passagem do velho em completa tranquilidade".

Quando meditamos pela manhã, colocamos a serviço de Deus nossa emoção, nossa mente e todo o sistema nervoso. Estamos escolhendo não ser uma mera mixórdia de nervos, estresse, esforços frenéticos, imaginação vã e medo, andando ao léu em um corpo e fingindo ser uma pessoa. O poeta Lorde Byron certa vez escreveu sobre sua época: "Estamos vivendo em tempos exagerados e gigantescos". E assim continuamos. Um vasto drama está sendo encenado na Terra atualmente, e temos escolhido fazer parte dele. Nós subscrevemos alguns deveres proféticos. Estamos pedindo para sermos usados em um esforço muito maior do que nós mesmos. Constatamos que a emergência de pessoas mais sábias, mais fortes, inteligentes e compassivas é o fator mais importante na salvação do mundo – e é isso que desejamos ser. Mas é difícil nos tornarmos qualquer dessas coisas se nos atiramos do alto do muro.

Em muitas ocasiões, durante minhas palestras, ouvi uma pergunta que é mais ou menos assim: — Já tentei demais, mas não consigo encontrar a paz de Deus. Você pode me ajudar?

Eu respondo: — Vocês rezam com sinceridade e praticam a meditação todos os dias?
— Não! — as pessoas respondem.
— Engraçado — eu digo. — Já sabia.

PASSANDO ALGUM TEMPO COM DEUS

O Espírito Santo responde ao nosso convite mais insignificante. (*) O problema não é que o Espírito Santo não responde, o problema na verdade é quão profundamente nos afundamos numa questão antes de nos incomodarmos e pedirmos Sua ajuda. Temos esse hábito ridículo e derrotista de procurar Deus como o último recurso em vez de chamá-Lo primeiro.

É por isso que a prática espiritual constante é importante. Exige-se pelo menos um lembrete diário de que devemos colocar Deus antes de tudo. O ego é furtivo e insidioso; nas palavras de Sigmund Freud: "A inteligência será usada a serviço da neurose". Se você achar que é esperto demais para ter de se preocupar com seu ego, irá se preocupar com ele muito mais.

Se meditarmos algumas vezes e não sempre, então vai parecer a nós que Deus nos ajuda algumas vezes, mas não sempre. Se rezarmos e meditarmos em alguns dias, mas não em todos eles, então sentiremos a paz de Deus em alguns dias, não em todos os dias. Se procurarmos a Deus quando estivermos com problemas, então é claro que Sua ajuda parecerá inconsistente. Entretanto, a inconsistência está em nós. Quanto mais tempo passarmos com Deus, mais desenvolveremos a musculatura espiritual e mais fortes ficaremos para lidar com os desafios da vida. Eu me lembro de uma letra de música, que diz: "Querida, se você quer que eu fique mais perto de você, chegue mais perto de mim". O mesmo se aplica à nossa relação com Deus.

A maneira como você pratica a meditação não importa. Pode ser por meio do livro de exercícios de *Um curso em milagres*, pode ser meditação transcendental ou meditação budista, judaica, cristã. O que importa é você praticar.

A meditação descansa a mente do mesmo modo que o sono repousa o corpo. No zen-budismo, existe o conceito de "Nenhuma Mente" ou "A Mente do Iniciado"; no I Ching, existe uma afirmação de que nossa mente deveria ser como uma tigela de arroz vazia. E no *Um curso em milagres* está declarado que: "Esqueça suas ideias de certo e errado, de bom ou mal, esqueça este caminho e venha de mãos vazias até seu Deus".

A ideia de esvaziar a mente é fundamental em toda prática meditativa, porque assim que entregarmos os pensamentos que não pertencem a nós, então a verdade de Deus pode se mover para dentro desse vácuo. Substituímos a nossa mente por Sua Mente e, desse modo, elas se tornam uma.

Cinco minutos de manhã é melhor do que nada. Trinta minutos fornecem um apoio espiritual bastante importante. Não meditar em momento nenhum? Aguarde que o estresse vai continuar.

Você pode fazer outra escolha: feche os olhos, respire em calma, abandone-se...

Isto é do Livro de Exercícios de *Um curso em milagres*:

"Cinco minutos agora é o mínimo que daremos à preparação de um dia em que a salvação é a única meta que temos. Dez minutos seria melhor; quinze, melhor ainda. E, à medida que a distração deixa de surgir para tirar-nos de nosso propósito, acharemos que meia hora é muito pouco tempo para se passar com Deus. Tampouco teremos vontade de dar menos à noite, em gratidão e alegria.

Cada hora se adiciona à nossa paz crescente ao nos lembrarmos de sermos fiéis à Vontade que compartilhamos com Deus. Por vezes, talvez, um minuto ou até menos, será o máximo que poderemos oferecer ao soar de cada hora. Algumas vezes, esqueceremos. Em outras, as atividades do mundo nos cercarão e seremos incapazes de nos retirar um pouco, a fim de voltar os nossos pensamentos para Deus.

No entanto, quando pudermos, manteremos a nossa confiança como ministros de Deus, lembrando a cada hora da nossa missão e do Seu Amor.

... E nos sentaremos em quietude, esperaremos por Ele, escutaremos a Sua Voz e aprenderemos o que Ele quer que façamos na hora que ainda está por vir, agradecendo-Lhe ao mesmo tempo por todas as dádivas que nos deu naquela hora que se foi.

Em tempo, com prática, nunca deixarás de pensar Nele e de ouvir a Sua Voz amorosa guiando os teus passos por caminhos quietos, onde caminharás verdadeiramente sem defesas. Pois saberás que o Céu está contigo. Tampouco queres manter a tua mente afastada da mente de Deus nem por um momento sequer, embora passes o teu tempo oferecendo a salvação ao mundo. Pensas que Ele não fará com que isso seja possível para ti, que escolheste cumprir o Seu plano para a salvação do mundo e a tua?

... A tua prática começará agora a tomar a intensidade do amor, para ajudar-te a evitar que a tua mente se afaste da tua intenção. Não temas nem sejas tímido. Não há dúvida de que alcançarás a tua meta final. Os ministros de Deus nunca podem falhar, porque o amor, a força e a paz que brilham a partir deles para todos os seus irmãos vêm Dele. Estas são as Suas dádivas para ti. Ser sem defesas é tudo o que precisas Lhe dar em retorno. Deixas de lado apenas o que nunca foi verdadeiro para contemplar Cristo e ver a Sua impecabilidade." (*)

SE FIZER ISSO, FUNCIONARÁ

O entendimento intelectual dos princípios espirituais não garante a iluminação, e o ego adora usar a religião e a espiritualidade como um disfarce.

Um momento de atenção iluminada não transforma a sua vida completamente. O caminho espiritual é lento e árduo em alguns momentos, quando qualquer circunstância se torna o solo no qual tanto o ego quanto o espírito procuram se postar. A prática espiritual é como o exercício físico: ela proporciona um efeito cumulativo e, se pretendemos apreciar seus benefícios, não devemos nunca parar de nos exercitar. Não é possível você ir até a academia uma única vez e sair de lá com um novo corpo, assim como não se pode participar de um seminário, dizer uma única oração e dar aleluias esperando que sua vida seja perfeita dali em diante.

Tanto o corpo como a mente exigem treinamento constante para que possam atuar em plena capacidade. É por isso que algumas pessoas vão à academia ou praticam ioga com regularidade. E é também por essa razão que participamos de trabalhos religiosos e práticas espirituais com frequência. Neste mundo onde os pensamentos baseados no medo prevalecem, você estará indo contra a corrente quando ocupar uma posição firme e verdadeira a favor do amor. Não é fácil pular dois lances de escada de uma vez quando não se está em boa forma física, assim como não é fácil tomar uma posição impopular em nome da fé e do perdão quando não se está em boa forma espiritual.

Entretanto, se pretendemos fazer as mudanças necessárias para o mundo ser hoje o que deveria ser, é exatamente aquela forte posição que será necessária. Não existe nada de espiritual em evitar os problemas do mundo. Nossa meta não é *evitar* o mundo, mas curá-lo. Porém, não podemos dar ao mundo aquilo que nós mesmos ainda não temos; os presentes do espírito só podem ser dados por aqueles que estão tentando incorporá-los. É por isso que, como dizia Gandhi, devemos ser a mudança que queremos que aconteça no mundo. A paz precisa começar em nossa própria vida e se espalhar, curando os outros à medida que interagimos com eles amorosamente.

A RECONCILIAÇÃO

A reconciliação é o ponto crucial da prática espiritual; é o processo corretivo por intermédio do qual nossos pensamentos são transferidos de onde estiveram para onde deveriam estar por meio do Espírito Santo. Mas Ele não pode entrar onde não for convidado, já que isso seria uma violação de nosso livre-arbítrio. O Espírito Santo não pode tirar de nós aquilo que não foi liberado para Ele. (*) Para nos reconciliar, precisamos estar com disposição para olhar honestamente os pensamentos e as coisas que fizemos, seja ou não agradável fazer isso. Precisamos ter a disposição de admitir o que fizemos de errado num pensamento, numa ação ou numa palavra. A razão pela qual nos reconciliamos com Deus, em vez de pedir Seu perdão, é porque Deus nunca nos julgou. Procuramos a reconciliação não porque Deus esteja furioso, mas porque nem Ele irá violar a Sua lei de causa e efeito.

Martin Luther King costumava dizer que o movimento pela não-violência era espiritualmente ativo, enquanto materialmente passivo. Já que o nível da consciência é o nível real da causa, então, algumas vezes, você pode fazer mais para mover uma montanha sentado em sua cadeira do que correndo em volta dela ou escalando-a. Aquilo que movemos no nível da consciência é movido dentro da Mente de Deus.

A reconciliação é o maior presente de Deus, permitindo que voltemos aos trilhos quando descarrilamos. Praticada pelos católicos na confissão e pelos judeus no Yom Kippur, a reconciliação por nossos pecados é o ato que reconcilia o Criador e as Criaturas. É muito trabalhoso assumir total responsabilidade pelos erros que praticamos, buscar sua expiação e tentar fazer as coisas direito. Mas esse é o trabalho que Deus deseja que façamos.

"A única responsabilidade daquele que trabalha em milagres é aceitar a Expiação para si mesmo". (*) A reconciliação é a primeira e principal correção de nosso pensamento, um retorno piedoso ao amor em nosso coração. Então, podemos ou não precisar realizar alguma ação; caso exista alguma coisa que devamos fazer, Ele vai nos dizer. (*)

Quando cometemos um erro, ele é gravado pelo universo. Mas Deus vai fazer com que reparemos nossos erros, e não sofreremos por causa deles. Seremos instruídos de todas as maneiras que forem possíveis e apropriadas para aperfeiçoar nosso comportamento errado. Deus enviou o Espírito Santo para nos corrigir, quando houver necessidade de correção, e por meio da reconciliação Ele nos dá uma oportunidade de começar de novo, não importa quão distante estejamos da verdade em nosso coração. Nossa capacidade de começar de novo é apoiada por Deus, à medida que nos aproximamos Dele com um coração humilde e arrependido. Nada em nosso passado diminui as infinitas possibilidades inerentes ao nosso presente, enquanto expiarmos nossos erros e retornarmos ao amor.

A consciência é importante, assim como o remorso. Mas ambos são instrumentos para nos conduzir a uma nova vida, não para nos deixar afogando num mar de culpa. Quando tivermos escolhido o medo em vez do amor – e quem de nós já não fez isso? –, então o amor que deveríamos ter escolhido ficará "guardado em confiança para nós pelo Espírito Santo" até que estejamos prontos para recebê-lo. (*) Para mim, este é um dos princípios mais incríveis de *Um curso em milagres*. É impressionante pensar sobre isto: eu poderia ter dito ou feito a coisa certa, e, se tivesse feito, então tal e tal coisa teria acontecido. Mas não foi isso que fiz. Fui treinado pelo mundo para pensar com medo, e foi isso o que eu fiz. *Ainda assim, Deus guardou a possibilidade que desperdicei, até que estivesse pronto para voltar para o amor e poder escolher novamente!*

Quanto amor e quanta misericórdia têm de ser construídos na estrutura do universo para que as coisas sejam dessa forma! À medida que expiamos um erro, uma oportunidade para corrigi-lo nos será dada. Essa oportunidade pode não vir da forma que gostaríamos, mas estará lá do jeito que Deus determinar.

Certo dia, ouvi falar sobre uma mulher que conheci muitos anos atrás. De repente, essa mulher tinha parado de falar comigo e eu não sabia a razão. Foi então que pensei sobre isso e descobri o motivo. Eu havia feito um comentário sobre ela que provavelmente chegara a seus ouvidos. Não era nem malévolo nem cruel, mas não era agradável tampouco. Eu o colocaria na categoria de comentário inconsciente e grosseiro.

Então, aqui estávamos nós, mais de dez anos depois, e ela havia feito algo realmente maravilhoso. Queria cumprimentá-la e também dizer-lhe o quanto lamentava por aquele comentário tão inoportuno anos atrás, e queria pedir que me perdoasse. Eu não sabia o endereço dessa mulher e nem mesmo se ela leria minha carta. Mas em meu coração, procurei reparar o erro. Eu realmente havia chegado à conclusão de que tinha sido uma pessoa menor do que deveria, e estava ansiosa para melhorar.

Justo no dia seguinte, fui procurada por um repórter de um grande jornal europeu. Eles estavam escrevendo um artigo sobre ela e queriam a minha opinião. Tive então a oportunidade de falar bastante sobre o quanto ela era maravilhosa, sobre as coisas boas que tinha feito – de uma maneira que eu quase tinha certeza de que poderia chegar a seus olhos. A sincronicidade é a caligrafia de Deus: assim que expiei minha falta, o universo inteiro foi programado para alcançar a minha correta percepção.

Quando nosso pensamento é correto, nosso mundo assim se torna. Não somos punidos *por causa* de nossos pecados, mas sim *por meio* deles. E, pelas orações, eles são transformados.

"A oração é o veículo dos milagres... Por meio da oração, o amor é recebido, e por meio dos milagres, o amor é expresso." (*) Se você quer um milagre em sua vida, simplesmente reze para recebê-lo. Enquanto você estiver disposto a mudar seu pensamento, Deus mudará sua vida.

Capítulo 5

De pedindo a Deus para mudar o mundo a rezando para que Ele nos transforme

Jesus disse: "Tende bom ânimo", o que é certamente positivo. Mas Ele acrescentou: "Eu venci o mundo". Ele não disse: "Eu consertei o mundo"; na verdade falou: "Eu venci o mundo". A diferença entre consertar e vencer é enorme. O problema que a maioria de nós tem é que tentamos consertar o mundo em vez de vencê-lo, e é por essa razão que nunca encontramos aquela alegria fundamental.

Tentar consertar o mundo é como tentar mudar um filme manipulando a tela. O mundo como o conhecemos é simplesmente uma tela sobre a qual projetamos nossos pensamentos. Até que mudemos esses pensamentos, o mundo continuará o mesmo.

Se quisermos que nossa vida mude, será muito pouco simplesmente mudar de cidade para cidade, de trabalho para trabalho ou de relacionamento para relacionamento. Aonde quer que formos, como se costuma dizer, levamos nós mesmos conosco. Nós não nos demonstramos claramente conforme a geografia mas conforme a consciência. Podemos viajar para longe, mas fundamentalmente o que temos dentro de nós não mudará. Para que nossa vida mude, temos de viajar profundamente para dentro de nós.

A verdade é que nossa felicidade fundamental não se origina de nada que aconteça no mundo material, mas sim do amor. Certamente existem algumas experiências maravilhosas que podem ser vividas no plano material, e não há nada de errado em apreciá-las ao máximo. O próprio mundo é neutro, e se algo do mundo material pode ou não ser considerado santificado, isso será determinado pelo propósito que nossa mente designa a ele. (*) Por isso, o Espírito Santo usa tal coisa para propósitos de cura genuína; e a mente é usada pelo ego para propósitos de separação. O próprio corpo pode ser: "Uma bela lição de comunhão, que tem valor até que haja comunhão". (*) Onde quer que haja amor, há Deus.

Mas não podemos desfrutar do plano material se estivermos excessivamente presos a ele; o segredo da felicidade reside em compreender que estamos no mundo, mas não somos *do* mundo. Esse entendimento, mantendo nossos pensamentos em amor enquanto tivermos nossos pés plantados firmemente na terra, é a intersecção entre céu e terra. E aquele ponto de intersecção é o que nós somos. É nossa missão viver na terra enquanto elaboramos apenas os pensamentos do céu, e quando o fazemos, o poder do ponto de intersecção entre o homem e Deus (simbolizado visualmente tanto na cruz quanto na estrela-de-davi) supera toda a força negativa. Este é o "vencer" ao qual Jesus se referiu e que ele próprio encarnou.

Na Bíblia está dito que o Espírito Santo nos dará uma nova mente. E quem entre nós não poderia usá-la? Torna-se infrutífero pedir a Deus que mude nosso mundo, uma vez que reconhecemos o mundo como somente o reflexo de nossos pensamentos. Nós rezamos pela cura de nossas mentes.

É impossível fazer algo novo de nossa vida enquanto nossa mente estiver tocando velhas fitas. Por muitas e muitas vezes, nós a explodimos exatamente no mesmo lugar de um relacionamento anterior, ou sabotamos o empenho profissional exatamente do mesmo modo. Ainda assim, nos sentimos impotentes para interromper nosso comportamento derrotista. Qual é o sentido de atrair uma oportunidade, se vamos arruiná-la de todo jeito?

Pagamos um alto preço quando nos recusamos a aceitar a parte que nos cabe ao causar nossos próprios problemas; se não percebo que eu mesmo causei isso, então não posso ver que serei capaz de mudá-lo! (*) Mas, uma vez que estou disposto a assumir total responsabilidade por minha própria experiência, posso entender o valor de convidar o Espírito Santo para entrar em minha mente e preenchê-la com Seu Espírito. A consciência precede a forma, e a forma perfeita surge de uma consciência de amor total.

O amor total é como uma diretiva impositiva até que consideremos a realidade de que o amor total é o que *somos*. Então, onde está a quebra de conexão? Perguntamos: "Se eu sou amor, e o amor cria milagres, então por que a minha vida está tão atrapalhada"?

Até certo ponto, o problema não é nossa divina realidade – o problema é o quanto daquela realidade nós nos permitimos *expressar* e *experimentar*. Na introdução de *Um curso em milagres* está escrito: "O curso não tem por objetivo ensinar o significado do amor, pois isso está além do que pode ser ensinado. Ele objetiva, contudo, remover os bloqueios à consciência da presença do amor, que é a sua herança natural". O amor está ao nosso redor, mas nós temos o hábito mental e emocional de nos desviar dele.

Com qualquer atitude de ataque e defesa, mandamos o amor embora. Com qualquer percepção da culpa de alguém, pedimos para o amor partir. Com todo pensamento de limitadas possibilidades, dizemos aos milagres que não os queremos. E depois desejamos saber por que ficamos deprimidos. Para tratar a depressão, temos de fazer a nós mesmos algumas perguntas essenciais: O que estou fazendo, ou não fazendo, para permitir que o medo prevaleça no lugar do amor? A quem estou atacando ou não perdoando? O que não estou dando de mim nesta situação? Favorecemos nosso medo como se estivéssemos sendo fortes agindo assim, "honestos" de um modo tal que nos faz mais "verdadeiros". Mas o que existe de tão verdadeiro em brincar de sermos fracos em vez de fortes?

Às vezes, precisamos dizer para nosso medo ir para o inferno, que é literalmente de onde ele veio.

O ego é apoiado pelo peso de um sistema de pensamento inteiro, que constantemente nos atrai para longe do amor e da infinitude, nos levando para o medo e para a escassez. Ele é um mestre vicioso e mantém nosso coração – e talvez nosso planeta inteiro – em suas garras. E algumas pessoas preferem morrer a mudar sua mente. (*) A transformação do coração exigirá mais do que uma decisão intelectual. O ego é um vício mental ligado ao pensamento do medo, e só uma experiência espiritual pode acabar com um vício. Se quisermos uma mudança genuína em nossa vida e no mundo, então precisamos de uma experiência espiritual para fazer isso acontecer. E para ter essa experiência, temos de abrir o coração para recebê-la.

CONFIANDO NO PROCESSO

Se não percebe que existe uma força trabalhando por você, então por que deveria acreditar nela? Com todos os milhões de santuários, igrejas, mesquitas e templos que existem no mundo, quantas pessoas realmente acreditam que aquele Deus que criou as estrelas e a lua está realmente cuidando delas? Contudo, não existe nenhuma unidade de tempo ou espaço, nem qualquer elemento de vida sobre os quais o Criador de Todas as Coisas não esteja ativamente interessado. Ele ama você porque ama todos e todas as coisas. Ele, que é Amor, não pode deixar de amar.

Veja que pensamento surpreendente, esse de que o bem sempre em expansão é na verdade a ordem natural do universo. E nós fomos criados para desfrutá-lo. Para o ego, porém, esta é uma noção irracional; ele nos faria acreditar que a alegria é alguma coisa adorável para ser *esquecida*. Mas veja aquelas crianças pequenas brincando alegremente no parque; será que nós sabemos de alguma coisa que elas não sabem, ou será que elas sabem de alguma coisa que esquecemos? Quando escuto minha filha adolescente discutir sobre amor e relacionamentos, lembro-me de como eu fazia quando tinha a sua idade. Não olho para trás em minhas primeiras incursões no romance e penso: "Ah, mas aquilo era só um amor de adolescente". Em vez disso, olho para essas situações e penso como nós amamos corajosamente antes de descobrirmos o que existia ali e que deveríamos temer; como éramos fortes antes que outros compromissos surgissem no caminho do amor; e como era puro o nosso coração quando ainda não estavam manchados pelo cinismo ou pela dúvida. Quanto mais velhos ficamos, mais coisas nós conhecemos; mas quanto mais jovens nós somos, tanto mais conhecemos os outros. A idade só nos deixa mais sábios se conservarmos nossa coragem.

A iluminação não diz respeito a aprender, mas sim a desaprender, um desapego de todos os medos que reunimos ao caminhar pelas estradas da vida. Como é ensinado em *Um curso em milagres*, "Milagres são um direito de todos; antes, porém, a purificação é necessária". (*) A purificação é o processo pelo qual tudo se dissolve de nossa mente, menos o amor. À medida que nos liberamos das camadas de medo e ilusão que se endureceram ao redor de nossa psique, somos deixados com o amor com o qual fomos dotados no momento de nossa criação.

Da mesma maneira que as células embrionárias são programadas para se transformar em um bebê, cada um de nós é programado para desenvolver uma vida mais grandiosa. Uma mão invisível guia o embrião e guia também você e eu. Mas diferentemente do embrião, tanto eu quanto você podemos recusar essa orientação. Deus não nos criou como bebês e então nos largou aqui dizendo: "Ok, criança, agora você está por conta própria". Mas, como podemos saber disso se não fomos ensinados a escutar nosso coração? Como podemos ir com a maré se não soubermos que ela existe? E assim nos mantemos

| 101

andando por aí dizendo "não" para a vida e depois querendo saber por que a vida parece estar dizendo "não" para nós.

O MÉDICO DIVINO

Deus conhece nossas posições tortuosas que precisam ser colocadas de pé outra vez, conhece as feridas em nosso coração que se inflamam durante anos por não terem sido curadas, conhece os pedaços partidos de nossa vida, que parece estar além de qualquer reparo. E Ele, que é o Autor de Milagres, tem um desejo infinito, assim como o poder infinito, de curar tudo isso.

Se então esse é o caso, por que tanta dor? Será que é porque o médico tem o remédio, mas o paciente se recusa a tomá-lo? De acordo com *Um curso em milagres*, Deus não pode levar para longe de nós aquilo que não entregarmos a ele. Não é o suficiente para Ele *entender* seu problema, se você disser apenas: — Minha mãe me fez sentir inseguro quando eu era criança, por isso eu reajo do modo que faço. Em vez disso, precisamos dizer: — Querido Deus, eu sei que reajo desse modo, mas, por favor, modifique-me. Isso faz muita diferença.

Até certo ponto, não importa realmente como chegamos a ser desse jeito. Até que *admitamos* as imperfeições de caráter e assumamos a responsabilidade pelo fato de que, não importando como as adquirimos, *essas imperfeições são nossas agora*, o próprio Deus não tem nenhum poder para curá-las. Podemos falar durante horas com um terapeuta, contando como nosso relacionamento com mamãe ou papai fez com que desenvolvêssemos certa característica de comportamento, mas isso não fará tal característica desaparecer. Especificando tal imperfeição, entregando-a a Deus e pedindo-Lhe que a remova – esse é o milagre da transformação pessoal. As imperfeições não desaparecem num instante, mas seus dias estão contados. O medicamento está em sua circulação sanguínea psíquica.

Então, às vezes, o processo curativo consiste em uma boa olhada no espelho, antes que possamos fazer qualquer outra coisa. Você poderia rezar por uma situação de trabalho melhor, e, antes que percebesse, experimentar seu maior desastre profissional. Poderia parecer que, quando você rezou, as coisas só ficaram piores. Mas o que de fato aconteceu é que você foi movido subconscientemente a criar uma situação na qual sua própria fraqueza ficou à mostra, aumentada de tal maneira para que pudesse dar uma boa olhada nela. As coisas na verdade não ficaram piores; você simplesmente não mais se viu anestesiado quanto à sua própria experiência e o papel que lhe coube ao criá-la. (*)

Digamos que você finalmente arrumou o emprego dos sonhos pelo qual vinha rezando, contudo, depois de algumas semanas de ter iniciado o trabalho, começou a exibir o mesmo comportamento de autossabotagem que o vinha segurando antes. No princípio, você pensa: "Oh, não! Isto não é um milagre! É terrível!", mas então você percebe. "Uau, agora entendi. O milagre é que eu tenho uma oportunidade, aqui e agora, para escolher novamente, para ficar no mesmo lugar onde anteriormente estraguei tudo e fazer as coisas de outro jeito. Posso rezar por ajuda para me tornar a pessoa que controla essa situação com facilidade e mérito". Deus não nos ajuda a *evitar* nossos problemas; Ele os *transforma*.

Neste sentido, quando estamos no meio de uma transformação espiritual, as coisas frequentemente parecem ficar piores, antes de melhorarem. Normalmente, precisamos encarar aquilo que detestamos em nós mesmos antes de podermos ver o quanto existe para amar. Há um "anel de medo" ao redor da luz dentro de nós, pelo qual o ego busca bloquear nossa entrada no céu interior. (*)

E é por isso que empurramos tantos problemas para o fundo da gaveta antes de começar: assim não teríamos que suportar a dor de um genuíno autoexame. Nós temos medo da feiura que achamos estar espreitando dentro de nós, mas na realidade o que tememos é um ego ilusório. Essa ilusão exala uma toxicidade contínua se permanecer na escuridão; contudo, desaparece no momento em que for exposta à luz. O ego é dispersso no nada quando é liberado nas mãos de Deus. O ego não está onde somos ruins, mas onde estamos feridos. Ainda assim, nem sempre desejamos dar uma olhada em nossas feridas, muito menos permitir que Deus as veja conosco, porque estamos envergonhados. Ninguém espera que uma ferida no corpo seja bonita; não ficamos envergonhados do sangue e dos machucados que acompanham uma ferida física, contudo, ficamos desconcertados quando apresentamos feridas emocionais. Nossas feridas emocionais e psicológicas quase sempre aparecem não como os locais onde estamos machucados, mas naqueles onde somos culpados. Nossas feridas espirituais tomam a forma de defeito de caráter.

Enquanto poderia ter sido uma infância machucada que causou um padrão negativo, esse fato não é necessariamente óbvio para os outros. Só aquelas mentes orientadas para o milagre podem ler: "Fui uma criança magoada, tenham compaixão". Somos todos envolvidos na mesma matriz de ilusão do ego – não focando os machucados dos outros, porque eles não aparecem na superfície, mas nos concentrando nas imperfeições dos outros, porque elas aparecem.

É por isso que frequentemente procuramos esconder e não curar quem somos. Temos medo de que, se mostrarmos nosso verdadeiro eu, algo horroroso aparecerá. Só quando percebermos *Quem* vive dentro de nós entenderemos que apenas a beleza aparecerá. Enquanto isso, nossas feridas se inflamam até que as entreguemos para a cura divina. Nossa negação, ou repugnância, em olhar profundamente para nossos próprios problemas reflete uma ingênua esperança de que se não olharmos para nossas próprias feridas, elas desaparecerão por si mesmas. Exige coragem emocional olhar bem fundo em nós mesmos, e encarar o que está lá. Até que o façamos, porém, o remédio de Deus não pode nos curar.

Até que você compreenda que Deus é seu curador e não seu juiz, é improvável que você O procure com sua dor. É perfeitamente aceitável que tiremos nossas roupas, se o médico precisar nos examinar. Mas temos medo de nos apresentar nus perante Deus. Até que mudemos nossa percepção de um Deus julgador e furioso para um Deus misericordioso e clemente, estaremos destinados a manter uma relação ambivalente com Ele. Por que nós admitiríamos nossos erros para alguém que achamos que irá nos julgar por causa deles? Criamos um Deus à nossa própria imagem: julgador e furioso *porque somos assim*. O próprio Deus é misericordioso e amoroso, mas projetamos nosso medo sobre Ele. Isso nos separa de Seu Amor, de Sua Cura, e dos nossos semelhantes. Quando mudarmos essa percepção – de um Deus de ira para um Deus de clemência – perceberemos que ele é um médico divino. Nossa dor é a dor do inferno, ou da separação do amor. Não é Deus que nos envia para o inferno por sermos maus, Ele nos liberta do inferno depois de o ego nos dizer que somos maus. O inferno é quando você pensa que é uma pessoa terrível que nunca faz nada direito; Deus é Aquele que o faz lembrar-se da inocência na qual foi criado e para a qual Ele o levará de volta. O inferno é quando você se sente um fracasso completo e absoluto e acha que nunca terá sucesso; Deus é Aquele que o lembra de que Ele vive dentro de você e que Nele todas as coisas são possíveis. O inferno é quando você acha que nunca pode escapar de seus enganos passados; Deus é Aquele que faz todas as coisas ficarem novas. É o ego e não Deus que nos lança ao "fogo do inferno". É Deus quem nos retira de lá.

TOMANDO NOSSO REMÉDIO

Deus nos conhece do modo como fomos criados – perfeitos e inocentes, agora e sempre. (*) Nossos erros não mudam nossa essência eterna, e é isso que o Pai ama e conhece. Nossa oração por cura, por expiação, por retificação, é uma prece para nos curar de nosso próprio esquecimento. Rezamos para sermos *lembrados* de quem realmente somos e assim nossos pensamentos e comportamentos não mais irão refletir uma dissociação de nosso *eu* divino.

Podemos rezar diariamente antes de cada reunião, de cada encontro, para sermos nosso melhor – para não sermos arrancados de nosso centro pelo medo e pelo ego. E, depois, podemos entregar cada aspecto do que aconteceu – o que sentimos, o que fizemos, do que nos envergonhamos, do que estávamos esperançosos ou com raiva.

Não podemos consertar a nós mesmos, nem temos de fazer isso. Quando estamos dispostos a nos abrir completamente a Deus, mostrando tanto nossa escuridão quanto nossa luz, Seu Espírito penetra até as camadas mais profundas de um modo que nenhuma força terrena poderia fazer. Então, e só então, somos transformados em níveis causais de consciência, genuinamente libertos dos padrões que nos seguraram.

Ninguém gosta quando um médico se apressa numa consulta, ficando cinco minutos com a gente e depois indo embora rapidamente. Como seria possível para ele ou ela entender nossa situação, as nuances sutis de nossos apuros? Contudo, corremos durante nossos compromissos com o médico divino, todo o tempo. Concentramo-nos um pouco para uma oração aqui, um pouco de meditação acolá. Lemos um livro de citações ou poemas inspiradores. Participamos de seminários ou de retiros durante o fim de semana. Mas, apenas uma mudança contínua em nosso modo de pensar poderá garantir a cura espiritual. Não é suficiente se colocar nu perante Deus apenas de vez em quando. Devemos nos apresentar autenticamente a Ele não apenas às vezes, mas todo o tempo: não só a cada hora, mas em todos os momentos do dia. Podemos abrir nosso coração de tal forma que todo o medo desaparecerá. Podemos viver em uma contínua comunhão com Deus na qual cada percepção e cada coisa são constantemente entregues a Ele para receber Suas bênçãos e revisões. E quando estivermos tão radicalmente disponíveis para Deus, Ele estará radicalmente disponível para nós.

MISERICÓRDIA

Às vezes, andamos muito perto de Deus, porém outras corremos para o outro lado do universo. Quem entre nós já não pegou alguns desvios no caminho por causa do medo? (*)

Entretanto, quando fazemos isso, e depois voltamos para o amor, aprendemos, entre outras coisas, quão Deus é misericordioso. Existem certas palavras que não podemos entender perfeitamente até que as experimentemos. Misericórdia é uma delas.

Quando eu era jovem, o conceito de um Deus misericordioso tinha pouco significado para mim; eu achava que Deus era "legal". Mas agora tenho uma avaliação para esse conceito que nunca poderia ter tido antes; normalmente, você precisa viver um pouco antes de compreender o verdadeiro sentido do arrependimento. Mas descobri que Ele continua usando nossos erros, assim como nossos êxitos, para nos transformar naquelas pessoas que Ele concebeu.

A misericórdia de Deus é um poder efetivo. Seus anjos, tanto os visíveis quanto os invisíveis, estão presentes a cada passo de nossa jornada, procurando-nos na mesma medida em que procuramos por eles, estendendo as mãos para nós, assim como estendemos as mãos para eles. Sempre que estamos receptivos à Sua Cura, ela virá até nós; Deus fará sua parte, se fizermos a nossa. Enquanto admitirmos a exata natureza de nossos erros, dando satisfação pelos prejuízos que causamos, sempre que possível; enquanto nos reconciliarmos com Deus e pedirmos que ele remova as imperfeições de nosso caráter; enquanto abrirmos nossos corações para receber Seu consolo diário e nos permitirmos ser usados para levar consolo aos outros; enquanto procurarmos, por meio das preces e da meditação, conhecer a Sua vontade com relação a nós e realizá-la, um processo miraculoso começa em nosso interior. Somos elevados da fraqueza para a força; somos elevados da ausência para a abundância; somos erguidos da dor para a paz; do medo para o amor. Nada disso acontece em um instante, mas ao longo do tempo, por meio do processo diário de viver. Em cada canto obscurecido – emocional, psicológico, espiritual e físico –, Ele envia a Luz para substituir a escuridão. E é desse modo que somos redimidos. Não existe nenhuma situação que O deixe de mãos atadas. E não existe ninguém em que Deus não esteja interessado ou para quem Ele não tenha um plano de cura. De fato, o mundo como o conhecemos pode ser muito cruel. Mas o poder amoroso e redentor de Deus está presente na verdadeira natureza das coisas.

REDENÇÃO

Certa vez, dei uma palestra para um grupo de mulheres em liberdade condicional. Muitas delas haviam passado bastante tempo na prisão. Todas estavam desesperadas para assumir uma vida nova e diferente, e vieram assistir à minha palestra na esperança de descobrir como fazer isso. Antes de eu falar, uma delas contou muito bem a sua história. Fiquei fascinada por seu relato profundo e instigante sobre o processo de redenção.

Michelle havia cumprido cinco anos na cadeia por causa de um crime ligado às drogas. Na ocasião de seu julgamento, seu filho de quatro anos foi levado para viver com os avós, já idosos. Quando ela foi libertada, tinha apenas sua criança e pouca coisa mais. Com a orientação de seu agente de condicional, aprendeu lenta e meticulosamente a dar um passo depois do outro e a construir uma nova vida. Suas lutas – o fato de que os únicos empregos que conseguia no início eram os que pagavam os piores salários e onde ela era tratada muito mal; a rejeição inicial dos possíveis empregadores quando viam em sua ficha que ela era uma criminosa com passagem pela cadeia, o aprendizado que foi obrigada a realizar no controle da raiva, suas dificuldades com um filho nervoso – tudo isso se encontrou com o profundo entendimento de que, por meio da Graça de Deus e encarando um dia de cada vez, ela poderia ficar sóbria, poderia construir uma nova vida e evitar seu retorno à prisão. Com o tempo, ela entrou na faculdade, aprendeu a ser uma estudante bem-sucedida, formou-se e fez pós-graduação em Ciências Sociais. Enquanto ela compartilhava a sua esperança e força com as outras mulheres que se mostravam feridas na alma, praticamente da mesma forma que ela estivera, a luz de Deus, que havia claramente abençoado aquela mulher, expandiu-se por meio dela para tocar todas as outras.

Michelle sofreu profundamente por causa de seus erros, mas recebeu a misericórdia de Deus e agora é testemunha disso para as outras pessoas. Algumas vezes, Ele usa nosso sofrimento para nos deixar mais afiados, porque isso nos faz mais humildes, mais arrependidos e mais abertos à orientação que rejeitamos antes. Em certas ocasiões, saímos do outro lado de um período negro com uma sabedoria interior, algum sentido de alma que não tínhamos antes. E algumas vezes o fogo que atravessamos se torna nosso agente purificador, permitindo que o milagre que Deus preparou para nós se apodere do nosso coração e nos transforme em novas pessoas.

E então, será que algumas dessas coisas que nos machucam são de fato operadas pelo amor de Deus – como um tipo de cirurgia que o médico realiza para nos salvar? Certas vezes, experiências difíceis têm o efeito de uma tempestade. Depois dela, vemos a beleza do céu e uma limpidez no ar que não estavam lá antes. Aquilo que era caótico, na verdade mostrou-se ter um efeito saudável. E algumas vezes, quando realmente somos afortunados, olhamos para o céu e vemos um arco-íris. Isso não poderia ter acontecido sem a chuva.

TORNANDO-SE RECEPTIVO ÀS LIÇÕES

Nosso trabalho não é *determinar* o significado da vida, mas distinguir o seu significado. Com frequência, procuramos dar um significado à vida quando teria sido melhor permitir a ela que nos mostrasse o seu sentido. (*) Quando Jesus disse que deveríamos ser como crianças pequenas, foi porque as crianças pequenas sabem que elas não sabem. (*) Andamos por aí achando, ou pelo menos fingindo, que sabemos o significado das coisas, quando na verdade a mente mortal não tem nenhuma base para o verdadeiro conhecimento. As crianças pequenas esperam que alguém mais velho e mais sábio explique as coisas para elas; podemos ter o mesmo tipo de relação com Deus.

Existe uma maneira de relaxar em nosso centro, trabalhando muito menos, deixando que as outras pessoas falem o que têm a dizer, sabendo que nosso ser fica mais radiante quando estamos num espaço de não-fazer. Quando o ego dá um passo atrás, o poder de Deus pode dar um passo à frente. Ele pode e vai fazer isso quando Lhe permitirmos. Com bastante frequência, achamos estar invisíveis, a não ser que tenhamos um comentário inteligente, fazendo isto ou aquilo. Mas ficamos muito mais poderosos quando permitimos que o silêncio nos rodeie. Respirando profundamente, sabendo que aquilo que você não diz pode ser mais eficaz do que aquilo que diz, pensando profundamente sobre alguma coisa antes de dar uma resposta – esse tipo de atitude abre espaço para que o Espírito flua, harmonize-se com as circunstâncias e as coloque em uma direção mais positiva. Quantas vezes sentimos que estragamos tudo simplesmente por falar quando não desejávamos fazê-lo ou por nos mostrar quando poderíamos ter ficados quietos, parecendo intrigados – porque realmente *estávamos*?

O Espírito de Deus sempre revelará a verdade, se simplesmente não evitarmos Sua orientação. E nós a bloqueamos quando falamos primeiro, numa postura de andar na frente da verdade. Isso acontece quando ficamos agitados durante uma conversação ou um projeto, tentando freneticamente fazer com que as coisas aconteçam ou impedindo que elas aconteçam por não termos fé na ordem invisível das coisas. É por isso que o Instante Santo é importante: é o instante de quietude, quando o espírito entra e endireita as coisas.

Em geral, é melhor viver com uma pergunta até que a resposta surja; é melhor estar em paz com o fato de não saber até que a sabedoria surja; é melhor sentar atrás e apenas ouvir até que você genuinamente tenha algo a dizer. Algumas vezes, será o nosso silêncio que vai comprovar a nossa força.

Nosso ser completo – intelectual, emocional, psicológico e espiritual – pode relaxar em um modo de operação mais receptivo aos milagres. Quando relaxamos nos braços de Deus, a mente se abre para uma compreensão maior e o coração se abre para o amor mais profundo.

Quando colocamos o ego de lado e deixamos que Deus indique o caminho, nos tornamos um espaço natural de cura. Vamos dizer, por exemplo, que você tenha um problema; existem diversas possibilidades para resolvê-lo. Contudo, se você estiver tenso, pensando no problema, preso pela raiva ou dominado por uma busca frenética por soluções, então as chances de que uma dessas possibilidades fique mais clara acabam diminuindo.

Se você tem um problema, mas está preso na atitude de culpar os outros, ou tentando fugir de suas responsabilidades, então as forças que poderiam ajudar são repelidas. Se tem um problema, mas procura manter o coração aberto – faz o melhor para resolvê-lo, assume a responsabilidade, permanece vulnerável –, então os outros terão a tendência natural de estender a mão e oferecer ajuda. Eles não ficarão inspirados a ajudar apenas por saber que você tem um problema; o que fará isso é a maneira como tenta resolvê-lo.

As soluções mais elevadas não vêm de você; elas vêm *para dentro* de você e *por meio* do seu ser. Não é sua capacidade de descobrir as coisas, de colocar a culpa em outro lugar ou de contratar os advogados certos que vão garantir a correta ação divina. Antes disso, é nossa habilidade de nos entregar ao fluxo da divindade que permite que a divindade flua por meio de nós.

Permanecer calmo, acreditando no fluxo do universo, é uma coisa difícil de fazer, quando não conseguimos sentir a ordem cósmica das coisas. Mas assim que reconhecemos que Deus está em todo lugar, durante todo o tempo, podemos relaxar a qualquer momento, sabendo que a cura é natural. Deus irá nos enaltecer, se permitirmos que Ele faça isso. E quando sentimos que isso está acontecendo, estamos propensos a certo tipo de sorriso, inspirando alguém perto a perguntar: "O que foi"? Como se essa pessoa soubesse que deve haver alguma coisa que nos faça sorrir daquele jeito. Mas não há nada *especial* que nos faça sorrir naquele momento, porque *tudo* nos faz sorrir. Percebemos a realidade e sentimos a paz que se segue a ela.

SER SEM DEFESAS É A NOSSA FORÇA

O livro de exercícios de *Um curso em milagres* inclui um exercício que diz: "A minha segurança está em ser sem defesas". (*)

É surpreendente considerar todas as defesas que exibimos, emocionais e psíquicas. Imagine todos os momentos, desde que você nasceu, quando alguma coisa arriscada aconteceu – uma surra, um momento de mal-entendidos ou de anulação. A cada um desses momentos, você construiu um mecanismo de defesa – fechando automaticamente o coração –, e na ocasião em que ficou mais velho, com sabedoria suficiente para exprimir essas defesas, nem tinha a consciência de que elas existiam mesmo. Quando procuramos o amor muitas vezes e nos sentimos não amados em resposta, nos trancamos e tentamos nos defender contra a calamidade que subconscientemente passamos a esperar. Muitas vezes, nossa forma de defesa é o ataque, antes que alguém mais tenha a oportunidade de fazer isso, ou a intimidação para manter nosso atacante imaginário a distância, ou ainda tentamos impressionar para não sermos rejeitados.

O problema disso é que: "Criamos exatamente aquilo contra o qual pretendemos nos defender". (*) Se mostro meus punhos fechados, o oponente vai aparecer, com certeza. Se me mostro imponente e pomposo para impressionar, certamente serei rejeitado. Sempre parece que estamos nos protegendo quando, na verdade, estamos envolvidos pela energia do ego. E, de fato, o ego é nossa fraqueza, não nossa força. Quando agimos na defensiva, de modo arrogante ou obstinado, ninguém vai achar que somos poderosos: vão pensar o oposto. Podemos nos sentir mais expostos e vulneráveis quando nos apresentamos sem defesas e vazios perante Deus, e isso ocorre quando parecemos centrados em nosso poder. Nossa capacidade de nos mostrarmos transparentes, de nos mostrarmos como um espaço vazio pelo qual o amor de Deus pode fluir, essa é nossa força espiritual. Quando o ego desaparece, dificilmente nos mostramos invisíveis; estamos iluminados. As pessoas não podem tirar os olhos de uma pessoa que tenha removido sua máscara. Uma serenidade infantil substitui uma postura infantil. Ficamos gentis, mas ainda fortes. Nossa luz interior brilha por meio de nós.

Quando alteramos nosso centro de poder da força material para a força espiritual, começamos a nos transformar de uma personalidade do tipo "vá lá fora e pegue-os" para uma personalidade mais magnética, do tipo "esteja centrado e observe o mundo chegando até você". A resistência, a intensidade e a positividade de uma personalidade são poderes de segundo grau quando comparados ao poder do Espírito. A qualquer momento em que simplesmente respiramos profundamente, desistindo de nossa conexão a resultados ou metas, vivendo apenas para desfrutar do instante e do amor que Deus oferece, estamos nos entregando a Ele. E, quando nos perdemos, nos encontramos. Finalmente.

De *Um curso em milagres*:

"Lembraremos de que Cristo permanece ao nosso lado ao longo do dia e nunca deixa a nossa fraqueza sem o apoio da Sua força. Invocamos a Sua força toda vez que sentimos a ameaça das nossas defesas minarem a certeza do nosso propósito. Faremos uma pausa, por um momento, enquanto Ele nos diz: "Eu estou aqui". (*)

QUANDO UMA NOVA VIDA SE AGITA

Em todos os grandes ensinamentos religiosos, existem mensagens codificadas de Deus. Os alunos procuram entender essas mensagens para aplicá-las à sua vida. Não importa se aquela religião em particular é ou não nosso caminho pessoal, o ensinamento principal se aplica a todos.

Em diversos museus espalhados pelo mundo, há milhares de pinturas de um evento descrito no Novo Testamento como sendo a Anunciação. O anjo Gabriel apareceu para a Virgem Maria dizendo-lhe que ela iria conceber um filho de Deus, e que a criança nasceria para ser a salvadora da humanidade.

Deixando de lado por um momento o que aquilo poderia ter sido, vamos nos lembrar de que todas as histórias religiosas representam uma profunda verdade metafórica. Os anjos são os pensamentos de Deus, e Maria não é a única para quem os anjos apareceram e falaram. Os anjos estão conversando conosco o tempo todo, mas a maioria de nós não escuta.

Gabriel representa um tipo particular de mensagem de Deus, ou seja, de que Ele deseja nos impregnar espiritualmente, nos transformar milagrosamente em outra nova pessoa e espalhar Seu amor pelo mundo por meio de nós. A diferença entre Maria e nós é que ela teve a humildade de dizer "sim".

Você e eu dizemos "Grato, quem sabe em outra hora", "Agora não", "Caia na real", "Dê um tempo", "Sem chance" e uma porção de outras coisas que não se parecem exatamente com o desejo de Maria de ser usada por Deus. Mas tais pinturas existem, assim como todos os tipos de arte, para levar nossa mente até o lugar onde lembramos o que é Verdade. Aquela história não foi apenas sobre Maria; ela fala de todos nós.

A todo momento, existe um anjo ao nosso redor anunciando um novo começo, o nascimento de um novo ser a partir dos pedaços de nosso eu estilhaçado. Toda situação representa uma escolha: preferimos ficar com os modelos de pensamento e comportamento baseados no ego, ou escolhemos viver uma vida mais elevada e mais amorosa? Será que vamos continuar fazendo o percurso do medo e da limitação, embora essa trilha tenha se tornado mais dolorosa, entediante e antiquada, ou vamos escolher dar à luz uma forma de expressão mais elevada? O Cristo dentro de nós é um recém-nascido, criado por Deus e pela nossa humanidade, e está aqui para expressar o potencial divino que existe dentro de cada um.

Maria não podia ter dito "não" para Deus porque seria contrário à sua natureza. Também em nosso núcleo mais profundo, tal atitude é contrária à nossa natureza. Ansiamos dizer "sim" para Ele, mas estamos tão fora de contato com nossa verdadeira realidade, tão distante da nossa própria alma, que continuamos dizendo "não". E é ali, naquela rejeição do amor, que está a tragédia da existência humana.

Em um dia dizemos: "Sim, Deus, você pode expressar seu amor através de mim". Em outro, numa situação diferente, não conseguimos avançar – dizemos "não" para mais perdão, para mais profundidade ou para mais amor. Ainda assim, Gabriel insiste e cada vez que dizemos "não", fica esperando ali perto para nos perguntar novamente: "Estou trazendo esta situação à baila de novo para lhe dar uma nova oportunidade".

Devagar, mas de modo certo, nosso coração começa a se abrir; resistimos menos ao amor, à medida que fazemos a nova jornada espiritual. E, por fim, deixaremos de resistir. Se estivermos honesta e profundamente conosco, então ansiaremos ficar grávidos de Deus.

Quando Gabriel conversou com Maria, ela estava com 14 anos, e agora ele conversa com cada um de nós sem se importar com o sexo ou com a idade. Enquanto estivermos inclinados a ser parte do plano de Deus, Ele terá um plano para nós.

E então a vida começa a mudar de verdade: não quando temos coisas novas, mas quando temos um novo espírito. O nascimento do amor de Deus dentro do mundo não foi um "era", mas um "é". Não é importante apenas pelo que ele fez ao mundo, mas por aquilo que nos causa. À medida que amarmos uns aos outros, Deus estará em nós. Ele domina nossa mente e nosso coração. Ele guia nossos pensamentos, nosso comportamento e nossas palavras. Ele faz desaparecer nossos pensamentos de medo, substituindo-os milagrosamente por pensamentos de amor. É nisso que reside nossa santidade, e não há nada literalmente que nossa santidade não possa fazer. (*)

Quando os Três Reis Magos se ajoelharam ao lado do menino Jesus, expressaram simbolicamente a relativa fraqueza do mundo comparada ao poder de nosso verdadeiro Ser, quando estamos centrados no amor de Deus. A radiância da criança divina somos você e eu, transformados.

Nossos medos desaparecem, e nossa couraça energética desintegra-se. À medida que oramos constantemente por um coração ainda mais aberto, a ação do Espírito de Deus redime nosso passado e libera nosso futuro, para que este seja diferente. Somos espiritualmente renascidos, enquanto as ilusões do passado ficam distantes e temos a oportunidade de recomeçar.

Algumas vezes, alguém pode chegar até nós e dizer: — Você parece outra pessoa, totalmente nova.

Certas vezes, realmente parecemos outra pessoa. E, de vez em quando, *somos* realmente outra pessoa.

O CRISTO

A conversão a Cristo não requer uma conversão ao Cristianismo. Essa palavra é um símbolo da Criança de Deus dentro de nós, nossa verdadeira identidade e um espaço para a recordação de tudo aquilo que é divino. Para ser Seu discípulo, é preciso pegar o manto de Seu ministério, recusando-se a reconhecer a realidade de qualquer parede que nos separa. Em nossa unicidade com nossos semelhantes reside nossa unicidade com Deus, remover aquelas paredes é Seu trabalho em nós e no mundo. E o filho primogênito de Deus é *quem nós somos*.

Então, é isso que procuramos enxergar com os olhos do Filho de Deus, que são o único lugar onde nossa unidade com os outros é vista; ouvir com os ouvidos do filho de Deus, onde apenas o amor e os chamados pelo amor são ouvidos; andar com Ele, onde quer que sejamos úteis; e falar de nosso amor por Ele a todo mundo.

Tente imaginar uma situação em sua vida na qual as coisas não estão andando como você gostaria. Agora, feche os olhos e respire profundamente, permitindo-se enxergar a si mesmo enquanto se deixa mergulhar nessa experiência. Veja como você é, seus maneirismos e seu comportamento normal. Veja como as outras pessoas relacionam-se com você. Sinta suas emoções quando aparecem, mesmo que sejam emoções dolorosas ou de ansiedade.

Agora, veja Jesus como a incorporação do Cristo, chegando por trás de você e colocando seus braços ao redor de seus ombros. Deus deu a Ele o poder de fazer com que você se sinta completo. Permita que ele passe através do seu ser e cure todas as partes que estiverem feridas. Permita que Ele esteja pronto a ajudá-lo, entre o seu *eu* agora manifesto e seu divino potencial. Ele *é* esse potencial. E Deus deu a Ele o poder de ajudar qualquer um que peça por ajuda a colocar em prática esse potencial.

"Ele está no Instante Santo com tanta clareza quanto queres que ele esteja." (*) Ou Ele está *metaforicamente* lá, ou Ele está *literalmente* lá. Qual das duas opções estará incorporada em sua experiência depende totalmente de você.

As mudanças que o espírito realiza dentro de nós não podem ser explicadas pela mente egocentrada, mas procurar o ego como comprovação ou aprovação é ridículo. Achamos que, sem o ego, tudo estaria um caos, mas, na verdade, sem o ego tudo seria amor.

(*) Em determinado momento, você precisa decidir como fará mais sentido olhar para o mundo; você não pode apenas envolver-se numa realidade mística. A vida espiritual inclui acreditar numa realidade invisível que afeta a realidade visível. Quando mudamos internamente, alteramos nosso comportamento. Mudamos nossa energia e nossa vida.

CRIANDO MILAGRES

Quando nos centramos numa atitude de invocação, nós nos tornamos automaticamente operadores de milagres. As pessoas sentem-se elevadas e energizadas em nossa presença, equilibradas e curadas subconscientemente ao nosso lado. Uma atmosfera mais palpável e positiva prevalece. Quando alcançamos níveis mais elevados dentro de nós mesmos, as pessoas em nossa volta sentem-se chamadas para buscar mais elevação. E é esse o sinal de orientação que todas as almas estão procurando.

Quando nos lembramos de nossa herança espiritual e nos sustentamos com seu poder, pensamos, agimos e experienciamos a vida de forma diferente. Nós nos vemos prestes a criticar alguém e então nos lembramos de sua eterna inocência. Estamos prestes a compartilhar uma história insensível que ouvimos de outra pessoa, e então nos lembramos: "O que eu faço aos outros, estou fazendo a mim mesmo".

Estamos quase ganhando alguma coisa à custa de outra pessoa e nos lembramos de que isso não existe. Quando reclamamos de uma situação, paramos para nos perguntar: "Com o que não estou contribuindo aqui"? *Este* é o nascimento de nosso melhor eu – um processo gradual e contínuo, porque em determinado momento podemos ouvir o ego ou dar atenção ao amor. Seja o que for que decidamos escutar, será aquilo que nos tornaremos. E seja o que for que nos tornemos, este será o mundo em que iremos viver. Podemos viver no medo ou no amor. A decisão é nossa, a todo instante. O maior poder que Deus nos deu para mudar o mundo é o poder de mudar nossos pensamentos sobre o mundo. (*) E quando o fazemos, o mundo se transforma.

Não importa quão insano este mundo possa parecer, procuramos lembrar que ele é uma enorme ilusão. Não nos tornamos mais complicados metafisicamente ao fazer isso; na verdade, ficamos cada vez mais simples, tentando aplicar certos princípios básicos a tudo o que passamos. Sabemos que existe um mundo de amor que se situa além daquilo que vemos, e nascemos para fazê-lo se manifestar. Se nos dedicarmos de corpo e alma a essa tarefa, então um dia – bem aqui na terra –, viveremos em um mundo mais iluminado.

Capítulo 6
De vivendo no passado e no futuro até vivendo no presente

Se desejarmos mudar mundos, então precisamos mudar intervalos de tempo.

Não faz sentido tentar assistir a Seinfeld às 20h, se o programa passa às 19h. E não faz sentido tentar descobrir milagres no passado e no futuro se eles só existem no presente. Sempre fui acostumada a imaginar como seria meu futuro. Quando deixava de ficar obcecada com o futuro, sentia-me feliz por cinco minutos e então me voltava para o passado. Fica bem claro que o ego não tem intenção de permitir que desfrutemos o presente.

E isso é porque o presente é solo sagrado, o único lugar onde a eternidade encontra o tempo linear. Tanto o passado como o futuro não existem, exceto em nossa mente. A intenção do ego é nos fazer viver em um desses dois domínios como uma forma de garantir que nunca *vivamos de verdade*. Se Deus reside apenas no presente, então viver no passado ou no futuro com certeza será doloroso porque deixa Deus de fora. Viver completamente o presente, o Instante Santo, torna-se literalmente a *morte* do ego – e é por isso que resistimos a isso. Enquanto nos identificarmos com a vida do ego, a própria realidade se mostrará assustadora.

Achamos muito mais fácil de analisar o que aconteceu no passado e de imaginar o que pode acontecer no futuro do que nos mostrarmos completamente para a vida presente. No entanto, quando nos permitimos viver totalmente, desimpedidos das preocupações do futuro ou do passado, esse momento se tornará nosso portal milagroso para a plataforma 9 ¾ de Harry Potter. O Instante Santo *é* o Milagre.

Quando a Bíblia diz: "Não haverá mais tempo", isso não quer dizer o fim do mundo, mas significa o fim da ilusão do tempo linear e o começo de um eterno agora.

As coisas que são mais importantes são perpétuas. *Perpétua* não quer dizer alguma realidade eterna que começa quando esta vida acaba e alguma outra vida começa. Refere-se à realidade momento a momento, que dura para sempre, é verdadeira neste instante e vai existir para sempre. *Perpétuo* significa "sempre verdade".

A eternidade significa um presente que nunca termina, no qual Deus *existe*. É a dimensão de Seu poder, e até o ponto em que usamos o presente para nos focalizar no passado e no futuro, acabamos por retirar o poder de nós mesmos. O jogador de tênis não tem tempo de pensar sobre a bola que acabou de perder, porque acabará dissipando o esforço para acertar a próxima bola, que vem vindo. É a mesma coisa conosco, durante todo o tempo.

O passado não se mistura automaticamente com o futuro, exceto em nossa mente. O passado nos orienta para o futuro simplesmente porque permitimos que faça isso; ele é mais um produto do modo como nosso cérebro funciona do que a maneira como a realidade funciona. Ao pensarmos no passado quando estamos no momento presente, nós o recriamos no futuro.

Contudo, um milagre pode intervir entre passado e futuro, liberando cada momento para infinitas e novas possibilidades. No Instante Santo, podemos romper a corrente dos pensamentos de ontem reprogramando o futuro com diferentes pensamentos do agora. Um erro muito comum é basear nossos pensamentos nas circunstâncias de ontem, sem perceber que elas são simplesmente o reflexo de pensamentos que estamos agora livres para mudar.

Vamos dizer que você esteja pensando: "Estou quebrado". Isso pode ser a descrição de uma condição material, embora as condições materiais mudem em resposta a uma mudança de consciência. Afirmar "Estou quebrado" é escolher, ampliar esta condição no futuro, pensando nela no presente. E se esta for sua escolha, então o universo responderá: "Que assim seja". Mas você deveria se perguntar por que decidiu pensar dessa forma, considerando-se quanto poder você tem para mudar suas circunstâncias, apenas alterando sua forma de pensar. Ouvi a mestra espiritual Chalanda Sai Ma uma vez dizer: "Você vai viver tudo o que pensar depois das palavras "eu estou...".

No lugar daquela ideia negativa, você poderia pensar: "Estou com abundância infinita no espírito. Tenho um monte de dinheiro (dinheiro é um conceito relativo: muitos dos americanos que acham que estão quebrados têm mais dinheiro do que a maioria da população mundial) e minha fortuna está crescendo todos os dias". Perceba agora como *dizer* isso instrui seu corpo e sua mente. Dizer "estou quebrado" vai enviar um tipo de sinal ao cérebro; dizer "estou rico" vai enviar algo diferente. A química do cérebro, os hormônios e uma infinidade de funções mentais e psíquicas respondem a todo pensamento. É muito difícil você dizer "estou quebrado" com a espinha ereta e a cabeça levantada; e é difícil dizer "estou rico" em uma posição diferente desta. A mente subconsciente é sua serva, respondendo a todos os seus comandos. E a maneira como você se sente e como se apresenta vai afetar suas circunstâncias materiais de inúmeras maneiras.

Talvez uma ou duas pessoas o tenham rejeitado, e agora você pensa: "Não tenho sorte no amor, meus parceiros me abandonam". Na verdade, o que você provavelmente está dizendo é que *algumas* pessoas o deixaram, enquanto outras detonariam o cartão de crédito para tomar chá com você em Timbuktu. Mas seu ego adora esses pensamentos negativos! É aquele mesmo ego que preparou sua cama para você falhar com aqueles que o abandonaram, e que agora está contextualizando a situação de tal maneira que a faça acontecer novamente. O que o ego determina no amor é: "Procure, mas não ache". (*)

Você deveria dizer o seguinte: "Sou absolutamente atraente e as pessoas mais maravilhosas do mundo acham que sou a pessoa mais linda para ter como companhia". E sabe de uma coisa? Isso é verdade, porque as pessoas mais maravilhosas do mundo para você realmente pensam assim! Mas seus pensamentos de que tais pessoas não existem, ou iriam rejeitá-lo, estão literalmente mantendo-as a distância. Não existe nenhuma força magnética atraindo-as para você quando nega que tais pessoas existem.

Se você tem pensamentos do tipo: "Os homens me rejeitam", então eu duvido que sua energia esteja lendo: "Linda! Maravilhosa!" Caso sua energia apenas confirme uma condição passada, então espere que essa condição permaneça. Mas você pode se preparar intimamente para aquilo que deseja em vez de sempre reafirmar aquilo que já passou. Você pode praticar a vida que deseja. "Se a vida fosse aquilo que desejo que ela seja hoje, o que eu faria?", "Aonde eu iria?", "Como cuidaria de mim mesma?" É como no filme *Campo dos sonhos*: "Se você construir isso, eles vão surgir". Tempo e espaço não são aquilo que aparentam ser; você não sofre seus efeitos, a menos que escolha. Deus o colocou na Terra para ser o mestre de seu próprio destino e não um escravo do mundo material.

É de muita ajuda nos perguntar por que escolhemos jogar tão mal quando não precisamos. A crença é algo poderoso, e seja o que for aquilo em que acreditemos, nosso subconsciente fará com que se manifeste. Então, por que nos aferrarmos a crenças tão aviltantes sobre nós mesmos? E quando fazemos essa pergunta, a resposta emerge: "Minha família me ensinou que não era legal eu me achar grande coisa". "Achei que as pessoas não iriam gostar de mim, se eu fosse a tal". "Pensei que poderia magoar meu pai, se ganhasse mais dinheiro do que ele".

Apesar da dor que a gente possa experimentar em relação à reação negativa dos outros quando abrimos as asas, ela não é nada quando comparada à dor que causamos a nós mesmos quando cortamos nossas asas. Neste momento pelo qual passa o planeta, ninguém pode se sentir bem ao reprimir sua magnificência. Expressar seu potencial completo não é apenas um direito; é sua responsabilidade.

Enquanto continuar pensando de maneira limitada, desacreditando nas infinitas possibilidades de sua vida, jamais viverá os milagres que Deus armazenou para você. Vai negar os presentes Dele e sucumbirá ao ego. Num mundo como este, o ego é o último caminho de resistência. Se deseja um milagre, *peça-o* de maneira consciente. E para cada um que estiver dizendo: "Como ousa?", haverá pelo menos dois outros que responderão: "Obrigado por me mostrar como fazer".

ACEITANDO A REALIDADE

Algumas vezes, ouço as pessoas dizerem: "Estou pronto a mudar minha forma de pensar, mas tenho medo de que os outros não façam isso, então não vai adiantar nada". Talvez isso aconteça, mas não por muito tempo. Quanto mais cedo você mudar sua mente, os outros começarão a fazer o mesmo, e aqueles que não o fizerem passarão a se distanciar de todos.

Eu conversava certa vez com um rapaz, Andrew, que estava prestes a voltar para a escola secundária de sua cidade depois de ter estudado numa escola na cidade vizinha durante dois anos. Ele se sentia desanimado em voltar para casa; perguntei o motivo e ele respondeu:

— Eu era um ignorante quando morei aqui antes. Era um sujeito muito inseguro e então me comportava como um sabichão. Tenho certeza de que todo mundo por aqui acha que continuo daquele jeito, e é por isso que acho deprimente voltar para cá.

— Mas você mudou? — perguntei. — Você é uma pessoa diferente agora?

— Sou — ele respondeu. — Mas *as pessoas* não sabem disso. Elas me conhecem do jeito que eu era antes, então não fará diferença se mudei. Ninguém vai gostar de mim.

— Bem — disse a ele —, de um ponto de vista metafísico, todas as mentes estão unidas. Assim, se *você mudou*, então *eles terão* que mudar. As outras pessoas podem achar que você é de um determinado jeito no começo, mas, se mudou de verdade, então o comportamento antigo vai desaparecer, exceto quem você é hoje. Se não carregar as velhas coisas junto, então essas coisas não permanecerão na memória das pessoas, a não ser por pouco tempo.

O universo está preparado para recomeçar a cada momento, e isso só não acontecerá caso seus próprios pensamentos não permitirem. Quando pedimos a Deus para interferir entre nosso passado e futuro, um milagre ocorre, cancelando todos os nossos medos e nos liberando para um novo começo. Um Deus que consegue abrir o mar e ressuscitar os mortos não tem dificuldades em resolver seus problemas na escola – ou em qualquer outro lugar. Ele tem um poder fundamental para restaurar e consertar. Quando nossa fé for tão arrojada e radical quanto Seu poder, vamos viver esse poder ao extremo.

Espiritualmente, renascemos em qualquer momento no qual não carregamos o passado conosco. (*) Meu jovem amigo Andrew e eu rezamos naquele dia, pedindo que Deus cuidasse do relacionamento com os companheiros da escola. Pedimos a Deus que removesse todas as paredes de equívocos. Oramos para que os relacionamentos fossem regenerados e que ele pudesse recomeçar em um lugar diferente. Pedimos pela Ordem Divina, nesta e em todas as outras coisas.

Algumas semanas depois, encontrei Andrew de novo. Ele sorriu para mim e me deu um abraço apertado:

— Você recebeu um milagre, certo? — perguntei.

— Sim — ele respondeu. — Oh, sim...

Todo momento é parte do percurso divino, e se tivermos vivido alguma falta de amor no passado, então o presente traz maneiras de compensar isso agora. Deus está sempre presente; Sua Mão repousa sobre todas as coisas. Qualquer que seja a situação em que estejamos *agora*, ela contém a chave para curar o passado e liberar o futuro, com toda e qualquer pessoa com quem nos relacionamos *agora*. Podemos ser alguém diferente de quem fomos um dia, liberando então o futuro para também ser diferente.

Se liberarmos nosso passado para Deus, Ele mudará nosso pensamento quanto ao passado. (*) Já que só o amor existe e só ele é real, e nada mais existe, a única realidade sobre nosso passado é o amor que demos e o amor que recebemos. (*) Tudo o mais é uma ilusão que só continuará viva em nossa experiência se decidirmos ficar presos a ela. De acordo com *Um curso em milagres*: "Nada real pode ser ameaçado; nada irreal existe". E é este o Milagre: acolher a realidade.

CURANDO O PASSADO

Quando passamos por momentos difíceis, temos a tendência natural de desejar conversar sobre o assunto. E até certo ponto, isso é bom; processar tudo com amigos e conselheiros é uma das maneiras de nos curarmos. Entretanto, existe outra tendência, a do ego vir antes do Espírito, que nos dirige para articular experiências negativas de um modo que as mantêm vivas.

Certa vez, visitei uma cidade onde passei por uma experiência muito dolorosa, e quando meus amigos perguntaram o que havia acontecido, quase contei a eles toda a história. Mas então disse a mim mesma: "Já foi o bastante. Até que não foi tão mal; pense nas pessoas maravilhosas que você conheceu e nas coisas boas que também aconteceram por lá". Então, quando meus amigos fossem me perguntar, eu poderia lhes dizer as coisas negativas *e as coisas positivas*. Mas, depois de um tempo, quando já tinha passado pelo processo de perdão e de expiação e permitido que meu coração se curasse, encontrei-me respondendo a uma pergunta sobre aquele período de minha vida de um modo muito simples: — Foi um tempo muito especial.

As palavras apenas saíram de minha boca; eu não tinha percebido conscientemente que estava prestes a dizê-las. Mas, no nível mais profundo, aquelas palavras eram verdadeiras, porque apenas o amor existe. Recebi grande consolo em meu coração por apenas pronunciá-las.

Tudo o que acontece tem uma causa: ou foi provocado pelo amor e oferece uma oportunidade de ampliar esse amor, ou foi causado pelo medo, e o Espírito está presente na situação para nos guiar para fora dela. De um jeito ou de outro, como as pessoas dizem hoje em dia, "está tudo bem".

ACEITANDO A NÓS MESMOS NO PRESENTE

Quando eu era jovem, queria ser mais velha, e quando fiquei mais velha, queria ser mais nova. Quando morava em um lugar, queria morar em outro, e quando estava fazendo uma coisa, preferia estar fazendo outra. Nunca consegui me fixar no meu eu interior e no que estava acontecendo no momento. Parecia que, de algum jeito, não era o bastante, aquilo que eu fazia não era o suficiente, e por essa razão a minha vida não era adequada.

Uma vez, citei em uma palestra que, não faz muito tempo, olhei para uma foto de quando eu tinha 30 anos e disse a mim mesma: "E eu achava que *isso* era *inadequado*?" Então, observei a sala se encher com sorrisos de confirmação de todas as mulheres que já haviam passado pela juventude. Quem entre nós já não olhou para aquele período do passado, onde achávamos que faltava alguma coisa, desejando poder voltar atrás e experimentar as maravilhas que não enxergávamos naquele tempo? A verdade é que cada estágio de nossa vida é perfeito, se nos permitirmos vivê-lo de verdade. Se nos concentrarmos no presente, contribuindo e nos destacando nele da forma mais completa que pudermos, então cada momento poderá ter suas bênçãos, e o futuro irá se desdobrar na direção de um bem melhor.

Quando aceitamos nós mesmos exatamente como somos, e onde estamos, temos mais energia para oferecer à vida, não estaremos desperdiçando o nosso tempo tentando fazer as coisas de modo diferente. Em todos os momentos em que relaxamos no ponto mais profundo de nosso ser, desistindo de lutar para estarmos em outro lugar, vemo-nos exatamente no lugar certo e no momento certo. Existe um plano para nossas vidas – o plano de Deus, e Ele vigia para se certificar de que somos quem precisamos ser e de que estamos onde devemos estar. Quanto mais cedo aprendermos a viver nossa condição presente da forma mais gloriosa, novas e melhores condições surgirão imediatamente. Mas, enquanto aprendemos as lições do presente, elas simplesmente reaparecerão em novos aspectos, e vai nos parecer que nada se transforma.

Não depende de nós aquilo que aprendemos, mas só se aprendemos por meio da alegria ou da dor. (*) Mas se ainda não acreditarmos que cada situação é uma lição, não vamos nos incomodar em nos perguntar que tipo de lição é aquela. Enquanto não fizermos isso, nossas oportunidades de aprendizado serão nulas. Então, a lição reaparecerá – com riscos mais altos – até que sejamos capazes de aprendê-la. Também podemos aprendê-la na primeira vez, quando a oportunidade de aprendizado por meio da alegria ainda estiver disponível. Quanto mais vezes uma lição tiver de surgir, mais dor ela gerará. Se você sabe, no fundo de seu coração, que alguma coisa está errada, ignorá-la não fará com que ela fique menor. Essa atitude fará com que consertar esse problema seja mais difícil, pois ele virá de uma forma mais barulhenta do que o som original de Deus sussurrando em seu ouvido.

MANEJANDO A ALEGRIA

Algumas vezes, realmente recebemos alegria, mas então não sabemos o que fazer com ela. Em certas ocasiões em minha vida, eu possuía o que se fazia necessário para *atrair* o meu melhor, mas não aquilo que era preciso ter para permanecer com o melhor quando chegasse. Mudanças maravilhosas me foram oferecidas, mas eu estava nervosa demais para deixar que elas entrassem. Uma oportunidade inesperada, ou a rapidez com que precisava tomar uma decisão sobre ela, mais ou menos fizeram com que eu entrasse em curto-circuito e não fosse capaz de reagir. Algumas vezes, uma mudança apresenta uma determinada oportunidade em total conflito com nossa percepção – boa demais, grande demais, poderosa demais. Se Deus deseja nos colocar numa direção mais positiva, mas não estamos ainda concordando com Sua atitude positiva sobre nós, então iremos resistir ao Seu amor, e à Bênção. E os dias em que percebermos, mais tarde, que desperdiçamos um milagre podem estar entre os dias mais tristes de nossa vida.

Certa vez, eu estava caminhando em um local de veraneio com minha filha de 14 anos e suas amigas. As meninas mantinham certa distância de mim, andando um pouco à frente, porque precisavam de independência em relação à mãe de Emma. Eu não me senti excluída, porque aquela distância parecia apropriada tanto para elas como para mim. A maternidade exige muito de sua energia durante alguns anos; à medida que as crianças crescem, você começa a recuperar partes de sua vida que estavam meio deixadas de lado por um tempo. Enquanto eu caminhava atrás das adolescentes, lembrei-me do tempo em que minha filha se prendia a mim tão intensamente, quando era uma garotinha, precisando de mim a todo momento, desejando minha atenção totalmente para ela. Em algumas ocasiões, resisti sutilmente a isso, me sentindo sufocada por sua necessidade dominadora de atenção, como se eu estivesse com medo de ser engolida por aquela experiência;

durante algum tempo, não me entreguei totalmente à maternidade, aceitando completamente que cada pequeno momento era perfeito e se transformaria mais tarde em outra coisa.

Só agora compreendo que o fato de aquilo estar acontecendo significava apenas que era exatamente o que eu deveria estar fazendo, e que não estava perdendo nada por dedicar minha completa atenção à minha filha. Lembro-me de que ela costumava detestar meu telefone – e por uma boa razão, porque eu usava aquilo para me distrair da intimidade da conexão mãe-filha. Recordo perfeitamente de uma ocasião em que ela era ainda bebê e veio engatinhando até onde eu estava falando ao telefone e usou seus dedinhos para apertar o botão e desligar a chamada.

Agora, os dias de sua infância já se passaram e não voltarão mais. Durante aquele período, me mostrei emocionalmente apenas em 90% de minha capacidade, talvez um pouco mais. Talvez minha filha não tenha perdido muita coisa, mas acho que perdi um bocado. Isso representa apenas parte dos erros que cometemos quando não reconhecemos que o momento presente é perfeito.

O QUE SERÁ

Ficar obcecado pelo futuro não é, claro, tão neurótico quanto se mostrar obcecado pelo passado. Trata-se apenas de mais uma maneira de o ego nos roubar a alegria de viver, dirigindo nossa atenção para longe do momento presente. Viver o futuro é uma forma de evitar viver o aqui e agora.

Como pessoas que trabalham os milagres, colocamos o futuro nas mãos de Deus. (*) Podemos liberar nossas preocupações com o futuro ao viver plenamente o presente, sabendo que, ao fazer isso, o futuro vai tomar conta de si mesmo. Deus protegeu os lírios do campo; certamente, vai tomar conta de nós.

Eu me lembro do quanto costumava ser obcecada em relação ao meu futuro, imaginando como seria minha vida. Agora que ele está aqui, fico lamentando o tempo que desperdicei pensando sobre ele, quando um presente glorioso estava então disponível para mim. É claro que, na ocasião, não percebia que o presente era tão glorioso assim, porque dedicava minha atenção às coisas que achava estar faltando. E esse é o tipo de jogo mental que pode durar para sempre, se o permitirmos. No passado, não percebia o quanto as coisas eram perfeitas, do mesmo modo como faço hoje, não percebendo como as coisas estão perfeitas agora. Se eu simplesmente tivesse me permitido *desfrutar* mais da vida, teria provavelmente me tornado melhor mais tarde. E quando me permito *desfrutar* da vida hoje, agora, estou oferecendo a mim mesma o melhor impulso possível para o futuro. Cada ponto da jornada da vida está nos preparando para nosso futuro de uma maneira que a mente racional não consegue compreender.

Entretanto, a forma tradicional de pensar está tão destituída de qualquer conceito de mistério que não é surpresa não sermos capazes de relaxar. Achamos que devemos liderar, quando, na verdade, tudo o que é preciso fazer é seguir. Seja em que momento for, estou profundamente rodeado pelo que existe na vida, então aquilo que vai existir está programado para refletir minha fé e minha confiança.

Em certa ocasião, estava visitando Nova York com minha filha. Curtíamos realmente aqueles momentos, quando ela se virou para mim e disse: — Não vejo a hora de ir para Boston na semana que vem, não vejo a hora!

Não quis estragar sua alegria antecipada, nem que se sentisse anulada por desejar ir para Boston. Mas refleti sobre como o ego trabalha: sempre nos fazendo achar que o lugar para onde iremos na semana que vem será melhor, que aquilo que faremos em nosso próximo emprego será melhor para nós, e assim por diante. A alegria só pode ser encontrada em um lugar de cada vez: aqui e agora. Não importa para onde iremos amanhã, o importante é abençoar onde estamos agora e desfrutar dos presentes do hoje. A verdade é que quase todas as experiências podem ser horríveis se você fizer um bom trabalho para torná-las horríveis. E praticamente todas as experiências podem ser agradáveis se você se esforçar para praticar a alegria.

Algumas vezes, as pessoas acham que não podem ficar relaxadas quanto ao futuro se não souberem de antemão como ele será. Conheci pessoas que pareciam achar que Deus lhes enviaria uma carta, contando-lhes exatamente aonde ir e o que fazer: "Cara Glória, aqui quem fala é Deus. Escolhi para você Kansas City, onde viverá por seis meses a contar do próximo mês de novembro; irá trabalhar na Carter e Associados. De lá, vai se mudar para Newport Beach, onde encontrará sua alma gêmea. Você ficará rica, terá sucesso e felicidade. E, depois de muitos anos, vai morrer". Essas pessoas ficam imaginando por que, se Deus é tão esperto, Ele não usa a Fedex.

Mas acho que, se sabemos tão pouco sobre o futuro, é porque há muito mais coisas a se compreender aqui no presente. Afinal de contas, o solo de Deus é o agora. Ele não explica o caminho à frente; em vez disso, detalha o caminho interior. E, à medida que seguimos esse caminho, procurando aprofundar nossa compaixão e entendimento, ampliando nossa capacidade de desfrutar o que existe, criamos com Ele um futuro melhor.

ARREPENDIMENTOS PASSADOS

Enquanto não se atinge certa idade, a palavra *arrependimento* tem pouco significado. Apenas quando você realmente percebe que seus erros *afetaram* o resto de sua vida e entende que as más decisões não podem ser revertidas é que depara com o horror do verdadeiro remorso. Nesse sentido, reside o paradoxo: como seres humanos, temos um curto período de tempo para fazer as coisas direito, embora como espíritos vivendo na eternidade, somos apresentados a oportunidades ilimitadas. Como seres dotados de livre-arbítrio, temos a permissão de fazer nossas próprias escolhas; como filhos de Deus, somos redimidos quanto a nossos pedidos humildes e piedosos, mesmo que essas escolhas tenham sido feitas de modo enganoso.

Nossos enganos não são pecados que Deus deseja punir, mas são erros que Ele quer corrigir. Uma das orações em *Um curso em milagres* sugere que simplesmente voltemos ao momento daquele equívoco – entendendo que foi um momento que, por definição, não permitimos que o Espírito Santo tomasse a decisão por nós – e que então admitimos que Deus faça isso agora por nós. Porque os milagres trabalham de modo retroativo. Não há necessidade de sentir culpa nesse caso, porque o Espírito Santo vai desfazer todas as consequências de nossa decisão incorreta, se assim o permitirmos. (*) Enquanto genuinamente procurarmos nos desfazer da culpa dos nossos erros, o universo será reconfigurado milagrosamente em nosso interesse. Milhões de pessoas – alcoólatras, viciados em droga, criminosos, pessoas que machucaram os outros – podem testemunhar o profundo perdão de Deus. Muitos deles sabem que não estariam vivos hoje se o seu Deus não fosse um Deus misericordioso.

Isso significa muito para aqueles de nós que viveram muitos anos; para aqueles que cometeram grandes erros, que afetaram a nós e aos outros durante anos ou por toda a vida; para aqueles que não conseguem se desligar da sensação de culpa por isto ou aquilo. Como filhos pródigos, aqueles de nós que se desviaram demais do amor não são relegados por Deus à periferia do significado. Mas na verdade é o oposto; o Pai do filho pródigo não rejeita seu filho, mas alegra-se ao vê-lo voltar para casa. Nossos erros são muitas vezes aquilo de que precisamos para nos tornar humildes, e é dessa forma que temos mais utilidade para Deus. Para Ele, não somos mercadorias danificadas. Deus transforma nossas cicatrizes em marcas maravilhosas.

PRESOS NO MEIO

Descobri que fazer 50 anos foi mais difícil do que eu esperava. Em algum momento, nos dois ou três meses antes do grande dia, comecei a ser assombrada por lembranças de uma juventude que estava terminada de modo irrevogável. Não obstante eu ter ficado dizendo a mim mesma que os 50 são novos 40, o que realmente queria, no fundo do coração, era ter os 40 anos de volta. Passei a ter pesadelos com lembranças nítidas – coisas que não tinha resolvido direito, escolhas estúpidas que foram feitas e que não poderia mais consertar, oportunidades que pensava nunca mais recuperar. Ao me afligir sobre as glórias de meus anos de mocidade, fui obrigada a encarar a mim mesma e a todas as dores que vêm com isso.

Vários amigos disseram que haviam passado pela mesma coisa, mas que não era preciso me preocupar – de repente, aquela ansiedade iria desaparecer. E foi exatamente isso que aconteceu comigo. Sentada num café na calçada, na noite do meu 50º aniversário, olhando a Torre Eiffel iluminada contra o céu, senti a dor se esvair. Num instante, estava tudo bem. Eu sabia que o sol tinha se posto, e havia a sensação de que alguma coisa nova iria surgir para tomar seu lugar.

Algumas amigas me contaram que os 50 anos são legais porque você não precisa mais se importar com o que as outras pessoas pensam. Não sei se isso será verdade para mim, o que sei é que não sou mais como costumava ser. Os 50 são diferentes dos 40, assim como os 40 são diferentes dos 30, e os 30 são diferentes dos 20. Quando alguém chega aos 50 anos, passa por uma transição tão fundamental como aquela da puberdade. Eu me estabeleci num paradoxo na meia-idade.

Por um lado, finalmente tenho alguma noção daquilo que estou fazendo no mundo. Finalmente estou convencida de que tenho o direito de estar aqui. Não sou mais tão frenética quanto costumava ser, embora ainda não possa dizer se é porque evolui ou porque apenas envelheci. De outro lado, fico cansada mais facilmente. Nem sempre consigo lembrar as coisas e fico exausta em apenas procurar toda hora onde deixei meus óculos! E o mais desconcertante de tudo, quando decido seriamente encarar os problemas, não consigo armazenar a esperança suficiente de que posso mudar as coisas neste planeta durante o tempo que ainda me resta. A ilusão de minha geração de que poderíamos antecipar o paraíso foi completamente estilhaçada. Quanto mais velho você fica, mais percebe quão certas negativas se tornam mais fortalecidas. Existe mais crueldade no mundo do que você imaginava, isso levará anos para desaparecer; e à medida que fica mais velho, abate-se sobre você a certeza de que essa crueldade nunca desaparecerá.

Por mais decepcionante que seja perceber isso – e a desilusão na verdade é uma boa coisa, porque representa que você estava anteriormente trabalhando na ilusão (*) –, tal circunstância também representa o início de uma visão espiritual. Uma vez que você se torna profundamente convencido de que não há respostas derradeiras fora de si mesmo, começa a procurá-las onde elas realmente se localizam: em seu interior. E percebe isso quando diminui a velocidade, tornando-se mais preparado para ouvir as coisas que não conseguia antes, quando andava tão rápido.

Tanto tempo desperdiçado, tantos erros estúpidos. Você sente que agora tem o conhecimento, mas não está certo de ter energia suficiente: se você soubesse antes o que conhece agora... E passa a entender o comentário de George Bernard Shaw: "A juventude é desperdiçada nos jovens".

Nossas glândulas adrenais são um décimo do que eram, nossas células começam a ficar esgotadas como carros velozes, e a geração mais rápida de todas começou a andar mais devagar. Jack Nicholson disse numa recente entrevista: "Minha geração são os novos velhos". Nosso ônus mais profundo é a tristeza acu-

mulada, o desgosto de uma década impingido sobre o da seguinte, até que o coração não pode mais absorver. Nossa mente criou muitas coisas, mas nosso corpo não tem certeza de que pode suportar mais. Você sabe que tem um problema quando está mais deprimido do que alegre, ao acordar pela manhã.
E muitos estão assim.
Muitas pessoas que atingem a meia-idade enxergam uma bifurcação na estrada. Como escreveu Robert Frost, fará toda a diferença a estrada que será escolhida. Uma delas leva até a desintegração gradual – uma viagem (embora lenta) em direção à morte; a outra estrada se torna um canal para o nascimento, um padrão de renascimento. Quanto mais velhos ficamos, torna-se mais difícil escolher o renascimento. A força da gravidade do ego parece cada vez mais difícil de resistir.
Começamos nossa vida muito entusiasmados, divertidos e deliciados com a própria natureza das coisas. Mas a novidade se esvai; tornamos-nos cansados e exaustos, e começamos a perder a apreciação vital das possibilidades inerentes a um dia. Enquanto escrevo isso, posso ouvir os adolescentes em meu quintal encantados com as poças de lamas produzidas pela chuva da tarde. Preciso checar a mim mesma de modo consciente – lembrar-me de que a capacidade de brincar na poça de lama é o que faz ser tão maravilhosa a juventude, e não reclamar de que minhas toalhas são beges e ficarão emporcalhadas mais tarde. A verdade mortal é que eu desejo que as crianças tomem um banho de mangueira antes de entrarem na casa, mas a verdade de minha alma é que *eu* gostaria de estar brincando na lama também.
Então, só diz respeito a mim se vou me tornar uma gansa velha que se importa demais com as toalhas ou se vou me apegar ao senso de aventura. Quero colocar minha atenção naquilo que é importante enquanto envelheço. Então, que diabos, as crianças estão felizes e é isso que realmente importa! É importante para as crianças e para todos nós.

ESCOLHENDO ENXERGAR

Nascer é corajoso; a criatividade é corajosa; a busca espiritual é corajosa. Sem coragem, somos apenas uma peça na engrenagem do *status quo* do ego. E esse *status quo* leva ao declínio e à morte, não como um portal para uma vida melhor, mas como uma imitação da própria vida.

Eu estava prestes a jogar fora aquilo que pensava ser um ramalhete de rosas mortas quando um amigo me disse:

— O que você está fazendo? Por que você está jogando fora essas rosas?

— Elas estão morrendo! — respondi.

— Olhe direito, Marianne! — ele disse. — Elas são maravilhosas! Eu acho que esse rosa esmaecido é mais bonito do que aquele rosa brilhante que elas tinham antes!

E ele estava certo. Na verdade, não se tratava da aparência de flores secas, mas foi meu próprio preconceito que me fez olhar para as flores e dizer rapidamente: "Elas estão morrendo" e simplesmente jogá-las fora. De fato, não havia menos beleza, mas uma beleza diferente. Eram meus olhos, e não as flores, que precisavam mudar.

Naquela situação, as flores tiveram um *defensor*: meu amigo, um notável ambientalista, que simplesmente possuía um olhar mais sofisticado. Quanto mais vivemos, mais capacidade adquirimos para enxergar o que há de belo na vida. Existem coisas hoje que tocam meu coração – como dois namorados de mãos dadas ou crianças rindo – e eu praticamente não percebia nos dias que passaram.

Tenho um amigo que trabalhou para um astro do rock de meia-idade, e ele me contou uma história sobre uma experiência que ambos passaram juntos. Eu vinha reclamando de que depois de certo ponto na vida, é difícil ficar emocionado com uma porção de coisas que pareciam fascinantes e divertidas. Meu amigo me disse:

— Deixe-me contar sobre uma viagem que fiz com John até Minneapolis. Nós íamos assistir a um show de Bruce Springsteen e John alugou um jatinho para nos pegar em Nova York. Três de nós, que trabalhávamos para ele, nos amontoamos numa limusine e quando estávamos nos dirigindo até o aeroporto, um dos amigos de John telefonou. John exclamou: — Ben, você deveria estar aqui! Estamos *nos divertindo muito*! Estamos numa *limusine* e vamos pegar um *jatinho* para assistir a um show de *Springsteen*!".

John parecia um garotinho, procurando no guia um bom restaurante em Minneapolis, tão agitado com essa viagem como se fosse a coisa mais legal do mundo.

O ponto, óbvio, é que John já tinha estado em centenas ou milhares de jatinhos; já assistira a centenas ou milhares de shows de rock, incluindo os seus; e uma limusine está para ele como um carro normal está para o resto de nós. Ele viaja pelo mundo como se passeasse em seu quintal, e ainda assim estava estudando o guia da cidade, como se Minneapolis fosse algum lugar exótico. Aparentemente, qualquer lugar aonde John vá é muito excitante para ele porque ainda não perdeu a capacidade de se divertir. O aborrecimento ainda não dominou a sua forma de ver as coisas.

Então, parece fazer muito sentido o motivo de ele ser mais divertido do que todo mundo: ele provoca alegria. O roqueiro não está esperando que o mundo providencie nada para ele; John leva a alegria junto. Trata-se de um hábito mental e emocional que cultivou.

Meu pai também fazia isso. Nunca o vi chateado. E acho que é porque ele não estava esperando que o mundo o divertisse. E é precisamente por isso que o mundo sempre o divertia.

Todas as vezes em que me sinto tentada a pensar que o mundo é chato, procuro relembrar: "Não, Marianne, você é que é chata!" E isso parece consertar as coisas. Em qualquer situação, aquilo que não estamos oferecendo pode estar faltando. (*) A alegria não está lá fora; ela está aqui dentro, em nós, quando conscientemente escolhermos enxergá-la.

RENASCIMENTO

Um amigo meu de 57 anos disse-me certa vez: — Acho que estou esperando para morrer. Entendi o que ele queria dizer, mas respondi: — Bem, eu não estou. Escolhi a outra estrada e estou ocupada, renascendo.

Há milhares de anos, antes de o planeta estar totalmente habitado, não havia muitos motivos para viver mais do que 35 ou 40 anos. Quando chegávamos a esta idade, já havíamos servido ao grande propósito da evolução humana, a sobrevivência de nossa espécie. Os espermas e os ovários estavam envelhecidos e, para a natureza, não havia mais necessidade de ficarmos por aqui. Aquele era o grande propósito da existência humana, a procriação.

Talvez mais do que os homens, as mulheres sintam a mensagem da natureza em suas células: "Obrigada, já pode ir". Os períodos menstruais desaparecem. Os exames relatam: "Pronto, está acabado". A gravidez tão zelosamente evitada anteriormente surge como a bênção que não apreciamos naquela hora. Nós nos afligimos por nossos filhos não nascidos e sofremos pela nossa juventude estúpida e ingrata.

A natureza não se importa mais se temos boa aparência, porque nossos parceiros sexuais não se importam mais com isso. E, silenciosamente, ficamos malucas: "O que aconteceu com o meu esplendor? Minha voluptuosidade? Com meus seios?" A natureza deixou de se preocupar em dar auxílio para nossas aventuras sexuais, porque se fazemos ou não sexo não interessa mais. E silenciosamente sofremos: "O que aconteceu com meu corpo? Com minha libido? Com meu ânimo"?

Já que a natureza claramente passou por nós em certo grau, então por que ainda estamos aqui? Será que entramos na sala de espera do esquecimento? Para quem podemos gritar? Com quem podemos chorar?

A natureza tem mais interesse pela propagação da espécie, e, quando se é jovem, os óvulos e o esperma são a contribuição mais vital que se pode dar ao processo. Entretanto, neste ponto da história humana, o nascimento da sabedoria é mais crítico para a sobrevivência da humanidade do que o nascimento de mais crianças. Aquilo que podemos gerar a partir do ventre da nossa consciência é, em cada pedacinho, tão precioso para o mundo quanto aquilo que podemos gerar do ventre de nosso corpo. Existem muitas maneiras para ser a mãe ou o pai de um novo mundo. Nossa maior contribuição para o mundo, neste momento, não é apenas o que fazemos, mas em quem estamos nos tornando. É a natureza de nossos pensamentos que está forjando uma nova consciência. Assim como o início do terrorismo estava retumbando sob a superfície, e portanto fora do radar, durante anos antes de explodir às nossas vistas, um novo movimento de amor está ressoando sob a superfície, hoje em dia. Martin Luther King disse que temos "uma gloriosa oportunidade de injetar uma nova dimensão de amor nas veias de nossa civilização". E todos nós podemos participar desse processo. A todo momento, com a natureza de nossos pensamentos, podemos acrescentar amor ao tesouro de uma maneira que abençoe todo o mundo.

Ainda assim, nenhuma mudança espiritual terá importância se não alcançar nossas células e se tornar parte do ser humano. Recentemente, ouvi um jovem colega dizer que estava entusiasmado com a equipe de ativistas humanitários que tínhamos conhecido, "exceto que são quatro mulheres brancas de meia-idade".

Eu parei e perguntei: — E o problema com elas é que...?
Ele respondeu: — Bem, você sabe...
Não, eu não sabia. Eu entendi sua correção política, sua necessidade de diversidade racial, muitas pessoas hoje em dia correm para as cerimônias "honrando a sabedoria das avós", mas ainda não desejam de verdade lidar com as vovós da vida real em seu meio. Eles proclamam o "nascer do feminino", mas

ainda resistem e criticam as mulheres reais. Não é suficiente apenas honrar um *arquétipo*. Se o mundo precisa mudar, devemos honrar uns aos outros. E, aqueles que estão forjando um novo futuro para o mundo, seja qual for a idade, merecem para si e para aqueles que o rodeiam todas as homenagens do mundo.

Vamos perdoar o passado e quem fomos então. Vamos receber o presente e aqueles que formos capazes de ser. Vamos entregar o futuro e observar os milagres despontando.

Capítulo 7

De concentrando-se na culpa a concentrando-se na inocência

Imagine a sua vida como se fosse um longa metragem. Agora, imagine como se houvesse dois diretores diferentes. O primeiro filme, nas mãos de um dos diretores, aborda medo, ódio, escassez e ansiedade. O segundo, nas mãos de outro diretor, é um filme sobre amor, paz, abundância e felicidade.

Um diretor é o ego; o outro é o Espírito Santo. E a estrela do filme é você.

Como minha própria vida andou para a frente e para trás, entre dramas depressivos e histórias edificantes, consegui ter uma boa noção da diferença entre os dois e como são criados. Uma das coisas que se tornaram bem claras, quando os vejo mais de perto, é que percebo estas palavras: "Produzido por Marianne Williamson; dirigido por Marianne Williamson; estrelado por Marianne Williamson".

Qual dos diretores você tomará como exemplo vai depender de uma coisa: dos pensamentos que retém em sua mente. Para seguir as orientações de seu ego, tudo o que é preciso fazer é se focar na culpa. O alicerce do pensamento do ego é que o Filho de Deus é culpado. (*) Se escolher o Espírito Santo, você deve se focar na inocência. O alicerce dos pensamentos do amor é que o Filho de Deus é inocente. (*)

Seja qual for o foco que escolhermos, quer seja a inocência, quer a culpa, ele irá determinar o drama que se desenrola em nossa vida e qual o papel que desempenhamos nesse filme.

A VONTADE PARA VER

É a nossa vontade em enxergar a inocência de uma pessoa que nos confere a capacidade de vê-la. A mente do ego está tão envolvida no drama humano – "ele fez isso, ela disse aquilo" – que frequentemente se exige um poder mais alto para contrabalançar a insistência do ego. Ajuda muito se nos lembrarmos de que o verdadeiro alvo do ego é você: seu ego deseja que veja a culpa dos outros de forma que se convença de toda a culpa que existe em si mesmo. A percepção da culpa em alguém é um bilhete infalível para o inferno. Todas as vezes que responsabilizarmos outra pessoa, estaremos apertando as correntes que mantêm no lugar nossa autoaversão.

A clemência pode ser muito difícil quando alguém agiu de forma terrível. Mas a verdade é, quer a gente admita, quer não, esse alguém fez algo que nós próprios faríamos se estivéssemos tão assustados com alguma coisa como essa pessoa esteve; se estivéssemos numa experiência tão ruim quanto aquela pessoa; e se estivéssemos tão limitados em nosso entendimento como ela. Isso não quer dizer que quem agiu mal não pode ser responsabilizado ou que essas pessoas não deveriam ter alguns padrões e limites. Mas isso quer dizer, sim, que podemos chegar à compreensão de que a humanidade não é perfeita. Apenas saber disso – que todos nós fazemos o melhor possível com as ferramentas que temos à mão – já se torna a compreensão que abre nosso coração para um entendimento mais iluminado. É para isso que estamos na terra, porque, na presença de pessoas mais iluminadas, a escuridão acaba se tornando luz.

O perdão não é normalmente um evento; trata-se de um processo. Um princípio abstrato precisa penetrar os variados níveis do pensamento e do sentimento antes de chegar ao coração, e tudo ficará bem. Nossa mágoa pode ser real e nossos sentimentos têm significado. A única coisa que Deus nos pede é que tenhamos a disposição de ver a inocência na outra pessoa. Enquanto tivermos a boa vontade de enxergar a situação sob outra luz, o Espírito Santo tem espaço para fazer suas manobras.

A cada encontro com outro ser humano afirmamos a inocência da pessoa ou fortificamos sua culpa. E, qualquer que seja a situação, ela representará a maneira como nos sentimos. Não podemos escapar de nossa unicidade, mesmo que não a reconheçamos. Faça aos outros aquilo que eles fariam para você, porque eles o farão. E mesmo que eles não queiram fazer, você se sentirá como se tivessem feito.

Porque todas as mentes estão unidas, porque aquilo que eu escolho pensar sobre você é o que, na essência, penso sobre mim mesmo. Até o ponto em que percebo sua culpa, com certeza vou perceber minha própria culpa. É claro que isso não parece dessa forma, no início, porque o ego nos fará acreditar que assim que colocarmos a culpa em alguém, passaremos a nos sentir melhor. Mas isso é apenas uma ilusão temporária – algo em que o ego se especializou em fazer. Uma vez que superarmos essa ilusão temporária de paz por ter jogado a culpa para longe de nós, ela voltará multiplicada cem vezes mais. É o ataque que parece uma espada caindo sobre o pescoço de alguém, quando na verdade está caindo sobre nosso próprio pescoço. (*) Só quando estiver disposto a deixar as coisas mais fáceis para os outros é que aprenderei a deixar as coisas mais fáceis para mim mesmo.

Pense nas coisas de sua vida das quais se afastou: coisas das quais tem vergonha de se lembrar, das quais se arrepende ou que faria de novo, se pudesse. Agora pense em como você pode ser duro com os outros cujos erros são parecidos ou até menores do que os seus. Será porque deseja que eles paguem por aquilo que você acha que não pagou o suficiente? Pense como a culpa o está prendendo ao passado. Será que nós não desejaríamos ter a liberdade de começar de novo aquilo que só o perdão pode permitir? Todos nós fomos agraciados com essa liberdade, e só a receberemos se estivermos dispostos a perdoar os outros.

Neste mundo, existem muitas coisas graves que devemos perdoar. O perdão começa, assim como todas as questões ligadas à iluminação, como um mero conceito intelectual que ainda precisa fazer a sua jornada desde o cérebro até o coração. Geralmente, leva algum tempo para se integrar à nossa natureza emocional. Parece ser algo contrário à razão escolher enxergar a inocência em uma pessoa para além de seus erros; entretanto, esse é o aspecto visionário e mais poderoso da fé. Nossa *experiência* com uma determinada pessoa pode nos dizer que ela nos maltratou, embora nossa *fé* diga que ela permanece como uma inocente criança de Deus.

Não importa o que façamos para mudar nossa vida e para criar novas possibilidades, a ponte para uma nova vida é impossível, a menos que estejamos prontos a perdoar. Uma mulher pode ter se divorciado de seu marido e ainda assim ter ficado com dinheiro suficiente para morar numa bela casa, viajar pelo mundo e fazer aquilo que quiser por todo o tempo que viver. Mas até que ela descubra em seu coração uma forma de perdoá-lo e abençoar seu caminho que repentinamente se mostrou diferente do dela, essa mulher viverá num inferno, embora esteja morando num castelo. Mas nada disso é fácil, jamais. Entretanto, o rancor é um veneno para a alma.

O perdão radical não é uma falta de discernimento ou o produto de um pensamento vago. Ele é "uma lembrança seletiva". (*) Escolhemos lembrar o amor que vivemos e abandonar o resto como a ilusão que realmente era. Agir assim não nos faz mais vulneráveis à manipulação ou à exploração; na verdade, isso nos deixa menos vulneráveis, porque a mente que perdoa é uma mente que está mais perto de sua verdadeira natureza. O fato de que eu o perdoo não quer dizer que "venceu". Não quer dizer que "você saiu com alguma coisa". Significa simplesmente que estou livre para voltar à Luz, reclamar minha paz interior e permanecer lá.

PECADO *VERSUS* ERRO

O mundo da culpa está baseado em uma única noção: a realidade do "pecado".³ "Pecar" (em inglês, *sin-mark*) é um termo de origem grega e veio da natureza competitiva dos militares, usado para identificar a medida de um erro, a distância entre o alvo e onde o arqueiro tinha lançado a sua flecha. Enviamos um pensamento e algumas vezes erramos o alvo. Todos nós erramos o alvo do amor de Deus, vezes sem conta.

Quem de nós consegue ser, durante as 24 horas do dia, aquela pessoa centrada no amor, bem posicionada e generosa? Ninguém, mas estamos aqui neste planeta para aprender a ser assim. (*) O desejo de Deus, quando não correspondemos ao que se espera, não é nos punir, mas sim nos corrigir e nos ensinar a como fazer melhor. Aquilo que achamos serem nossos pecados são enganos de nossa própria criação e, embora alguns desses erros sejam sérios, até mesmo perversos, o perdão e o amor de Deus não têm fim.

Quando alguém comete um engano, nós nos vemos tentados a focalizar nossa atenção no mau procedimento daquela pessoa, mesmo que antes tenhamos experimentado a sua bondade. O ego é como um cachorro que se alimenta de carniça, sempre à espreita do menor indício de que alguém cometeu um erro ou nos causou um prejuízo de alguma forma. (*) *Perceba que dedicamos muito menos vigilância ao procurar as coisas boas nas pessoas.* A mente egocentrada está sempre numa agitação instintiva para achar a culpa e proclamar essa culpa, em tudo e em todos, mesmo em nós

---

3 – "Sin" em inglês quer dizer "pecado", que em português tem uma origem diferente. Deriva de "pés": etimologicamente, pecar é "dar um passo em falso, cair, tropeçar". Depois, assumindo a subjetividade, passou a significar "enganar-se, cometer uma falta". (N. T.)

mesmos. É uma máquina de ataque mental. Sua mensagem explícita e implícita a todos é: "Você estragou tudo. Não sabe nada". Críticas, acusações e culpas formam o combustível do ego.

O Espírito Santo, por outro lado, é a voz do amor. Ele nos orienta para manter a fé na verdade de Deus: que todos nós somos inocentes, porque foi assim que Ele nos criou. Isso não quer dizer que aquilo que as pessoas fazem não tem importância ou que o mal não exista. Isso quer dizer que nossa tarefa, como construtores de milagres, é espalhar nossa percepção para além de nossos sentidos físicos, para onde sabemos que está a verdade em nosso coração. (*)

Quando as pessoas fazem coisas que não são amorosas, isso quer dizer que perderam o contato com sua verdadeira natureza. Caíram adormecidas para longe de seu verdadeiro eu, sonhando os sonhos de um eu raivoso, arrogante ou cruel e assim por diante. Nossa missão, como construtores do amor, é permanecer despertos para a beleza das pessoas, mesmo quando elas se esqueceram de si próprias. Será dessa maneira que "relembraremos" de quem são na realidade. Como discípulos do Espírito Santo, enxergamos simultaneamente tanto os erros terrenos quanto a perfeição espiritual nas pessoas. E, ao compartilharmos a perspectiva divina sobre o erro dos homens – o desejo de curar em oposição ao desejo de punir –, nós nos tornamos condutores de Seu poder de cura. Desse modo, seremos também curados.

Para o ego, isso é ultrajante: como *ousamos* declarar que as crianças de Deus são inocentes? Será que não *enxergamos* como são sombrias e cheias de pecado? Mesmo as religiões que proclamam que Deus é bom parecem inclinadas, de vez em quando, a achar que suas crianças são culpadas. Muitos apontam o dedo criticamente em direção às outras pessoas, sem perceber que esse dedo apontado é, em si mesmo, a fonte de todo o mal. O *conceito* de inimigo é que é nosso maior inimigo.

E O QUE TEM ARCHIE BUNKER?[4]

Durante uma de minhas palestras, um homem se levantou para fazer uma pergunta: — Não tenho problemas com nada do que você acaba de dizer. Mas o meu problema começa quando saio desta sala. O que fazemos com as pessoas que não acreditam nas coisas da mesma maneira? É como meu pai; ele se parece com o Archie Bunker! O que eu faço com *ele*?

Muitas cabeças pela sala começaram a balançar em sinal de aprovação, mas intimamente eu sorri. Deus não nos deixa ir embora desse jeito.

— O que quer saber? — perguntei. — Você quer saber o que diria *Um curso em milagres*?

Ele balançou a cabeça afirmativamente.

— Ele diria que você deveria parar de ficar julgando seu pai.

O homem e centenas de outros rostos tinham uma expressão de quem estava dizendo: "Claro, isso mesmo, entendi". Eu continuei:

— Só aquilo que você não está dando é que pode estar faltando em uma situação. Deus nos enviou aqui para produzir milagres, e só poderemos fazer isso quando abandonarmos nossos julgamentos. Como pode ajudar a despertar seu pai para a sua própria inocência, se você mesmo está preso, focando apenas sua culpa? E não estou dizendo que isso seja fácil. Mas a principal responsabilidade de quem constrói milagres é aceitar a expiação de si mesmo. Você não está aqui para monitorar o progresso espiritual de outras pessoas. Aquilo que Deus deseja que tratemos em primeiro lugar são nossos próprios problemas.

O milagre é que não seria o pai daquele rapaz que se tornaria diferente, mas o próprio rapaz é que mudaria. A ironia, é claro, é

---

4 – *All in the Family*, em português, *Tudo em Família*, é um popular e aclamado seriado da televisão norteamericana, transmitido pela primeira vez na rede CBS, em janeiro de 1971. Archie Bunker é o personagem principal: um trabalhador ignorante e teimoso, que possui ideias conservadoras do mundo; ele é o chefe da família Bunker. (N. T.)

que o homem estava criticando o pai por ser crítico demais! Só quando parar de julgar o pai, aceitando-o como ele é, é que os milagres se tornarão possíveis.

Acredito que tenha sido Martin Luther King quem disse que não temos nenhum poder moral de forma persuasiva com alguém que possa perceber nosso desprezo oculto. Os pensamentos de quem poderíamos mais provavelmente influenciar em um sentido mais carinhoso: os de alguém que se sente criticado por nós, ou os de alguém que possa ver que todo aquele amor que dizemos acreditar se aplica também a ele?

PERFEIÇÃO ETERNA

Até que nos lembremos de quem realmente somos, sentimo-nos tentados a carregar a vergonha e a culpa do ego. Vemos isso em nós mesmos e projetamos nos outros. E acabamos internalizando o juízo e a culpa que são endêmicos no mundo. Adoro a letra da canção de Natal "O Holy Night", que diz: "Por longo tempo, o mundo se viu sujeito a erros e pecados, até que Ele apareceu e as almas sentiram seu valor". Se o plano de Deus nos incita a lembrar de nossa eterna perfeição, então por que Ele não nos pediria para fazer o mesmo em relação a outras pessoas?

Para o ego, é uma blasfêmia a noção de que a inocência é eterna e imutável. O deus do ego é a própria culpa. Mas, se estamos no caminho da evolução para além do ego, devemos nos expandir além de nossas próprias crenças e na direção da pureza espiritual da culpa. E o lugar por onde começar a fazer isso se relaciona a nós mesmos.

Isso não quer dizer que não cometemos erros ou que não devemos tentar corrigi-los. Mas como se costuma dizer, Deus ainda tem coisas a fazer conosco. Não somos perfeitos ou não nascemos perfeitos, mas nossa missão é nos tornarmos perfeitos aqui. (*) Se dermos um passo de cada vez, e aprendermos uma lição depois da outra, estaremos cada vez mais perto de expressar nosso potencial divino.

O que é real é que você representa uma querida criança de Deus. E não precisa fazer nada para transformar isso em verdade; é uma Verdade que foi assentada durante sua criação. Sua perfeição inerente é uma criação de Deus, e aquilo que Deus criou não pode ser desfeito. (*)

As outras pessoas podem pensar o que quiserem sobre você, mas apenas sua própria percepção, e não as projeções dos outros, é que programam o seu futuro. E quando você *concorda* com as projeções das outras pessoas é que fica em apuros – em outras palavras, quando oferecemos ao ego o poder de nos alinhar com seus julgamentos. O ego é alimentado pela vergonha e adora introduzir esse sentimento em qualquer situação, diretamente em cima de nós ou sobre outra pessoa; o ego realmente não se importa com nada. Ainda assim, podemos aprender a dizer não para a vergonha, mantendo nossa espinha ereta e caminhando pela vida sabendo que todos nós somos abençoados da mesma maneira aos olhos de Deus. Não devemos pedir desculpas para o fato de que cada um de nós é um ser infinitamente criativo, dotado por Deus com um potencial extraordinário e que Ele gostaria que manifestássemos.

Algumas vezes, ficamos envergonhados por causa de alguma coisa que fizemos, mas em outras ocasiões nos sentimos assim por causa do julgamento das outras pessoas, que parecem dispostas a contar a todo mundo sobre o assunto. Seja como for, a vergonha é uma das armas mais odiosas do ego, com o poder suficiente de nos manter aprisionados nos modelos da culpa. E o propósito da culpa é nos manter longe da paz de Deus.

As pessoas que vivem a vida que desejaram para elas são pessoas que perceberam, de alguma forma, que merecem ter essa vida. Muitos dos problemas foram trazidos à baila pela mente subconsciente, como um reflexo de nossa própria crença de que merecemos ser punidos. Esta é a constante mensagem do ego: "Você é mau, mau, mau". E quando o peso desse sentimento se torna difícil de suportar, somos tentados a pensar: "Não, aquela pessoa que é má, não eu". Um dia, descobrimos que nem sempre é preciso responsabilizar alguém. Os danos terríveis causados neste mundo não são de total responsabilidade das poucas pessoas cujo coração se tornou maligno, é mais por culpa dos milhões de almas basicamente boas e decentes cujo coração está machucado e não foi curado. A qualquer momento, o universo está preparado para nos oferecer uma nova vida, a começar de novo, a criar novas oportunidades, a curar milagrosamente algumas situações, e a transformar toda escuridão em luz e o medo, em amor. A luz de Deus brilha eternamente límpida, não embaçada por nossas ilusões. Nosso trabalho é respirar profundamente, diminuir a velocidade, entregar todos os pensamentos do passado ou do futuro e deixar que o Instante Santo brilhe adiante de nossa consciência. Deus não fica atemorizado pelos nossos pesadelos de culpa; Ele está sempre alerta para quão harmoniosos nós somos. Ele nos fez dessa maneira, é assim que devemos ser.

PERDOE A SI MESMO

De vez em quando, você enxerga padrões negativos repetindo-se em sua vida e não sabe como alterá-los. Você começa a fazer isso, como afirma *Um curso em milagres,* ao dizer: "Eu não sou vítima do mundo que eu vejo". (*) Em certas ocasiões, não conseguimos enxergar exatamente de que forma criamos aquele desastre, mas ainda assim podemos assumir a responsabilidade de que nós o criamos. E este é um bom começo. Não importa o que as outras pessoas possam ter feito conosco – e existem pessoas neste mundo que não são muito escrupulosas e fazem coisas terríveis –, ainda temos a opção de perdoar, de nos elevarmos sobre o assunto, de nos desarmar; e também descobrir, o que é muito importante, em nosso próprio coração e mente, de que forma ajudamos a criar ou atrair aquela escuridão. O fato de que as pessoas agiram mal em uma situação não quer dizer necessariamente que você agiu totalmente bem. Pode ser um processo bastante difícil ter essa visão inteiramente honesta de si mesmo. Isso pode levar a uma dolorosa autocondenação, e então a necessidade de perdoar a si mesmo pode ser no mínimo tão trabalhosa quanto perdoar os outros.

Algumas vezes, conseguimos perceber que parte de nossa personalidade é o ego baseado no medo. Outros podem nos criticar por causa disso, mas não é isso que importa. Na verdade, torna-se irrelevante, porque apenas o ego de alguém sentiria a necessidade de criticar o nosso. As questões de seu ego não são importantes por causa dos julgamentos das outras pessoas; elas são importantes por estarem bloqueando sua luz, sua alegria e sua disponibilidade de ser usado por Deus para Seus propósitos. A luminosidade de 60 watts não pode passar por uma lâmpada de 30 watts.

Você está neste mundo para fazer brilhar sua luz, pelo bem de todo o mundo. Os locais onde você parece estar bloqueado podem ser entregues a Deus e ser curados. Uma vez que admita sua imperfeição e peça a Ele que a retire, a resposta ao seu convite será rápida e segura. Ele se lembra, até mais do que você, da dor e do sofrimento que o conduziram até esse ponto fraco. Ele estava ao seu lado quando isso aconteceu, derramou lágrimas enquanto observava o desenvolvimento dessa disfunção, como um mecanismo para enfrentar a dificuldade, e se rejubilou ao receber o convite de agora.

São assim os milagres de Deus que irão transformar totalmente sua vida.

Seja o que for que recusemos a ver em nós mesmos, tudo isso será mais facilmente projetado em outra pessoa. Um dos benefícios de encarar nossa própria fraqueza é que isso nos ajuda a ficar mais compassivos com os demais.

Existe um foco em nossa percepção, independentemente da situação. Deus gostaria que ampliássemos nossa percepção para além dos limites dos sentidos físicos, até onde está o amor. Porque quando vemos aquele amor, podemos *chamá-lo à tona.* Os sentidos físicos revelam um véu de ilusões: o que as pessoas disseram e fizeram no plano mortal. Mas nós levantamos esse véu ao enxergar além, invocando sua verdade. Este é o nosso propósito na vida do nosso semelhante: invocar a grandeza um do outro e trabalhar um milagre na vida de cada um de nós.

De acordo com *Um curso em milagres,* nosso trabalho é dizer a alguém que ele está certo, mesmo quando estiver errado. (*) Isso significa que podemos reafirmar a inocência essencial de alguém, mesmo quando for preciso lidar com seu erro. Esta distinção – entre alguém simplesmente ter cometido um erro que você precisa discutir e alguém ser "culpado" de alguma coisa – é enorme.

A conversa que tive com uma amiga é um bom exemplo.

Ellen e eu estávamos realizando juntas um projeto. Surgiu então uma situação na qual deixei bem claro que não queria agir imediatamente. Ela discordou e continuou me pressionando para fazer alguma coisa. Eu dizia: — Não quero fazer nada agora; preciso pensar sobre isso. E ela continuava: — Por que não podemos fazer isso deste jeito? Por que não?

Finalmente, sentindo-me pressionada, cedi e concordei com ela. E é claro que, depois de alguns dias, percebi que tinha cometido um erro.

E lá estava eu, aborrecida comigo mesma por ter cedido à pressão de fazer alguma coisa que era contra minha percepção interior e também chateada com minha amiga, por ter me pressionado desde o início. Então, a questão espiritual era esta: será que eu deveria dizer alguma coisa a ela ou simplesmente engolir meus sentimentos?

Existe um caminho intermediário, no qual nós nem precisamos criticar os outros nem reprimir nossos sentimentos.

Podemos nos expressar honestamente e demonstrar compaixão ao mesmo tempo.

Compartilhei com Ellen que não estava contente sobre o modo como eu tinha sido pressionada a tomar uma atitude. Ela ficou na defensiva e disse que gostava muito de mim e que jamais teria feito isso. Eu respondi: — Espere. Também gosto muito de você. E sei o quanto gosta de mim. Mas você fez aquilo. Este não é um universo à prova de falhas, Ellen. Nossa amizade é muito maior do que um erro que uma de nós possa ter cometido, e esta situação não modifica a realidade de nossa amizade. Mas, em nome dela, os amigos precisam ser capazes de compartilhar suas verdades entre si. Preciso que você saiba que (1) amo você e o que aconteceu não vai mudar isso; (2) sei que, em última análise, sou a única responsável pelo meu comportamento, não importa o que você possa ter feito; e (3) espero que não me pressione mais desse jeito.

Pude perceber como ela relaxou, porque soube que não precisava mais ficar na defensiva. E, a partir daí, Ellen fez o possível para consertar o problema. Aquela única mudança – passar da impressão de que o erro era mais importante que nossa amizade, para entender a minha clareza em manifestar que nossa afeição era mais importante do que o erro – acabou criando uma abertura emocional, fazendo toda a diferença. Quando nos sentimos acusados, nossas defesas afloram. E toda defesa é um ataque passivo. (*) Aquele ciclo de violência emocional, embora sutil, é o começo de todos os conflitos no mundo. Nossa mudança criou a diferença entre uma situação que machucava nosso relacionamento para uma oportunidade de aprofundá-lo. E isso aconteceu porque a verdade estava presente em todos os níveis.

Os milagres acontecem quando se oferece e se recebe comunicação total. (*) Em geral, costumamos comunicar apenas metade da verdade; ou ampliamos nossa irritação com alguém sem enfatizar a grandeza do amor que circunda o relacionamento, ou tensionamos o amor sem honrar nossa necessidade de falar sobre o problema. Quaisquer dessas maneiras tornam-se um modo não criativo e não milagroso de usar a mente, e vai deixar o coração doente. Deus nos incita a sermos honestos e compassivos. Porque assim Ele é.

INVOCANDO O BEM

Ser apanhado pelo ódio, pela crítica e pela culpa é paralisante; atira-nos para fora de nosso centro; coloca-nos sob o efeito do desamor de alguém. Estar nessa situação durante um tempo é uma coisa; mas ficar lá e tentar justificá-la é um pensamento enganoso e não irá nos guiar para a paz. A espiritualidade nos desafia a nos desligar dos aspectos puramente pessoais e emocionais de uma situação – a necessidade do ego de estar certo – com o objetivo de nos elevar aos fundamentos mais elevados. Isso não significa que estaremos imunes à dor, ao ódio e ao desespero. Mas existe uma maneira de *reter* tais sentimentos de uma maneira mais sagrada do que caótica, de forma que nos curem em vez de nos envenenar.

Sempre que nossa vida não está do modo como gostaríamos, a tendência instintiva é culpar alguém. Carregamos conosco uma lista de queixas, desde pais disfuncionais até a sociedade corrupta, passando por ex-companheiros amargos e colegas desleais: "Se isso ou aquilo tivesse sido diferente, minha vida seria melhor". "Fui prejudicado, como você pode ver, e é por isso que não estou feliz".

Contudo, uma vozinha se eleva lá do fundo: "Talvez, sim, talvez não"... A única maneira de sermos felizes é termos boa vontade de assumir a responsabilidade por nossa própria experiência. Mesmo que alguém tenha nos causado um prejuízo real, é importante perguntar qual foi a parte, mesmo que tenha sido a menor, que possamos ter desempenhado de maneira involuntária para criar aquela situação ou, no mínimo, ter possibilitado que acontecesse.

A primeira tarefa é nos perguntar: — O que fiz ou deixei de fazer para contribuir com esse desastre? As outras pessoas podem estar precisando limpar o carma, nós podemos, pelo menos, tentar limpar o nosso.

Passei por uma experiência que me machucou profundamente, durante a qual me vi maltratada – não apenas por um indivíduo, mas por um grupo de pessoas que agiram em um tipo de união psicológica. Minha experiência não foi única, porque muitas pessoas passaram por aquilo que eu chamaria de "abuso institucional".

Contudo, só apenas quando estive disposta a eliminar minha crença no que *de concreto* tinha sido feito a mim, foi que pude me libertar dos *efeitos* do acontecido. No nível espiritual, ninguém tinha feito nada para me magoar porque, nesse patamar só o amor é real. Um comportamento de desamor certamente havia ocorrido, mas se apenas o amor existe, então só ele pode me tocar. (*) Deus poderia mais do que compensar por qualquer dano que pudesse ter ocorrido, porque "aquilo que o homem planejou como mal, Deus planeja como bem". Enquanto eu segurei o meu perdão, segurei a minha própria cura.

Se pudesse perdoar aquilo que tinha acontecido comigo, eu estaria mais profundamente preparada para servi-Lo. Não é de minha conta o que acontece com os outros que estavam envolvidos nesse episódio. O único drama que importa é aquele em meu coração e em minha mente. Se eu chegar à compreensão de que nenhuma mentira, injustiça ou transgressão de qualquer tipo pode começar a tocar a minha essência, então receberei o maior prêmio de todos: terei *aprendido* quem eu sou na essência. Porque aquela parte de nós que pode ser insultada, maltratada e traída é apenas uma ficção de nossa mente mortal. Eu, Marianne

Williamson, sou apenas uma porção do Eu maior, assim como todos nós. Marianne Williamson pode ser machucada, mas o Eu maior onde vivo não pode. Nossa oportunidade, quando em sofrimento, é lembrar que nosso verdadeiro eu não pode ser ferido. Quando olhamos além da mortalidade de nosso opressor, podemos então – e só então – vivenciar aquilo que existe, além da mortalidade, em nós mesmos.

Podemos nos queixar de alguma coisa ou podemos obter um milagre; não podemos ter ambos. (*) E eu sabia que desejava um milagre. Não pretendia carregar nenhum pensamento de maldade ou vingança. Queria me sentir livre da mesquinharia que me fora mostrada, e talvez pudesse fazer isso simplesmente extirpando toda a mesquinhez dentro de mim. Se aquilo era uma lição, estava ansiosa para aprendê-la. E o amor que recebi durante esse tempo – da parte daqueles que testemunharam meu sofrimento e fizeram o possível para me trazer conforto – tornou suportável a crueldade da situação.

Se assim o permitirmos, Deus compensa esses tempos difíceis ao usá-los para transformar nossa vida em algo ainda melhor do que era antes. No mundo espiritual, assim como no mundo físico, quando o céu está mais escuro é o momento de conseguirmos a melhor visão do brilho das estrelas. Como Ésquilo, o autor grego da antiguidade escreveu: "Em nossos sonhos, a dor que não esquecemos goteja lentamente sobre o coração do homem e, em nosso próprio desespero, e contra nossa vontade, vem a sabedoria por meio da tremenda graça de Deus".

AS OFENSAS MAIS PROFUNDAS

Você prefere estar certo ou ser feliz? (*)

É claro que as pessoas fazem coisas terríveis em algumas ocasiões. Mas se nosso foco sempre for a culpa das pessoas, estaremos vivendo em um universo cruel e obscurecido. A capacidade de transferir nossa atenção da culpa para a inocência é a mesma capacidade de transferir o mundo. Isso não significa que devemos olhar para outro lado, quando coisas ruins acontecem, ou que devemos parar de lutar por justiça. Isso quer dizer apenas que existe um gancho pessoal no qual não devemos nos prender – pois sempre é possível acreditar na bondade básica das pessoas, mesmo quando o comportamento delas não reflete isso.

Ao contrário da opinião popular, esta não é uma posição ingênua ou débil. Também não representa que temos ilusões sobre a natureza ou o poder do mal. Contudo, aquele que trabalha em milagres tem uma visão mais sofisticada sobre como lidar com o mal. Por acaso Gandhi nunca sentiu ódio dos imperialistas britânicos? Ou Martin Luther King nunca sentiu raiva dos fanáticos sulistas? Claro que eles sentiram, afinal, eram humanos. Porém, com a ajuda de Deus, puderam controlar esse ódio, sobrepujando-o e ligando-se a algo mais poderoso: o amor que reside por trás. Seu processo espiritual deu forma ao seu processo político e social, dando-lhes a autoridade suprema de mover os corações e, portanto, mover montanhas.

Até que possamos conseguir o mesmo, talvez todo tipo de pessoa que concorde com nossas posições e nos apoie em nossa raiva seja atraída. Mas, ao fazer isso, conseguiremos no máximo ganhos de curto prazo; não estaremos trabalhando os milagres. O amor não é um sentimento, é uma *força*. E é, por fim, um tipo de força mais poderosa do que a violência, em qualquer uma de suas formas.

Para perdoar aqueles que cometeram uma transgressão contra você, não se trata de desculpar o mal, mas de entregá-lo a uma autoridade superior para receber a justiça derradeira. Na Bíblia, está dito: "A vingança é minha, disse o Senhor". Isto significa que este é um assunto de Deus, não seu. Mesmo durante o julgamento dos piores crimes, devemos nos lembrar de que a culpa, em termos das leis feitas pelos seres humanos, não é sinônimo da culpa perante Deus. Quando Ele abriu o Mar Vermelho para que os israelitas o atravessassem, os soldados egípcios correram atrás deles. Naquele instante, Deus fechou as águas e os egípcios se afogaram. Quando os israelitas começaram a festejar a destruição dos inimigos, Deus ordenou que parassem, pois não deviam se exultar com a morte de outros seres humanos, mesmo que a Justiça de Deus as considerasse necessárias. Por isso é que jamais devemos sentir prazer com o sofrimento do semelhante, mesmo que ele "mereça". Devemos nos ater à luz, à divina consciência, mesmo que seja necessário lidar com a escuridão do mundo. Apenas dessa maneira a treva e a escuridão, um dia, poderão se reconciliar.

Se você estiver completamente atormentado pela forma como o mundo define isso, então assuma a noção de Martin Luther King de que existe "um poder redentor em um sofrimento imerecido". É nossa atribuição espiritual amar até aqueles que passaram dos limites conosco: porque, pelo esquema definitivo das coisas, eles também estão aprendendo.

O MILAGRE DO PERDÃO

Quando estou meditando sobre a dificuldade de perdoar, sou lembrada daquelas pessoas que tiveram coisas infinitamente maiores para perdoar e que ainda assim foram bem-sucedidas em fazê-lo. Elas são como modelos sagrados, e as bênçãos que receberam também me abençoaram.

Um exemplo que me inspira é Azim Khamisa. O filho de Azim, Tariq, de 21 anos, aluno de uma faculdade em San Diego, ganhava algum dinheiro entregando pizzas em meados dos anos 1990, quando foi baleado por um rapaz de 14 anos em uma briga de gangues sem sentido. Azim, como qualquer pai de um filho assassinado, passou por um enorme trauma e vivenciou uma tristeza que parecia maior do que qualquer ser humano podia suportar. Porém, com o passar dos anos, demonstrou e viveu o milagre do perdão.

Azim, um religioso sufi, foi ensinado por seu conselheiro espiritual que, depois de 40 dias angustiando-se pela perda do filho, ele deveria transformar essa tristeza em boas ações. Só daquela maneira, o conselheiro afirmou, seria possível ajudar seu filho a se encaminhar para o próximo estágio de sua jornada espiritual. Agir dessa forma tornou-se então a missão de vida de Azim: fazer as coisas de maneira a ajudar seu filho mesmo depois da morte. O orientador espiritual afirmou que, em vez de chorar pelos mortos, ele deveria fazer boas obras pelos vivos, porque tais ações são como energias espirituais, providenciando bom combustível para a alma dos que partiram. Dessa maneira, Azim poderia servir a seu filho mesmo não estando ao lado dele. Após sentir que não havia mais nenhuma razão para viver, Azim percebeu que conseguira um novo propósito na vida. Canalizando sua dor para um trabalho positivo e com sentido, estaria conseguindo benefícios tanto para Tariq quanto para si.

Quando Azim foi informado de que Tariq havia sido assassinado, disse: "Foi como uma bomba atômica atingindo minha cabeça". Ele se lembra da experiência de deixar o corpo e sua força vital, ou *prana*, o acompanhar. Azim foi para os "braços amorosos de Seu Criador" e quando a explosão finalmente se apaziguou, ele voltou para seu corpo. Quando fez isso, recebeu a revelação: que havia vítimas dos dois lados do caso.

Esta revelação fez com que Azim procurasse o avô do garoto que matara seu filho, Tony, que morava com o velho na época do assassinato. O avô, Ples Felix, era um boina-verde que havia servido por dois períodos no Vietnã e tinha pósgraduação em desenvolvimento urbano. Tony tinha ido viver com o avô aos nove anos de idade, depois de sofrer abusos frequentemente e de ter testemunhado o assassinato do próprio primo. Na época em que tinha nove anos, Tony já era atormentado pelo ódio. Quando leu nos jornais sobre o rapaz e seu avô, Azim sentiu compaixão por sua história.

Azim pediu ao promotor para apresentá-lo a Ples e eles se encontraram no escritório do advogado que representava Tony. Azim contou a Ples que não sentia nenhuma animosidade com relação a Tony ou sua família e que ele percebera que as duas famílias estavam traumatizadas por aquele trágico incidente. Estava preocupado com Tony e com todas as outras pessoas que tentavam sobreviver num mundo tão violento, no qual as crianças americanas assistem em média a 100 mil imagens violentas na tevê, nos filmes e nos *games*, antes de começarem o ensino fundamental.

Azim informou a Ples que havia inaugurado uma Fundação em memória ao filho, para conscientizar crianças a parar de assassinar outras crianças. Ples então respondeu que faria o que pudesse para ajudar. Ao expressar suas condolências, Ples informou a Azim que, desde o dia do assassinato, a família Khamisa estivera presente em suas orações diárias.

Azim convidou Ples para a segunda reunião da Fundação, que seria dali a duas semanas, e Ples pode conhecer toda a família Khamisa. Ples falou apaixonadamente sobre sua própria experiência, dizendo que aquela Fundação tinha sido a resposta para suas preces. Uma emissora de tevê de San Diego filmou o avô de Tariq cumprimentando o avô de Tony. Eles relataram: "Com certeza, este é um tipo diferente de cumprimento".

Atualmente, Azim é o presidente da Fundação Tariq Khamisa e Ples é o vice-presidente. Os dois homens se tornaram próximos e Azim costuma dizer que, se ele tivesse de escolher as dez pessoas mais próximas de sua vida, Ples seria uma delas. Aquela Fundação se tornou um ministério pessoal para ambos, e existe um emprego esperando por Tony, assim que ele sair da prisão.

AQUILO QUE É DIFÍCIL PARA TODOS NÓS

Fica muito difícil falar de perdão, ou mesmo pensar sobre isso, quando nos confrontamos com a realidade de 11 de setembro de 2001. Apenas o silêncio pode expressar o horror daquele dia. Ainda assim, existe um debate mais profundo disponível no lugar daquele que hoje domina os diálogos públicos. Se continuarmos presos à frase simplista que diz: "Eles são maus, nós somos bons; vamos matar todos eles", então ficaremos perigosamente fora de equilíbrio, tanto espiritual quanto politicamente.

Quando as Torres Gêmeas foram destruídas, a gravidade daquela explosão emocional arremessou os Estados Unidos dentro de nosso coração. E, com nosso coração restaurado, nossa mente começou a trabalhar melhor. Os Estados Unidos eram uma nação, uma verdadeira comunidade, e alguns estavam experimentando essa sensação pela primeira vez na vida. E havia uma pergunta muito inteligente nos lábios das pessoas: "Por que aquela gente nos detesta tanto assim"? Nas mesas de jantar e nos bebedouros dos escritórios, nos perguntávamos coisas que não vínhamos questionando nas últimas décadas: o que os Estados Unidos vêm fazendo ao mundo, e como somos vistos pelos outros? Mesmo a tevê americana, que não é conhecida pela sua profundidade intelectual, apresentara brilhantes pensadores políticos e filósofos para educar a população americana em assuntos que agora dolorosamente reconhecemos ser relevantes para nossa vida.

Porém, vários dias depois, pareceu que alguém puxou o fio da tomada. Não havia mais pensadores inteligentes na tevê, apenas aqueles que torciam por vingança. Tínhamos entrado na modalidade de guerra, e rapidamente; este modo de operação não podia tolerar nem mesmo a sugestão de que os Estados Unidos tinham uma minúscula parte de responsabilidade para atrair tamanho infortúnio. Qualquer pessoa que sugerisse uma coisa parecida era descrita como alguém que estava "censurando a América".

As conversas significativas foram substituídas por clichês; a excelência intelectual, um ceticismo saudável e qualquer discussão sobre espiritualidade ou compaixão relacionada com a ameaça do terrorismo eram considerados maquinações que pretendiam corroer a América, provocadas por americanos sem patriotismo.

Porém, percebemos que as pessoas que mais sofreram foram aquelas que demonstraram ter a capacidade de visão mais aguda sobre o que ocorreu naquele dia. Ao forçar a criação de uma comissão, quando o próprio presidente resistia a isso, ao formar grupos como *September Eleventh Families for Peaceful Tomorrows*, que se posicionaram com compaixão e perdão no meio daquela escuridão assustadora, aqueles que mais sofreram tomaram a posição mais forte com relação ao poder da verdade.

Um dia, eu estava assistindo a uma mesa-redonda na tevê com três vítimas do 11 de setembro. Uma mulher tinha perdido o marido no World Trade Center; um homem perdera seu filho jovem, que trabalhava no Pentágono quando este foi bombardeado. No final da discussão, o âncora fez uma última pergunta:
— Vocês querem vingança?

Uma expressão de dor cruzou o rosto de cada um dos membros daquela mesa-redonda. Eu me lembro da mulher ao responder: — Não, porque não consigo imaginar alguém tendo de passar pelo mesmo sofrimento que eu. — Não — disse o homem que perdeu o filho —, acho que devemos descobrir um meio de fazer com que aquelas pessoas venham a nos conhecer de verdade, para que assim deixem de nos odiar. A terceira pessoa da mesa disse alguma coisa parecida. E então, o jornalista, que não havia sofrido nenhuma perda pessoal com o 11 de setembro finalizou dizendo: — Bem, eu quero vingança. E que ela seja rápida e feroz.

Ficou claro que aqueles que mais sofreram tinham se elevado a um lugar que o jornalista não alcançou. Eles não queriam que a violência continuasse; desejavam apenas que ela terminasse.

Existem guerras que a grande maioria de nós chamaria de "guerras justas", como o envolvimento dos Estados Unidos na Segunda Guerra Mundial. Hoje, como então, existem pessoas que desejam que o país seja atingido e que nos matariam, se pudessem; torna-se óbvio que é nosso direito e responsabilidade nos defender. Mas as conversas não deveriam parar aqui. Se nossa primeira responsabilidade como indivíduos é aceitar nossa expiação, então a primeira coisa que os Estados Unidos deveriam fazer é apresentar suas ações perante Deus. Nenhuma nação deveria temer um profundo autoexame e reflexão. O que deveríamos temer é nossa urgência em evitá-las.

Os Estados Unidos precisam enfrentar sua própria expiação. Um coração humilde, por meio do qual os erros sejam admitidos e este viver uma relação mais justa com os povos do mundo. É um enfoque espiritual para a situação corrente, e um saudável complemento para as opções mais violentas e agressivas. Enquanto a força bruta continuar sendo considerada o poder maior e o amor essencialmente uma fraqueza, então estamos zombando de Deus e lidando perigosamente com nosso futuro.

Nem todo câncer pode ser removido cirurgicamente, e quando ele não for operável, sabemos hoje que a prática espiritual pode ser muito eficaz para ajudar a curar o corpo. O terrorismo não é um tumor operável, embora pareça que estejamos fingindo ser. O terrorismo é, de fato, um câncer que já entrou em metástase dentro do corpo global, e enquanto algumas medidas invasivas possam se mostrar apropriadas, uma perspectiva holística – por meio da qual reconhecemos o poder da mente e do coração em auxiliar a ativação de nosso sistema imune social – traz meios mais eficazes e maduros de lidar com ele; será melhor do que apenas a dependência do ego na desforra e na vingança. Se o ódio é mais poderoso do que o amor, então estamos no caminho certo. Mas se o amor é mais poderoso do que o ódio, caminhamos por uma distância muito errada.

No núcleo do ideal americano estão os eternos valores de justiça e de relacionamentos corretos. A única maneira de pilotar o barco nesses tempos perigosos é nos aferrarmos a nossos valores, e não dando as costas a eles na busca por vantagens de curto prazo. As nações, assim como os indivíduos, emergem espiritualmente a partir da mente de Deus. Só encontraremos a segurança Nele, e Ele é o amor.

Em Deus somos Um. Ele ama todas as nações tanto quanto ama os Estados Unidos, e a grande bênção norteamericana tem sido a posição firme pela igualdade entre as pessoas. Ao voltarmos nossas costas a essa posição – construindo inúmeras barreiras entre nós e os outros –, estamos literalmente rejeitando Deus. Seu maior presente para nós não será a vitória na batalha, mas nos elevar acima do campo de batalha. (*) E lá de cima, poderemos enxergar aquilo que não estamos vendo agora. E o poder daquela visão pavimentará o caminho para a verdadeira paz.

Capítulo 8

Da separação ao relacionamento

Cada um de nós é o centro do universo. Tudo o que vivemos está acontecendo dentro de nós, não do lado de fora. No nível mais profundo, não existe mundo fora de nós. (*) O mundo como o conhecemos é uma projeção manifesta de nossa forma-pensamento, não mais e não menos do que isso. É um pensamento, um pensamento de cada um de nós.

Estamos extremamente dependentes da noção egocentrada de que somos nosso corpo – meras partículas minúsculas de poeira cercadas por um universo imenso, sobre o qual não temos controle. E, se for isso que pensamos, então essa será nossa experiência. Mas existe outra maneira de enxergar o mundo, por meio da qual reconhecemos que nossa força vital é ilimitada, porque somos *um*, unido a um Deus ilimitado. Não importa o que fazemos ou o que já fizemos, o fato é que agora, neste momento, somos templos incorporando a glória de Deus. Qualquer situação que seja vista sob a luz deste entendimento acaba sendo milagrosamente transformada.

Feche os olhos e imagine como você aparece no mundo. E agora veja uma luz dourada que se irradia de seu coração, espalha-se pelo corpo e arremessa uma luz pelo mundo inteiro. Agora, imagine alguém parado ao seu lado, amigo ou inimigo, e veja a mesma luz dentro dessa pessoa. Imagine a mesma luz crescendo pelo corpo dela e se espalhando para fora. Agora, observe como a luz dessa outra pessoa se funde com a luz dentro de você. No nível espiritual, não existe um lugar onde os outros param e você começa.

Se fizer isso com qualquer pessoa, seu relacionamento com ela começará a mudar sutilmente. Em uma música de Natal, quando cantamos a frase: "Você vê o mesmo que eu?", existe uma profunda questão sendo feita, para ver se alguém mais enxerga uma criança na manjedoura. A frase-pergunta refere-se a uma questão de consciência, do tipo: você vê aquela realidade espiritual? Você a compreende, consegue imaginá-la? Porque, se conseguir, você a terá. A possibilidade existe.

Quando percebemos que não somos quem pensamos – e que o mundo nos contou uma imensa e maldosa mentira –, compreendemos que as outras pessoas também não são quem *elas* aparentam ser. E nem nossos relacionamentos, porque, como somos espíritos, não estamos separados, mas somos um.

Uma ideia não se separa de sua origem. (*) Você é literalmente uma ideia na mente de Deus, e por essa razão não pode ficar separado Dele. E o mundo em que vive é uma ideia de sua mente, e é por isso que ele não pode se separar de você.

Somos como raios de sol, achando estar separados dele, ou como ondas que pensam estar separadas do oceano. (*) Mas nem os raios de sol, nem as ondas, podem ficar separados. (*) A ideia de nossa separação é apenas uma enorme alucinação. (*) E ainda assim, é onde vivemos: na ilusão de que você está lá e eu estou aqui. Tal ilusão, de que estamos separados, é a origem de toda a nossa dor.

O ego sugere que aquele espaço será preenchido por uma pessoa "especial", em vez do correto sentido de nosso relacionamento com todo o mundo. Contudo, isso é uma mentira. Apenas pense sobre isto: se na verdade você for um com todos, embora ache que não é, então imagine com quantas pessoas você está deixando de conviver! Não é à toa que a gente sente esse buraco, esse vazio existencial dentro de nós. O que a gente sente é a falta de uma correta relação com todas as pessoas.

Quando nos sentimos separados do amor, acabamos vivenciando um pânico tão intenso que nem mesmo o reconhecemos. Do mesmo modo que não percebemos que a Terra se move rapidamente, nossa histeria é tão profunda que nem mais ouvimos nossos próprios gritos. Entretanto, ela permeia nosso ser, exigindo que façamos alguma coisa, qualquer coisa, para suavizar a dor. E Deus sabe o quanto tentamos: de modos saudáveis e outros nem tanto assim, continuamos tentando preencher aquele vazio que só será completado quando nos entregarmos ao nosso amor. E sempre permanece a raiva que a separação engendra: o ódio de nos sentirmos separados, embora não estejamos conscientes disso.

Em Deus, existe saída, porque Ele enviou o Espírito Santo para reunir nosso coração, ao corrigir nossos pensamentos. Ele pode desmantelar nosso sistema de pensamento baseado no medo e substituí-lo por um baseado no amor. Ele vai nos dar uma nova mente.

Essa nova mente nos aguarda no próximo estágio de nossa jornada evolutiva. Estamos sendo desafiados pelas forças da história a crescer dentro dessa mente, a nos transformar para que nossa espécie sobreviva. Jesus tinha uma nova mente que era chamada a Mente de Cristo, assim como Buda e outros. Ela é a mente que é obscurecida por Deus, nossa mente que se torna Uma com Ele, quando formos tocados pela luz celeste e ficarmos permanentemente alterados por causa dela. Esse estado de iluminação é a exaltação de nossa existência, a elevação da nossa consciência humana para um lugar tão alto que nos manifestaremos, finalmente, como os filhos de Deus que somos de verdade.

E quando fizermos isso – quando percebermos que não somos apenas *como* os outros, mas na verdade *somos* os outros –, então começaremos a achar que a vida fora dos domínios do amor não é mais aceitável. Com o tempo, ela se tornará literalmente inconcebível. E tornando-se inconcebível, deixará de existir.

DERRUBANDO AS MURALHAS

Quantas vezes você já viu um padrão em seus relacionamentos e sentiu-se impotente para alterá-lo? Com que frequência você se desesperou por não conseguir evitar um comportamento de autossabotagem? Quão profundamente entrou em pânico só de pensar que nunca conseguiria fazer as coisas direito?

Nosso pânico e desespero são respostas naturais aos dramas de relacionamentos que criamos em nossa vida. Mas as lágrimas não são exatamente como achamos que deveriam ser, porque a situação difícil não era tão grave quanto pensamos. O que nos separa dos outros não é apenas a codependência, ou a tristeza, ou qualquer outro problema psicológico. Nossas barreiras ao amor representam uma força cósmica, oculta dentro da psique humana de uma forma traiçoeira e obscura, mantendo o domínio – temporário, porém perverso – sobre o funcionamento mental dos filhos de Deus. A forma que essa barreira toma é completamente irrelevante. Nossa atenção destinada à forma do medo é uma manobra do ego para nos manter presos ao problema, como se encontrássemos um ladrão dentro de casa e ficássemos dizendo: — Preciso saber qual é o nome dele antes de chamar a polícia! E quem se importa com o nome dele? Chame a polícia imediatamente.

O ego é nosso maior inimigo, disfarçado de melhor amigo. E ele não é nada que precisamos temer, entretanto, porque no momento em que reconhecemos o ego como uma mera criação mental – simplesmente uma falsa crença sobre quem somos –, ele irá desaparecer na insignificância de onde veio. Nós mesmos, porém, não somos capazes de comandar a sua partida. Ele está oculto em nossa vontade e confundido com nossas defesas. Como uma doença imunológica que ataca suas próprias células, o ego ataca a mente que ele próprio trouxe à vida. E apenas Deus pode nos ajudar.

E Ele fará isso. Ele vai nos mostrar, nos outros, a inocência que podemos ser capazes de ver em nós mesmos. Por meio de

Seu Espírito Santo, vai lograr nossa autodepreciação e devolver nosso coração ao amor. (*)

A maioria de nós, exceto os mestres iluminados, vive, em certo grau, num estado de "recusa ao amor". Ficamos esperando para ver se a pessoa é boa o suficiente para receber nossa bondade, generosidade ou amor. As pessoas raramente têm encontros hoje em dia; nós fazemos *testes*. Achamos que precisamos entender a pessoa para ver se ela merece nosso amor, mas na verdade não poderemos entendê-la se não a amarmos. (*)

A religião, a aparência, o dinheiro, o status profissional – muitas coisas são usadas pelo ego para determinar quem é apropriado ou merecedor de nós. Entretanto, Deus nos manterá com o coração aberto para as pessoas como uma questão de fé. E qualquer fé que nos feche o coração para alguém não é uma verdadeira fé em Deus.

Deus não está fora de nós nem ausente de nosso relacionamento com as pessoas. Os relacionamentos são uma área de disputa entre o ego e o espírito, que começou a se desenvolver tão logo nascemos.

Todos nasceram com um coração totalmente aberto, não fazendo distinção entre aquele que merece ou não o nosso amor. Porém, a experiência de um mundo cheio de medo – onde é triste, mas necessário ensinar nossas crianças que existem perigos em relação aos quais elas devem ficar atentas – nos ensinou a fechar as válvulas emocionais pelas quais jorra uma compaixão universal. O amor, que é nossa própria natureza, começa a se sentir pouco natural e o medo se transforma em algo natural. (*) E, na medida em que vivemos bastante, nossa resposta instintiva para a vida é um coração fechado em vez de um coração aberto.

E em certas ocasiões, isso acontece mais cedo do que deveria. Certa noite, fui a um restaurante adorável com minha mãe já idosa, e depois do jantar fomos ao toalete feminino. Enquanto minha mãe lavava as mãos, uma garotinha de quatro ou cinco anos de idade se aproximou da pia ao lado. Minha mãe, que cresceu numa era que acho ter sido muito mais civilizada, aproximou-se da garotinha que tentava alcançar a torneira e disse: — Deixe-me ajudá-la, querida.

Naquele momento, a mãe da criança saiu de sua baia, viu minha mãe, praticamente a empurrou para longe e lhe deu o olhar mais maldoso que se possa imaginar. O olhar de mágoa no rosto de minha mãe foi doloroso demais de se ver. Pensei comigo mesma: "O que você está ensinando à sua filha, que é para não confiar em absolutamente ninguém que encontrar? É muito mais arriscado do que os riscos dos quais pretende protegê-la". Eu tenho uma filha e é claro que precisei ensiná-la a não sair com estranhos e coisas assim. Mas não falar com eles? Ou ser gentil com eles? Ou se tornar aberta de todas as maneiras? Este é o mundo que desejamos criar?

O ego propõe um mundo no qual ninguém jamais receba um sorriso até que o "mereça". E é neste mundo que desejamos viver? O amor e a caridade que demonstramos uns aos outros diariamente – na loja, na fila do banco, andando pela rua – podem ser tão importantes quanto qualquer gesto grandioso que demonstramos para quem chamamos de pessoa amada. Para Deus, todos nós somos amados. E quando aprendermos a amar uns aos outros do modo como Ele nos ama, iremos preparar um mundo para o amor que mais desejamos.

MESMO QUANDO FOR DIFÍCIL

Um dia, eu estava pensando sobre a minha necessidade de amar as pessoas com as quais tenho discordâncias políticas. Isso tem sido particularmente difícil para mim nos últimos anos, assim como tem sido para muitas outras pessoas. Estava pedindo a Deus para me mostrar a inocência em certas pessoas, que eu não conseguia enxergar sozinha.

Em minha meditação, tive uma visão. Nela, testemunhava um terrível acidente de carro. Eu era a primeira pessoa a chegar ao local do acidente, onde vi um homem preso no carro que estava prestes a pegar fogo. Fiz imediatamente tudo o que era possível para salvá-lo; o que importava era que a vida de alguém estava em perigo. Trabalhei, lutei, me arranhei, e finalmente consegui. Depois de um longo e prolongado esforço, consegui libertar o homem e o arrastei para longe do carro. E, quando vi seu rosto, percebi quem ele era – Donald Rumsfeld![5]

Então era isso. A mensagem não poderia ter sido mais evidente. Todo ser humano é primeiro e antes de tudo aquilo – outro ser humano – e se eu puder enxergar dessa maneira, então estarei livre. Posso continuar em desacordo com as pessoas, até mesmo trabalhar para sua aposentadoria política, mas estarei liberada dos obstáculos emocionais que o julgamento acaba provocando. Todo mundo, não importa quem, é um filho de Deus. E até que eu entenda isso, não estarei no lugar em que preciso estar para ajudar a modificar nosso mundo danificado. Na verdade, estarei apenas acrescentando meus próprios danos a ele.

Se eu olhar para os julgamentos que faço sobre você e simplesmente deixá-los de lado como sendo o trabalho do ego, *a quem não preciso obedecer*, então estarei contribuindo para a paz na Terra. E só quando estiver com o desejo de desistir de meus próprios julgamentos é que terei o direito de chamar a mim mesmo de pacificador. Isto é muito mais difícil do que o tradicional ativismo pela paz, porque significa buscar a mudança mais profunda dentro de nós.

A mente crítica então é um problema, não é? É aquela voz que diz: "Você pode amar este, mas não aquele". Nosso trabalho é aprender a amar do jeito que Deus faz, que é amar a todos durante todo o tempo. Isso não quer dizer *gostar* de todo mundo;

---

5 – Político norteamericano, ex-secretário da Defesa dos Estados Unidos. (N. E.)

isso não significa namorar ou se casar com qualquer pessoa; isso não quer dizer almoçar e jantar com todo mundo. E nem mesmo quer dizer confiar em todos, no nível da personalidade. O amor que vai nos salvar é impessoal, não pessoal – é um amor incondicional, porque se baseia naquilo que as pessoas são na essência, e não naquilo que elas fazem.

CONFIANÇA

Então, o que devemos fazer com relação àquelas pessoas em quem não se deve confiar? Espera-se que nós apenas amemos as pessoas, mesmo quando elas levam vantagem sobre nós? Em que ponto devemos preparar nossas defesas e limites, para manter as pessoas perigosas a distância?

Há algum tempo, descobri que um parceiro muito próximo – uma pessoa que na ocasião achei ser amiga – desviou uma grande quantidade de dinheiro. Uma semana depois de finalmente chegarmos a uma solução jurídica, alguns ex-amigos e associados começaram uma campanha desonesta e odiosa para solapar o meu trabalho. Obviamente, fiquei desolada! O que eu tinha feito para atrair essas pessoas inescrupulosas? E de que forma contribuí para tal traição?

Refletindo sobre o significado espiritual daquelas situações, a pergunta principal se referia à confiança. Eu tinha confiado naquelas pessoas; tinha esperado que elas agissem decentemente. Será que a lição a ser aprendida é que eu não deveria mais confiar? Então, percebi que precisava ser mais digna de confiança em relação a mim mesma. Ninguém teria sido capaz de desviar tanto dinheiro se eu tivesse prestado atenção nele, e não teria continuado a lidar com pessoas que já haviam demonstrado antes uma certa falta de padrões éticos. Em ambas as situações, havia maneiras pelas quais eu poderia ter tido melhor conhecimento das coisas. Eu estava cega e não via aquilo que sabia ser verdade, porque desejava enxergar aquilo que *eu* queria que fosse verdade. Não estava ouvindo com atenção minha própria sabedoria interna, e mesmo quando essa voz surgiu, não prestei atenção nela, quando devia fazê-lo. Desse modo, sofri, mas também aprendi.

De certa maneira, saí daquelas situações acreditando mais em mim, mas não deixando de confiar nas pessoas. Considero aquelas circunstâncias importantes lições para escolher mais sabiamente meus associados, ser mais responsável comigo mesma e, é claro, ter melhor discernimento entre a perfeição da alma e o potencial pernicioso em cada personalidade. Hoje, já experimentei a maldade do mesmo modo que as outras pessoas, mas não sou uma vítima, vou remover cada pedacinho dessa maldade em mim. Estou simplesmente de pé em frente a um grande espelho e me vendo crescer no meio de minhas coisas. Tudo aquilo que não é amor é um chamado para o amor, e toda situação é uma oportunidade para o crescimento.

OS RELACIONAMENTOS SÃO LABORATÓRIOS

Eles são laboratórios do Espírito Santo, mas podem ser também parques de diversão para o ego. Podem ser o céu ou o inferno. Os relacionamentos podem estar fundamentados no amor ou no medo. Na maior parte do tempo, eles estão preenchidos com um pouco dos dois.

O ego fala primeiro e mais alto e sempre terá uma justificativa para a separação: a outra pessoa fez isso ou fez aquilo e por essa razão não merece nosso amor. (*) E em qualquer momento que a gente escolha ouvir o ego – negando nosso amor a alguém –, então na mesma medida o amor nos será negado. E ao saber que a mente funciona dessa forma, podemos então pedir ajuda. Podemos orar para um poder maior que o nosso, capaz de afastar a tempestade do pensamento neurótico.

Para o ego, o propósito de um relacionamento é servir às nossas necessidades da maneira como a definimos. "Eu quero este emprego"; "Desejo que aquela pessoa se case comigo"; "Quero que aquela pessoa veja as coisas do jeito que eu faço." Mas para o Espírito Santo, o propósito de um relacionamento é servir a Deus. Todo relacionamento faz parte de um currículo divino que foi projetado pelo Espírito Santo. Ele está lá por uma razão, mas essa razão pode não ser a mesma com a qual nos designamos. O ego e Deus possuem intenções diametralmente opostas.

A única forma de ter certeza de que não estamos participando de um jogo mental doentio e destrutivo em qualquer situação – particularmente naqueles relacionamentos nos quais o ego investiu demais – é convidar o Espírito Santo para entrar e prevalecer. Naquele momento em que pensar fazer isso coloque o relacionamento em um altar a Deus dentro de sua mente.

Caro Deus,
Coloco este meu relacionamento com ...
Em Suas mãos.
Que a minha presença seja uma bênção em sua vida.
Que os meus pensamentos quanto a ele/ela possam ser de amor e inocência.
Que todo o resto seja suprimido.
Que nosso relacionamento seja elevado
Para a correta ordem divina,
E que ele tome a forma
Que sirva melhor a Seus propósitos.
Que tudo possa abrir-se
Nesta e em todas as outras coisas,
De acordo com a Sua Vontade.
Amém.

DAQUILO QUE NÃO FOI CURADO ATÉ A CURA

Em certas ocasiões, tentamos tirar o pincel das mãos de Deus, porque temos a presunção errada de que podemos criar uma pintura melhor do que a Dele. O ego tentará fazer com que um relacionamento se encaixe na ideia que temos de como deveria ser, em vez de permitir que se revele organicamente sozinho. Temos imagens e idealizações que tentamos impingir aos outros, achando: "Isto deveria ser deste modo" ou "Eles deveriam agir assim". Entretanto, nos níveis mais profundos, somos simplesmente almas encontrando outras almas, e um relacionamento deveria ser um espaço onde libertamos uns aos outros e não onde encarceramos uns aos outros. Quando nossa consciência for apenas aquela de um filho de Deus que honra o outro – independentemente de como as coisas se pareçam no mundo externo –, faremos aparecer a paz e a aceitação que conduzem as pessoas ao seu melhor. Quando estivermos calmos, as pessoas ao nosso redor estarão mais calmas; quando estivermos afáveis, as pessoas à nossa volta estarão mais corteses; e quando estivermos em paz, as pessoas à nossa volta se sentirão mais serenas. Quando encontrarmos o amor dentro de nós, trazê-lo à tona em nossos relacionamentos será muito mais fácil.

Porém, mesmo quando os relacionamentos estão correndo bem, o ego continua sempre alerta para encontrar maneiras de separar os dois corações. O ego nos dirige na direção do amor, mas quando chegamos lá, ele nos sabota. Você acha que está tão apaixonado, então começa a agir de forma carente demais e acaba repelindo o amor. Acha que está em paz e, de repente, o amor se aproxima e você passa a se comportar neuroticamente. Quer causar uma boa impressão, e então começa a agir como um idiota.

O ego está sempre de tocaia, procurando novos modos de solapar nosso relacionamento, porque um relacionamento genuíno representa a morte para o ego. No local em que estivermos unidos ao outro, Deus também estará presente; e onde Deus estiver, o ego não pode estar. Para ele, entretanto, arruinar gradativamente nosso relacionamento é uma questão de sobrevivência. A única maneira de desviar sua força destrutiva é permanecermos firmes em nosso compromisso com o amor – não apenas como um compromisso com a outra pessoa, que pode ou não ser "merecedora" sob o ponto de vista do ego, mas como um compromisso a Deus e a si mesmo.

Os pensamentos de amor podem se tornar hábitos mentais. Algumas vezes, quando nos sentimos impacientes com relação à outra pessoa, pode ser muito útil pensar como ela devia ser quando criança. Porque todos nós somos crianças aos olhos de Deus. Quando as crianças são pequenas, sabemos que estão crescendo e levamos isso em conta quando nos envolvemos na educação e na vida cotidiana delas. Não ficamos esperando que uma criança de 12 anos tenha a mesma maturidade de uma de 18.

E, mesmo como adultos, ainda estamos crescendo, não importa se podemos enxergar isso nas outras pessoas ou não. E esse processo não estará acabado, mesmo que alcancemos uma determinada idade; ao contrário, continuamos a crescer e a nos desenvolver enquanto estivermos vivos. Aprendemos do mesmo modo como fazem as crianças. Tropeçamos exatamente como elas, e algumas vezes falhamos igual. Deus vê todos dessa maneira, não importa a idade que tenhamos. Ele nos oferece sua infinita misericórdia, e nós poderíamos ter misericórdia também.

Nenhum de nós chega a um relacionamento totalmente curado, totalmente perfeito. Em um relacionamento sagrado, está previamente entendido que estamos todos machucados, mas que nos encontramos lá para sermos curados juntos. (*) Quando o relacionamento é enxergado como um templo de cura, com o benefício mútuo e proativo de nosso remédio cotidiano, o ego terá então um poder muito menor de roubar nossa alegria.

AS CATEGORIAS DO AMOR

Não existe amor, a não ser o de Deus. (*)

Para o ego, existem diferentes categorias de amor – entre pais e filhos, entre amigos e amantes, e assim por diante. Mas tais categorias foram criadas por nós: em Deus, só existe um amor. E as coisas fundamentais se aplicam em qualquer relacionamento.

Quando minha filha era garotinha, às vezes eu me surpreendia com a sofisticação de suas percepções. Numa ocasião, disse alguma coisa levemente irônica sobre um livro que ela estava lendo, e ela respondeu deixando claro que meus comentários eram desrespeitosos. E minha filha tinha razão; o fato de ela estar com nove anos de idade não significava que lhe fosse negado o direito de ter sua própria opinião, sentimentos e preferências. (Agora que ela é adolescente, é claro que chegou a minha vez de lembrá-la de que eu também tenho os mesmos direitos!)

Um pouco de respeito e um pouco de reverência podem nos levar muito longe. Em certas ocasiões, não se trata da ampla questão filosófica da inocência cósmica *versus* culpa terrena, mas apenas das maneiras simples com as quais nos comunicamos uns com os outros, que determinam se é o amor ou o ódio que permeia um relacionamento.

Uma pessoa que estava trabalhando para mim me disse que iria telefonar para o gerente do hotel onde eu tinha dado uma palestra no dia anterior.

— Por quê? — perguntei.

— Preciso falar sobre todos os erros que eles cometeram no domingo.

— Espere — eu disse. — Não faça isso!

— Mas por quê? — ela perguntou. — Você se esqueceu de tudo aquilo que eles não cuidaram, do estacionamento, do piano, das tabuletas?

— Claro que eu me lembro — respondi. — Mas foi isso que eu aprendi: se você telefonar apenas para reclamar daquilo que eles fizeram de errado, em última análise, isso não vai levar a lugar nenhum. Eles podem até concordar com suas reclamações, mas vão se sentir ofendidos e magoados, e essas mágoas acabarão aparecendo de outras maneiras, com o tempo. Quando as pessoas se vêm impedidas de mostrar sua agressividade diretamente, elas se tornam agressivas passivamente. E se as pessoas guardarem rancor de você, encontrarão outros modos de demonstrar. Então, vamos tentar de outro jeito. Eles não fizeram uma porção de coisas direito?

— Claro! — ela respondeu.

— Pois então — continuei —, a sala foi bem arrumada, o som estava ótimo, eles providenciaram um lanche delicioso, criaram uma atmosfera agradável, tentaram ao máximo nos deixar à vontade e bem acolhidas. Isso não é verdade?

— Está bem, vou deixar que a Alex telefone. Ela sempre sabe fazer esse tipo de coisa.

— Não, Maggie — eu disse. — Não se trata apenas de ser delicado. Eu não estou falando em mudar o comportamento; estou falando sobre transformação. Estou falando sobre abrirmos mão de nossa necessidade de focar a atenção sobre a culpa de alguém. Se uma pessoa de nossa equipe estiver pensando desse jeito, afetará todo mundo. Somos todos responsáveis por nosso comportamento, e também por nossas atitudes, porque elas afetam uma situação tanto quanto o comportamento. Tudo aquilo que fazemos, e em especial em certas ocasiões — isso inclui o trabalho —, é uma jornada de transformações.

Mais tarde, escutei Maggie falando ao telefone com o gerente do hotel:

— Olá, gostaria de agradecer a todos vocês pelas coisas que fizeram para deixar o nosso domingo tão legal — eu a ouvi falando gentilmente durante alguns minutos. E depois eu a escutei dizendo: — Estava pensando se podia comentar algumas coisas.

Ela começou então a mencionar, de forma polida e gentil, aquelas questões que precisavam ser esclarecidas.

E todas elas o foram.

Já passei por situações em minha vida nas quais alguém ficou aborrecido com alguma coisa que eu disse, e quando pensei sobre isso me peguei falando: "Mas eu estava certa! Eu disse a coisa certa!" E então recebi de volta aquela resposta proverbial: "O problema não foi com o que disse; mas a maneira *como* disse". Um tom de voz pode curar ou machucar.

O que o ego não deseja que a gente perceba é a natureza prática do amor. Recebemos a experiência da compaixão na mesma medida em que amplificamos a experiência da compaixão. E nunca se sabe o que é mais importante.

A apresentadora de tevê e empresária norteamericana Martha Stewart viveu a vida inteira na eminência de um desastre principalmente por causa de suas maneiras pessoais. O fato de ter ofendido seu *corretor* iria afetá-la em todos os sentidos. Aqui está uma mulher cujos talentos prodigiosos fazem com que as conquistas na vida de uma pessoa mediana pareçam insignificantes, embora ela tenha sido obstruída por seus próprios problemas de personalidade. Nenhuma fortuna, nenhuma conquista profissional e nenhum poder exteriorizado podem compensar totalmente a falta de habilidade em lidar com as pessoas. Em um nível bastante profundo, nossos problemas pessoais e relacionamentos definem nossa vida.

Atrás de cada problema, existe um relacionamento rompido. E atrás de cada milagre, existe um relacionamento corrigido.

PROBLEMAS QUE VIRAM MILAGRES

Cada relacionamento é uma tarefa de aprendizado e ensinamento. Qualquer pessoa que estamos destinados a encontrar será encontrada. Somos atraídos uns pelos outros para ensinar e aprender, uma vez que cada um de nós foi presenteado com a oportunidade de aprender a próxima lição na jornada da alma. Cada encontro é um momento sagrado se o usarmos para demonstrar o amor. (*) E cada encontro é um arranjo para possíveis sofrimentos se não estivermos abertos à oportunidade de demonstrar amor. Qualquer um que conhecemos foi destinado a nos ser apresentado, mas só depende de nós o que faremos com essa relação.

De vez em quando, alguém é trazido à nossa vida para nos ensinar uma lição que deixamos de aprender antes: aprender a aceitar em vez de controlar, de aprovar no lugar de criticar, ou mesmo aprender a nos distanciar de um comportamento nocivo quando, em ocasiões anteriores, fomos ao encontro dele. E não é por acidente que alguns padrões nos contaminam, ano após ano, até que finalmente nos vemos capazes de nos curar deles. Não faz sentido irmos para a Mongólia na tentativa de escapar dos problemas; eles vão nos encontrar, porque vivem dentro de nossa mente. As pessoas de quem você precisa serão trazidas até aqui; são subconscientemente atraídas por você; não há como escapar dos desígnios do Espírito Santo.

Caso tenhamos um problema em particular contaminando um relacionamento, ele persistirá até que seja resolvido. Ele, o relacionamento, representa um lugar onde nos tornamos inconscientes, incapazes de viver nosso eu em completude. Nesse lugar, rompemo-nos em fragmentos de nós mesmos, como um impostor que coloca uma máscara na frente de nosso verdadeiro rosto. Sentimo-nos perdidos nesse lugar, sem poder reconhecer o ambiente estranho que nós mesmos criamos; começamos a respirar avidamente pelo ar emocional, inconscientes de que somos nós mesmos que estamos nos privando dele. Este deve ser, certamente, o significado de inferno.

É extremamente difícil, em certos momentos, usar apenas a força de vontade para nos transformar. Porém, se pedirmos por um milagre, nós o receberemos. Porque Deus estará com tanta clareza no Instante Santo quanto quisermos que Ele esteja. (*) Sua mente, conectada com a nossa, pode ofuscar o ego. (*) Quando estivermos perdidos em nossas ilusões, Seu espírito estará lá para nos trazer de volta.

Entretanto, não adianta apenas orar e meditar, esperando que os problemas de personalidade se resolvam sozinhos, sem nenhum esforço de nossa parte. Precisamos usar nosso tempo de oração e meditação para *liberar* conscientemente todos os nossos problemas de relacionamentos para Deus, porque lá eles poderão ser transformados. Nossa escuridão deve ser trazida à luz; ela não pode ser encoberta pela luz.

É interessante notar as diferenças entre a abordagem psicoterapêutica tradicional e a abordagem espiritual com relação a esses problemas. Em grande parte das psicoterapias, o foco está em concentrar-se na fragilidade da personalidade e como resolvê-la. Por que agimos desta forma? Qual foi a experiência na infância que nos levou a este problema? E, em alguns casos, essa discussão pode se tornar muito útil. Mas, quando uma dimensão mais espiritual é introduzida no processo psicoterapêutico, nós não apenas nos concentramos no problema, mas também rogamos por uma resposta divina.

No ponto onde nossa personalidade está fragilizada, nos vemos bloqueados na capacidade de manifestar a glória de nosso verdadeiro eu. Olhar para quem ou o que nos bloqueou pode ser como olhar para trás, para a praia de onde você veio, quando estava perdido no rio e não conseguia achar um meio de cruzá-lo. Melhor seria se você olhasse adiante, para o lugar onde está se dirigindo (como Jesus ou Buda) e pedir uma orientação para poder atravessar o rio. Quando nos focamos na perfeição, nossa mente começa a se dirigir na mesma direção. Superamos o ego à medida que nos aproximamos de Deus.

Toda vez que temos um problema no relacionamento, continuamos a repeti-lo até aprender com ele o que é preciso. Esse aprendizado é parte do processo de reparação, porque admitimos a Deus os erros que agora sabemos ter cometido e oramos por Sua ajuda para nos transformar. Oramos também para que Ele nos ajude a curar qualquer dano que porventura tenhamos causado em nossa vida ou na vida do nosso semelhante.

Algumas vezes, quando falhamos, não existe nada específico que possamos fazer para corrigir o erro; não vai ajudar em nada dar um telefonema, mandar um e-mail, ou seja lá o que for. O que podemos fazer, sim, é mudar nossa forma de pensar e o resto virá em consequência. É possível que sejamos obrigados a esperar até que a situação ocorra novamente, seja neste ou em outro relacionamento, e tirar vantagem da oportunidade de agir de forma diferente, dessa vez. Ao fazermos isso, o novo padrão de comportamento torna-se embutido em nosso repertório psíquico. E, com o tempo, acaba substituindo o antigo.

Quando um gemólogo deseja burilar uma esmeralda ou uma safira, ele faz isso friccionando uma pedra na outra. É quase sempre assim que funcionam os relacionamentos: suas extremidades ásperas friccionam-se contra as minhas, e, finalmente, depois de sofrermos bastante, ficamos sem saliências.

ILUSÕES ROMÂNTICAS

Não há outro lugar onde tenhamos mais ideias ilusórias do significado do amor do que em um romance. Somos treinados por um mundo de fantasias culturais a acreditar que existe alguém, um alguém tão especial, que vai nos completar e nos deixar inteiros.

Entretanto, aquilo que nos vai completar é o amor profundo por todo mundo. O amor exclusivo não é o prêmio que se pretende que seja, e, na verdade, o amor romântico funciona muito melhor quando está fundamentado em um amor maior e mais abrangente. O romance é uma das formas como o amor se apresenta – certamente uma forma esplêndida –, mas na verdade é seu conteúdo, e não sua forma, que determina o significado do amor. Se estivermos vinculados a essa forma particular, então nos vemos num declive escorregadio em direção ao fogo do inferno. E o que contêm este fogo do inferno? Lá está a ansiedade que sentimos quando aquela pessoa especial não telefona ou quando age de uma forma que interpretamos como desamor ou falta de desejo.

Um dos maiores erros que cometemos nos relacionamentos é quando nos fixamos na noção daquilo que o amor *deveria* parecer. Se ele me ama, fará isto. Se ela quer ser minha amiga, fará aquilo. Mas o que acontece se os sentimentos que queremos que a outra pessoa demonstre simplesmente não se expressam do jeito que esperávamos? Vamos então renunciar a esse amor, porque ele não veio no pacote que esperávamos? Os relacionamentos não são brancos e pretos e as pessoas não são boas ou más. Somos complicados e tentamos fazer o melhor possível. Quanto mais tempo vivemos, mais compreendemos que o insucesso do outro em nos amar do jeito que desejamos é tão intencional quanto nossos próprios insucessos. Quem entre nós não está fazendo o melhor possível com o entendimento que possuímos agora?

O ego argumenta que a relação mais íntima, se for feita corretamente, levaria para longe toda a dor da separação, mas isso é ilusão. A intimidade não é uma categoria especial, do mesmo modo que seria uma camada profunda da existência. Quando seguramos um bebê nos braços, este é um momento de intensa intimidade. Quando compartilhamos profundamente nossos sentimentos mais genuínos, também é um momento muito íntimo. Nossa obsessão em enxergar que o amor romântico é o primeiro receptáculo da intimidade tem nos impedido de descobri-lo. São dois corações e não dois corpos que geram uma conexão sagrada. Quando o corpo vem junto, tudo fica fantástico. Mas qualquer um que tenha alguma experiência sabe que apenas sexo não garante uma conexão profunda. Com o tempo, pode até obstruí-la.

Um curso em milagres ensina a diferença entre "amor especial" e "amor santo". O amor "especial" significa que de certa maneira estamos ligados a outra pessoa. Acreditamos saber o que precisamos conhecer sobre ela e concentramos nossa atenção na tentativa de que isso aconteça. Não perceber que estamos procurando um relacionamento humano para preencher o espaço que só Deus pode preencher nos leva a uma longa distância para fazer a outra pessoa, ou nós mesmos, se encaixar na imagem que nosso ego afirma ser perfeita.

O problema com isso é que controle e manipulação, mesmo sutis, não são amor. O amor é repelido por qualquer esforço em prendê-lo firmemente. A resposta de Deus para o relacionamento "especial" do ego é a criação do relacionamento "santo", no qual permitimos que o relacionamento seja aquilo que deseja ser, e que revele a nós seu significado, em vez de tentar determinar em primeiro lugar seu sentido.

O amor "santo" permite que a outra pessoa seja simplesmente o que é. Ele nos ajuda a nos desligar da necessidade de controlar o comportamento da outra pessoa. Entretanto, tudo isso é mais fácil de dizer do que fazer. O amor "santo" é um impressionante objetivo para aqueles que se veem presos no corpo em um mundo imperfeito. Então, não somos destinados a ter expectativas nos relacionamentos? Enquanto for o corpo que nos mantiver ligados ao mundo material, este será o mundo onde viveremos. E teremos necessidades válidas e apropriadas.

Recebi uma lição interessante sobre amor desinteressado quando me mudei para uma casa, dividindo-a com um companheiro. Ele é uma pessoa muito divertida que adora viajar para todos os lugares, disparando em sua moto. Ele é uma pessoa bastante disponível, quando está em casa, mas nem tente fazê-lo chegar perto do celular, quando está em outro lugar. Uma vez, perguntei: — Casey, percebi que você não checa as suas mensagens no celular com muita frequência. Mas o que aconteceria se sua casa tivesse pegado fogo?

— Eu acho — ele respondeu — que quando voltasse encontraria um monte de cinzas!

Acho que posso gostar de Casey, até rir de suas palhaçadas e me divertir com suas entradas e saídas dramáticas, tudo isso por uma razão principal: nós não temos uma relação física. Porque o ego usa o corpo para nos amarrar às percepções de controle e necessidade.

Quando nos identificarmos com a vida do corpo em oposição à vida do espírito, então saberemos que o ego está no controle.

Uma vez perguntei a ele: — Mas o que aconteceria se nos envolvêssemos romanticamente? Seu comportamento me deixaria louca! E Casey respondeu: — Se isso acontecesse, eu deixaria de agir desse modo!

Seria bem razoável se isso fosse verdadeiro, para o bem das mulheres da vida de Casey. Mas eu não sei. Sexo e desinteresse é uma mistura muito difícil e tornam-se o maior desafio de um amor romântico.

Há muitos meses, jantei com um ex-namorado que não via fazia anos. O assunto política surgiu no meio da conversa e nenhum dos dois tinha se movido nem para a esquerda nem para a direita na última década. Quando namorávamos, estávamos em lados opostos no cenário político. E continuamos assim. O que havia mudado, isso sim, é que não mais estávamos procurando mudar a opinião um do outro.

Bem no meio do jantar, eu perguntei a ele: — Você percebeu que, se este jantar tivesse acontecido dez anos atrás, nós dois estaríamos arranhados e cheios de marcas roxas quando a salada chegasse?

Estávamos falando as mesmas coisas que costumávamos dizer, e com a mesma convicção, mas nenhum dos dois reagia da maneira antiga. Tínhamos finalmente percebido que as pessoas podem ter opiniões diferentes e o jantar continuar sendo bom!

Quando eu era criança, costumava notar como eram diferentes a pilha de livros do lado da cama de meu pai e aquela do lado da cama de minha mãe. Ele lia Aristóteles e Goethe; ela lia Judith Krantz e Belva Plain. Nunca pareceu que eles estranhassem essas diferenças de leitura, mas eu cresci e me tornei aquela adulta que não hesitaria em perguntar: "Por que você está lendo aquilo?" Um dia um homem me respondeu a essa pergunta com um doce sorriso e um beijo maravilhoso, dizendo: "Não é da sua conta!"

Quando vejo uma mulher tentando controlar um homem, mesmo sutilmente, penso comigo mesma: "Querida, isso pode dar certo com você, mas nunca deu certo comigo".

O que aprendi é que não há problema em combinar acordos e compartilhar meus sentimentos, enquanto eu evitar as críticas e as culpas. A partir daquele lugar – e enquanto fugir da tentação de tentar pilotar o comportamento da outra pessoa –, os milagres acontecem. É impressionante a resposta positiva das pessoas quando percebem que seus pensamentos e sentimentos são respeitados. Aprender a sentir esse respeito e a demonstrá-lo de verdade é uma chave para o poder dos milagres.

NÍVEIS DE ENSINAMENTO

Existem três níveis de relacionamentos com "compromisso de ensinamentos". (*) O primeiro é aquilo que consideramos um encontro casual, no qual não parece que alguma coisa esteja acontecendo. (*) Uma criança deixa cair uma bola acidentalmente na nossa frente, ou entramos no elevador com alguém. Vamos devolver a bola de uma maneira gentil ou sorrir para a pessoa no elevador? Tais encontros, supostamente acidentais, não são realmente acidentais.

O segundo nível de ensinamento ocorre quando somos levados a ficar com alguém durante uma intensa experiência de aprendizado, talvez por semanas, meses ou anos. (*) E ficaremos juntos enquanto aquela proximidade física servir para a mais elevada oportunidade de aprendizado para os dois. (*) O terceiro nível de ensinamento envolve um "compromisso por toda a vida; (*) isso pode ser com um amigo, um parente ou um amor com quem nossa relação dure a vida inteira. Algumas vezes, é um compromisso bastante alegre, como um brilhante caso de amor duradouro. Outras vezes pode ser doloroso – como parentes que causam mágoas ao longo de toda a vida. Seja qual for, ele é parte do currículo projetado pelo Espírito Santo.

No momento em que nos unimos em uma relação genuína, ela nunca termina. Aqueles que Deus colocou juntos, nada ou ninguém consegue separar. Enquanto uma forma particular de relacionamento pode se alterar – por meio da separação ou pela morte –, o relacionamento nunca está acabado porque ele pertence ao Espírito, e o Espírito é eterno. Permanecemos em conexão física enquanto essa conexão servir para o mais alto propósito de aprendizado para as duas pessoas, e então vai parecer que meramente elas se separaram. (*) Mas o amor sobrevive, porque o amor nunca morre.

Quando perguntaram a Yoko Ono como ela poderia suportar viver sem John Lennon, uma vez que eles passaram 90% do tempo juntos, sua resposta foi: — Agora, passamos 100% do tempo juntos. A morte do corpo não é a morte do amor.

O que foi dito acima não é um conceito superficial; não significa que não choramos, não nos sentimos feridos, ou não lamentamos a perda de um amor. Mas, quando nosso coração permanece aberto ao fluxo da Verdade, o espírito pode compensar a perda material. É isso que acontece, por exemplo, quando as pessoas passam pelo processo do divórcio com intenção amorosa, pedindo a Deus que cure todos os corações envolvidos. O divórcio é uma questão espiritual com profundas consequências emocionais. Quantas crianças foram profundamente magoadas por causa de pais divorciados e amargurados? Quantos adultos se viram feridos por anos, ou mesmo por toda a vida, sem perceber a natureza eterna de um amor que eles acham ter perdido permanentemente? Ao entregar o divórcio nas mãos de Deus, estamos rezando para que aquele relacionamento permaneça abençoado em espírito, apesar de dissolvido em corpo.

Aqueles que se encontram um dia vão se encontrar de novo até que seu relacionamento se torne santificado. (*) Quer nos encontremos nesta vida ou não, aqueles que se encontram e amam estão unidos na eternidade. Por meio da graça de Deus, estaremos reconciliados um dia. E se já amamos alguém, será esse alguém quem encontraremos primeiro no céu. E é para o céu que retornaremos.

FORMA *VERSUS* CONTEÚDO

Certa vez, alguém me enviou uma foto que foi tirada por um pescador em Newfoundland. Era a foto de um iceberg, não apenas daquela parte que emerge da água, mas também daquela que fica no mar. Todos sabem, é claro, que aquilo que fica visível acima da água é aproximadamente 10% do iceberg. Ainda assim, ver aquela imagem foi impressionante, porque reconhecemos o quanto de vida nossos olhos não enxergam.

E cada situação é como aquele iceberg, fervilhando de forças que não estão visíveis a olho nu. Ao basearmos nosso senso de realidade naquilo que os sentidos físicos percebem como real – o que as pessoas fazem e dizem –, acabamos colocando nosso senso de realidade numa pequena fração de sua totalidade. Isso significa, obviamente, que dificilmente nos vemos em contato com a realidade total.

O que é visível para o olho físico é apenas o mundo da forma, mas a grandeza da realidade de uma situação não está na forma, e sim no conteúdo. (*) O casamento é forma, o amor é conteúdo; a idade é forma, o espírito é conteúdo. A única realidade eterna reside nos domínios do conteúdo, e ele nunca muda. Nosso poder espiritual está em navegar num mundo em transformação por meio da perspectiva daquilo que não muda. Quanto mais descobrirmos o que está sob a linha da água, mais poder teremos sobre o que está acima da linha da água.

Achamos que se isto ou aquilo acontecer no mundo da forma, então tudo ficará bem com nossa vida. Mas enquanto habitualmente procuramos alguma coisa que nos complete no domínio material, não vemos que a verdadeira completude está em saber que o domínio material em si é apenas um *aspecto* de nossa vida.

Quando vivemos no domínio da identificação do corpo em vez da identificação do espírito, estamos em risco constante de vivenciar a perda. Achamos que perdemos todas as vezes que alguma coisa no mundo da forma não se revela da maneira que desejávamos. Vamos dizer que estou apaixonada por um homem, ficamos juntos por um tempo, mas um de nós então decide que aquela ligação romântica não está funcionando. Para o ego, isso quer dizer que o relacionamento está acabado; para o espírito, isso quer dizer simplesmente que o relacionamento mudou de *forma*. E o espírito está com a razão. Por mais que uma situação como essa possa ferir o coração, uma visão mais lúcida sobre o que realmente aconteceu pode nos curar. O amor é o conteúdo eterno e ele está seguro nas mãos de Deus.

QUANDO NOS AFLIGIMOS

A mágoa e a tristeza representam um importante mecanismo de cura, uma forma que a psique utiliza para transitar de uma situação para outra. Nossa mania contemporânea de tentar vencer pelo esforço próprio, retomando o trabalho o quanto antes depois de uma grande perda, e permanecendo em atividade não importa por quanto tempo, nem sempre se mostra o melhor antídoto para o sofrimento. Na tendência moderna de se "sentir bem", acabamos nos sentindo mal por não fazer as coisas direito. Ainda assim, a tristeza é um sentimento ruim, mas, sem ele, não podemos voltar aos bons sentimentos.

Certa vez, eu estava sofrendo por causa de uma situação dolorosa em minha vida. Dois meses depois do evento, enquanto conversava com uma amiga sobre o que acontecera, outra amiga saiu da sala dizendo: — Estou indo embora. Vocês duas podem continuar com essa ideia fixa. E eu respondi: — Susan, daqui a um ano você poderá dizer que é uma ideia fixa. Mas depois de apenas dois meses, isso ainda se chama "processar".

Enquanto frequentemente deploramos o fato de que as pessoas não manifestam suas emoções com profundidade, ainda nos mostramos tentados a repreendê-las quando o fazem. E assim, em vez de nos permitir lamentar, quase sempre nos forçamos a suprimir a dor, confundindo-a com negatividade ou autopiedade. Entretanto, torna-se perigoso trancar ou suprimir nosso sofrimento, porque aqueles eventos que não processamos estão destinados a se repetir, ou no mínimo a se expressar de maneira disfuncional. O tempo de chorar é aquele em que precisamos chorar. Só então poderemos não ter mais a necessidade de chorar.

Quando um relacionamento está acabado, seja por meio de uma separação, seja por causa de morte, nosso centro de gravidade emocional muda. Vemos a vida de um lugar diferente na montanha, quando alguém que estávamos acostumado a ver ao nosso lado desapareceu. Pode ser uma boa ideia fazer uma vigília de oração de 30 dias pela pessoa que não está mais fisicamente conosco, não importa se nossos sentimentos conscientes por ela são amorosos ou não. A oração irá neutralizar tais sentimentos, elevando-os em serenidade e paz. Sair para fazer compras não terá o mesmo efeito; namorar ou casar de novo rapidamente também não vai adiantar. Só estando com você mesmo, com seus entes queridos, para que Deus faça isso. Você internalizará a mudança, suas cicatrizes interiores irão se fechar e você ficará melhor do que antes.

OS ESPAÇOS INTERMEDIÁRIOS

Existe um mistério nos espaços intermediários entre os relacionamentos, quando temos a oportunidade de entender as coisas com mais profundidade, corrigir o curso e redirecionar o barco, se necessário. Quando um relacionamento termina, podemos olhar para ele com honestidade, avaliar nossa contribuição e perdoar a nós mesmos e aos outros, se for preciso. Participei ou não daquele relacionamento de forma autêntica e honrada o tanto que deveria? Mantive o relacionamento pelos motivos corretos? Fiquei nele tempo demais? Saí dele cedo demais? Permiti que Deus guiasse o caminho?

Pode ser bastante útil fazer uma lista de todas as pessoas e situações que estiveram associados com o relacionamento que está acabando. Abençoe silenciosamente todos eles. Peça perdão e conceda perdão. Coloque a situação nas mãos de Deus e reconheça que Ele está presente.

O AMOR ESTÁ EM TODOS OS LUGARES

O amor de Deus sempre encontrará um modo de se expressar. Uma das razões pelas quais nos agarramos às coisas boas é porque achamos que, se não o fizermos, nossa vida não terá alegria. Mas é claro que os comportamentos carentes e controladores que resultam dessa crença manterão as coisas boas a distância. Somente quando nos posicionarmos na profundeza de quem somos, sabendo que é suficiente, e permitindo às outras pessoas ser quem elas precisam ser e caminhar para onde precisarem ir é que o universo entregará o bem para nós, de um modo que possamos recebê-lo.

O amor está em todos os lugares, mas, se não deixarmos os olhos abertos, não o veremos. Quem de nós já não perdeu um amor porque estava procurando por ele em um pacote e ele veio em outro? Nosso problema raramente é a falta do amor, mas sim o bloqueio mental que não nos deixa conscientes de sua presença.(*)

Certa vez, eu conversava com uma adolescente sobre seus problemas com as amigas na escola. Hayley estava triste porque um grupo de garotas que eram muito próximas no ano anterior não eram mais, então ela se sentia excluída do novo grupo, rejeitada e isolada, achando que não tinha mais boas amigas.

— Hayley — eu disse —, você precisa diversificar!

— O que isso quer dizer? — ela perguntou, me olhando com seus lindos olhos cheios de lágrimas.

— Quer dizer que o amor está em todo lugar! Quer dizer que existem outros relacionamentos para experimentar, não só aqueles! Isso quer dizer que você está ligada demais àquelas garotas, achando que elas são a fonte do amor em sua vida. As pessoas são livres, e você precisa permitir que as meninas partam quando não estiverem com vontade de ficar ao seu lado. E isso não diminui a quantidade do amor disponível a você. Deixe que elas partam, abençoe essas garotas, sinta a sua perda e libere essa dor para Deus. Eu prometo, existe um milagre ali adiante!

Fizemos uma oração, entregando a Deus o relacionamento com aquelas meninas e pedindo que seu coração se abrisse para receber o amor que Deus havia reservado para ela. Cerca de dois meses mais tarde, vi Hayley entrando em sua casa, tagarelando e obviamente feliz. Ela estava conversando com a mãe sobre ir ao cinema com um grupo de amigas. Perguntei a ela se havia novidades naquele campo.

— Bem, algumas — Hayley respondeu. — Tem essas novas amigas, elas são muito legais!

Conversamos um pouco sobre como a situação anterior, que parecia uma perda, acabara levando a uma coisa boa. Hayley aprendera a abrir mão daquilo que aparentemente não mais lhe pertencia, liberando espaço para que novas e maravilhosas coisas pudessem surgir. Ela concordou e me disse:

— Acho que recebi um milagre!

Eu tinha certeza que sim.

RELACIONAMENTOS QUE CONSERTAM O CORAÇÃO

O Espírito Santo tem muitas maneiras de pavimentar o caminho para nós, evitando a dor de nossas próprias ilusões. Algumas vezes, surge como um livro ou um professor. Mas, muitas vezes, vem na forma de outro ser humano. Sinto-me muito grata pela ajuda que recebo das pessoas à minha volta, que conseguem enxergar coisas que não vejo, bem na hora em que mais preciso. Alguém de repente telefona, e eu de repente conto o que está acontecendo, e a pessoa de repente compartilha seus pensamentos de um modo que traz a clareza que eu buscava ou a paz de que minha alma precisava.

Quanto mais nos aproximarmos de Deus, mais próximos ficaremos de nossos talentos naturais para proteger nossos irmãos. (*) Quanto mais alinhados ficarmos com o amor de Deus, amigos melhores e verdadeiros nos tornaremos. Saberemos como estar próximos das pessoas que amamos, como dizer as coisas certas, como dar conselhos ocasionais a elas.

Existem três pessoas com as quais sempre converso por telefone, tarde da noite. Se alguém por acaso me pedisse para descrever minhas atividades mais importantes, provavelmente não citaria: "Conversar com Richard, Victoria e Suzannah, e contar tudo a eles". Contudo, essa é uma de minhas atividades mais importantes, porque clareia minha mente em relação a tudo o mais. Na verdade, acho que esses telefonemas são mais importantes do que parecem ser.

Os sociólogos aperfeiçoaram uma teoria tradicional sobre como as pessoas reagem ao estresse. Eles atualizaram essa teoria, a "síndrome da luta ou fuga", que foi encarada como verdade durante as últimas décadas, informando que foi derivada de uma pesquisa que se baseou apenas nas reações masculinas. Quando as mulheres foram acrescentadas à pesquisa, os estudiosos chegaram a outro tipo de reação: "zelar e ajudar". Em outras palavras, as mulheres mostram a tendência de construir relacionamentos como sua resposta primária ao estresse.

Todos nós temos aspectos masculinos e femininos em nossa psique; todos nós lutamos ou fugimos de vez em quando, e também zelamos e ajudamos em outras ocasiões. Mas, quando chamamos uns aos outros para processar nossas ideias e sentimentos, não é por acidente que tais telefonemas aconteçam tarde da noite, quando uma calma mais profunda se mostra disponível para a alma. Desde os primeiros dias da história da humanidade conhecida, as pessoas contavam suas histórias ao redor das fogueiras nos acampamentos. Nós compartilhamos as histórias como uma forma de manter íntegra a nossa psique, e também nossas culturas. Torna-se difícil sentir o amor de Deus quando o amor pelos outros está inalcançável. Aqueles momentos em que trazemos Seu conforto para o outro dificilmente podem ser considerados os menos importantes do dia.

ONDE ESTAMOS AGORA

Estamos em um lugar onde apenas alguns de nós podemos seguir adiante sem a ajuda do outro. Não porque não estejamos completos, mas finalmente porque estamos. Não somos mais frações de nós mesmos procurando pelos outros para somente nos completar. Estamos razoavelmente inteiros, e agora, o que fazer?

Agora, precisamos conceber uma nova vida, a partir da parte mais profunda do nosso ser. Para que isso ocorra, devemos estar em relacionamento. Para cocriar a vida, precisamos uns dos outros e da ajuda de Deus.

O milagre do amor nos empurra uns na direção dos outros. E dentro dessa união Deus verte a Si mesmo. Nós nos transformaremos, embalados nos braços do outro e nos braços de Deus, em uma nova humanidade. Iremos conceber algo novo. Irão crescer asas de divina compaixão e inteligência e o mundo inteiro se transformará. O próprio Deus vai exultar. E a vida seguirá adiante.

Capítulo 9

Da morte espiritual ao renascimento

Quando eu estava no colégio, realmente adorava química. Mas, por outro lado, era uma péssima aluna de química. Minha professora não conseguia compreender como alguém que era uma aluna terrível de química podia adorar a matéria. Em sua mente, havia apenas "a boa aluna de química" ou "a má aluna de química". E ela me fez saber qual das duas eu era. Qualquer estímulo que houvesse sobre ser uma boa aluna de ciências morreu exatamente ali.

Talvez um dos seus pais tenha lhe dito que você nunca seria linda e qualquer crença em sua beleza morreu exatamente ali. Talvez alguém tenha dito que você era estúpido e nunca seria alguma coisa na vida, e sua autoconfiança morreu instantaneamente ali. Ou quem sabe alguém lhe disse que você não tinha talento e que nunca seria capaz de tocar em uma orquestra, e sua convicção na própria habilidade musical morreu no mesmo instante.

Para muitos de nós, não existe nenhuma tumba grande o suficiente para conter os ossos de nossas partes que morreram ao longo do caminho.

Aquele seu ser que foi invalidado, suprimido, humilhado, magoado, colocado em risco, manchado, zombado, brutalizado, abandonado, desmentido e roubado – e a lista pode seguir indefinidamente, para o deleite do ego –, esse ser é seu *eu* crucificado.

A crucificação não é um conceito especificamente cristão; metafisicamente, ela é um padrão de energia demonstrado fisicamente na vida de Jesus, mas experimentado fisicamente na vida de todo mundo. Energeticamente, simboliza um padrão de pensamento. A morte é sua missão e a vida é o inimigo, porque é a mente trabalhando contra Deus. Assim é o drama de cada vida humana, quando o amor nasce no mundo e é então crucificado pelo medo. Mas a história não para aqui. A ressurreição, assim como a crucificação, é uma verdade metafísica: é a resposta de Deus ao ego, ou o derradeiro triunfo do amor. Tudo aquilo que continua caminhando, em qualquer situação, é o amor que aparece, que é crucificado e que no fim é dominado pelo amor.

Certa noite, eu e minha filha assistíamos ao filme *Dança com lobos* na tevê. Nós duas estávamos comovidas pela vida dos índios Sioux – sua harmonia com a natureza e o espírito, a maneira como admitiam os caminhos da verdade, do ser essencial que ordena sua vida e abençoa seu mundo. Eles tratavam a vida como um tesouro sagrado. Contudo, o ego coletivo do mundo ocidental tentou, e conseguiu, destruir essa civilização naquele tempo.

São assim as tragédias da história humana. Existe uma força sombria, que não está fora e sim dentro de nós, sempre trabalhando para destruir o amor criado por Deus. Essa força, ou ego, é mantida no lugar pela crença de que estamos separados de Deus e dos outros; ela se expressa continuamente por meio da culpa e do julgamento. Ela é todo pensamento e palavra grosseiros, os ataques ou as ações violentas. Em certos momentos, essa força sussurra, com uma olhadela maliciosa; outras vezes, ela grita, como no genocídio de um povo. Mas a força está sempre ativa, enquanto tiver o medo e o temor como combustível. E hoje em dia ela está de olho no maior dos prêmios – a perspectiva da aniquilação global.

Algumas vezes, são as outras pessoas que nos amarram na cruz, e em outros momentos fazemos isso por nós mesmos. Com frequência, parece uma combinação das duas coisas. O ego não discrimina tanto, enquanto procura prejudicar quem quer que ele consiga alcançar. Mas a parte de nós que pode ser crucificada não é aquela que somos de verdade. O ego pode destruir o corpo, mas não é capaz de destruir o espírito.

A crucificação toma muitas formas: material, mental, emocional e espiritual. Mentalmente, é uma doença progressiva trabalhando dentro de nossa mente. Às vezes, é chamada de segunda força, de anticristo, ou de demônio. Torna-se um elemento destrutivo e contra a vida, e que toma parte da experiência humana. Todas as formas do ego têm a destruição final como meta. O alcoolismo e o vício em drogas não desejam somente incomodá-lo; querem matá-lo. Uma doença terminal não quer apenas incomodar, ela quer matar. A escalada da violência não quer apenas ser um obstáculo. Deseja matar todos nós. Deus sabe disso e respondeu assim: Ele nos enviou Sua Santidade para nos salvar de nós mesmos. E quando nos cingirmos de nossa santidade, e com a transformação que ela gera dentro de nós, Deus mostrará o plano que vem em seguida.

A ressurreição é a resposta divina à crucificação; é Deus enaltecendo nossa consciência até o ponto onde são cancelados os efeitos do medo. Nossa santidade – o amor de Deus dentro de nós – é a única maneira para a humanidade transcender a escuridão, e é o único caminho que teremos para fazer isso.

"Jesus chorou", como todos nós fazemos, desafiado em todos os nossos vários modos pelas mentiras e projeções do ego. A crucificação de Jesus – a tortura e o assassinato de um homem inocente – é um exemplo pedagógico radical, uma demonstração da força do medo e então do poder do amor em sobrepujá-lo. Jesus morreu, então ficou em sua tumba durante três dias. E durante aquele período de tempo, é claro que pareceu a todos que o amavam que toda a esperança estivesse perdida. Entretanto, a esperança é de Deus, e o que é de Deus nunca está perdido.

Jesus transcendeu a crucificação ao assumi-la como era. Confrontado com as projeções homicidas dos outros, ele continuou amando com o coração aberto. E ao permitir que seu coração fosse tão grande quanto o universo, ele se tornou um vértice do milagroso. Assim como na presença de Moisés as leis do tempo e do espaço estavam suspensas quando da divisão do Mar Vermelho, na presença de Jesus, as leis da morte estavam suspensas também. O que Jesus tinha que nós não temos? Nada. A questão é que não se trata de ele ter alguma coisa que não temos, mas de que ele não tinha nada. (*) Seu amor por Deus tinha expulsado todo o resto, deixando apenas o eternamente verdadeiro.

ESCURIDÃO COLETIVA

Hoje, nossa crucificação pessoal tem sido particularmente intensa, na medida em que assumimos os pedaços individuais de uma enorme escuridão cósmica. Trata-se de um padrão universal o fato de a escuridão buscar destruir a luz, e ninguém jamais disse: "Exceto em seu caso". E a escuridão é mais intensa quando ela percebe a intromissão da luz. Se você estiver fazendo coisas boas e espalhando energias amorosas, então a segunda força está caminhando em sua direção. Mas isso não quer dizer que ela seja *sobre* você.

No mundo de hoje, colocar-se ao lado da verdadeira santidade, do amor universal, na maioria das situações, está muito longe do *status quo*, no qual é preciso decidir o quanto você está disposto a chegar a um acordo com seu coração para se dar bem. O mundo como o conhecemos está dominado pelo medo, e algumas de nossas instituições são inconscientemente a sede desse medo. Pense deste modo, não daquele. Siga nesta direção, não naquela. Entretanto, o espírito não é conhecido por sua submissão. Onde não existir espaço para um impulso em êxtase, não existe espaço real para a revelação do amor.

Caso possa se elevar sobre o medo que domina sua vida, e viver o amor em seu interior, e caso possa fazer o mesmo em relação a mim – se tal drama é reencenado vezes suficientes por pessoas suficientes no mundo –, então iremos perfurar a escuridão cósmica e inclinar o mundo na direção da luz. Cada um de nós é importante, e não há tal coisa como um pensamento neutro. (*) Toda percepção conduz a mais amor ou a mais medo, para nós e para o mundo ao nosso redor. Com toda oração, com todo ato de bondade e com todo pensamento de perdão, estamos construindo uma onda de amor que fará o medo retroceder.

Mas não podemos enfrentar o medo do mundo até que antes sejamos capazes de enfrentá-lo dentro de nós. E não é possível fazer isso sozinhos. Não somos capazes de nos curar de uma profunda neurose simplesmente porque decidimos intelectualmente fazer a mudança. Muitos tentaram e falharam.

Deus pode fazer isso por nós, embora não possamos fazer isso sozinhos. Quando o Espírito se debruça sobre nós, o medo é silenciado e anulado. Ele se vai. Assim que aceitarmos a plenitude de nosso espírito, então nossa antiga ruptura desaparecerá. Desde problemas físicos até relacionamentos dolorosos, desde a fome no mundo até os conflitos mundiais, assim que avançarmos para nosso potencial divino, nos tornaremos pessoas com coragem e inteligência para expulsar a escuridão. Com Deus no comando, vamos nos elevar sobre aqueles pensamentos que nos amarram. E, dessa forma, o mundo será transformado. Podemos renunciar ao Armagedon coletivo, se aprendermos as lições pessoais.

A TUMBA DO TEMPO

Existe um significado metafísico para os três dias entre a crucificação e a ressurreição. Ele simboliza o tempo que leva para o mundo físico ficar em dia com as mudanças da consciência, o tempo que leva para que a luz se eleve novamente depois que a escuridão nos oprimiu. A ressurreição ocorre quando nos apegamos ao amor, a despeito das aparências, e, desse modo, invocamos um milagre.

Às vezes, depois de termos sido profundamente machucados, existe um tempo durante o qual devemos permitir que nossa alma sangre, aproprie-se da dor e espere até que o ciclo se complete. Você não pode apressar o rio ou um desgosto. Apenas saiba que "isso também deve passar".

Os três dias são definidos por um amigo meu como "a tumba do tempo", em que parece que toda a esperança está perdida, quando na verdade o milagre está logo ali. Depois de cada noite, surge um novo dia. O ego nos invade de uma forma malévola e cruel, mas apesar disso Deus nos envia sempre uma nova manhã – a "terra prometida" da paz interior.

Todos nós já conhecemos a crucificação e então vivemos nessa "tumba do tempo", quando parecia que a luz de nossa vida não voltaria mais. Entretanto, o movimento do universo sempre se dirige na direção do derradeiro amor; nas palavras de Martin Luther King: "O arco do universo moral é longo, mas ele se dobra na direção da justiça". O ego lança seus rugidos, mas Deus sempre tem a palavra final.

A nossa crucificação nos desfere uma pancada espiritual, mas nas mãos de Deus esse ataque se torna um presente espiritual. Podemos nos tornar pessoas melhores, não importa o que ocorra em nossa vida. Se não tropeçarmos, não poderemos nos levantar. E agora que estamos de pé, nossa espinha dorsal encontra-se um pouco mais ereta e nossa cabeça um pouco mais levantada. Não há nada mais belo do que o manto da sobrevivência. E não há nada mais iluminado do que o corpo ressuscitado, do que a nova personalidade que emerge quando a antiga foi substituída.

Nas palavras de Charles Swindoll, um pastor e orientador da Bíblia que tinha um programa de rádio em meados do século XX: "Eu tentei e não consigo achar, seja nas Escrituras ou na História, um indivíduo com grande força de vontade, a quem Deus usou muito até permitir que fosse machucado profundamente".

Lembro-me de uma vez ter assistido a uma entrevista com Richard Nixon na tevê, anos depois de ter deixado a Casa Branca. Ele falou com uma sabedoria e compaixão que nunca o vira exibir durante seu tempo na vida pública. Um presidente por quem eu nutria profundo desprezo havia se tornado uma pessoa diferente. Mas como poderia ter sido diferente? Tendo em vista a crucificação que suportou – causada por ele mesmo –, como ele poderia ter feito outra coisa que não fosse morrer, ou partir para outro lugar? Era evidente que Nixon escolhera a última alternativa. Um fracasso cuja extensão, em termos terrenos, é quase impossível de se compreender a fundo havia levado aquele homem ao sucesso espiritual.

As crucificações nos levam às camadas mais profundas da alma, onde enfrentamos os demônios da vergonha e da repugnância, do ódio e da fúria. Somos solicitados a deixar morrer muitas partes de nós – a renunciar tanto à espada quanto ao escudo, a desistir dos julgamentos, da teimosia e do ódio. Mesmo assim, quando permanecemos despidos, depois de perdoar tanto, podemos sentir a luminosidade retornar ao coração, e temos a certeza então de que conseguimos nos mudar para outro lugar. A crucificação jamais é o fim; em certo sentido, é apenas o começo.

A cada cicatriz que carregarmos, nós nos tornamos os mensageiros da chaga universal, assim como os transmissores da cura universal. Tendo sofrido e nos elevado para além do sofrimento, emergimos com uma sabedoria sagrada embutida em nossas células. Finalmente, alguma escuridão foi sobrepujada em nossa vida. E seremos então conduzidos àqueles que também superaram a escuridão, assim como àqueles que ainda não o fizeram, mas serão inspirados pela nossa presença. Construiremos juntos um campo unificado de possibilidades ressurgentes, uma abertura que não apenas irá abençoar nossas vidas, como também o mundo inteiro. E é isso que está ocorrendo atualmente no planeta. As pessoas estão sofrendo as dores do mundo como se elas fossem contagiosas. É importante que nos apressemos em nossa elevação, para criar um campo também mais elevado para todos.

As mulheres que estavam à volta de Jesus oraram e esperaram a seus pés enquanto ele era crucificado. Essas mulheres simbolizam os amigos que confirmam nossa crucificação e que se importam com nosso sofrimento. Quando eles vão à tumba para reclamar o corpo – ou seja, quando eles se identificaram com nossa dor e agora nos acompanham em nossa jornada psíquica de volta à inteireza –, quase sempre descobrem que a pessoa que éramos não mais existe.

Eles descobrem, quando o espírito de Deus moveu-se para dentro de nós, que na verdade não fomos derrotados, mas nos tornamos pessoas melhores. A pessoa que costumávamos ser morreu, isso é verdade, mas quem passaremos a ser agora é um espírito revigorado e renascido. A febre foi debelada, as lágrimas secaram, e emergimos novamente para a luz de nosso verdadeiro ser. Assim é a ressurreição, a luz de Deus sobre nossa alma.

O RENASCIMENTO

Existe um martírio na crucificação, assim como existe um na ressurreição. Ele não pode ser visto pelos olhos físicos, porém, porque o aparecimento de um ser renascido não é uma ocorrência material. Você possui os mesmo olhos, mas eles trazem uma nova luz. Você tem o mesmo cérebro, mas ele funciona de um modo diferente. Você está com o mesmo coração, que agora bate com o coração de Deus. A ressurreição não é um momento, mas um padrão. Para cada dois passos para dentro da luz, podemos dar um passo atrás na escuridão. Mas assim que estivermos no caminho ascendente, assim que vislumbrarmos o Um que prometeu nos levar até lá, não existe um verdadeiro passo atrás.

Não importa o que alguém diga ou faça na tentativa de detê-lo. Você está a caminho de uma nova vida, não apenas para você, mas também para os demais. Você não é um mártir; é um mestre do amor. Agora que viu a luz, está caminhando em sua direção. Apenas conheça quem é e Quem vive em seu interior. Ele está se elevando, assim como você.

O PODER DA FÉ

Tanto na Bíblia quanto em *Um curso em milagres* está declarado: "Bem-aventurados os que não viram e creram". É fácil acreditar no amor, quando se está cercado pela bondade; e não é tão fácil, quando se é confrontado com as condenações e ataques do mundo.

A fé é um aspecto da consciência. Podemos tanto ter fé no amor, que é eternamente verdadeiro, quanto acreditar nas ilusões do ego. Nesse sentido, não existe aquilo que se imagina ser uma pessoa descrente. Se você acredita na realidade do desastre, então o desastre será verdadeiro para você. Se você tem fé na realidade do amor que se encontra além de um desastre, então se torna aberto para sua transformação. Aquele que trabalha o milagre não olha além da escuridão, mas através dela, para enxergar a luz adiante. A fé é um tipo de negação positiva: nós não recusamos aquilo que está acontecendo no mundo físico. Simplesmente temos fé de que essa realidade é apenas uma ilusão diante do amor de Deus. Negamos a própria realidade do mundo.

A sua fé reside na realidade da crucificação ou na realidade da ressurreição?

Temos a tendência de acreditar mais nas limitações do mundo do que no poder ilimitado de Deus. Quando os discípulos de Jesus achavam que iriam se afogar, sua fé residia no poder da tempestade. Quando Jesus andou sobre as águas, não disse a seus discípulos: "Ei, vocês, com pouca competência para caminhar sobre as águas; vocês não leram a apostila"? Ele disse: "Oh, vós de pouca fé".

A fé significa ficarmos abertos às possibilidades de milagres, sabendo que estamos firmes no amor, dentro do espaço sagrado, e então todas as forças materiais são programadas para trabalhar a nosso favor. Não precisamos fazer nada novo, a não ser nos tornarmos algo novo, para mudarmos nossa vida de modo essencial. E então não precisamos acreditar na ressurreição; estaremos compartilhando da ressurreição. À medida que nos submetemos e nos desviamos do ego, permitindo a Deus que indique o caminho, os milagres ocorrem sem esforço e sem tensão. Naturalmente.

UMA MUDANÇA NO CORAÇÃO

Enquanto eu viajava até Amsterdã, vários meses atrás, percebi que alguma coisa em minha vida tinha mudado. Eu vinha viajando extensivamente desde que era criança e visitei grande número de museus ao redor do mundo. Sempre me deliciei com pinturas, esculturas, telas orientais, arte decorativa, desenhos de jóias e todos os demais prazeres visuais que são oferecidos em lugares deste tipo. Mas um tipo específico de pintura nunca me comoveu, e sempre passei por ela sem dar muita atenção. É a arte náutica: navios no porto, navios no oceano, navios em qualquer parte. Simplesmente não era algo para mim.

Mas, se você estiver visitando museus na Holanda, certamente verá pinturas de barcos. E dessa vez, por algum motivo, essas pinturas me tocaram de um modo diferente. Dessa vez, quando vi a pintura de um navio em um mar agitado, enfrentando a clara possibilidade de um naufrágio, minha mente se dirigiu aos marinheiros daquele navio, aos motivos que os levaram até lá, ao terror que eles estavam sentindo, e pensei se haviam sobrevivido ou não. Pensei sobre os entes queridos que podiam estar na terra e o que sentiram ao ouvir a notícia de que havia uma tempestade no oceano. Pensei sobre se aquele pintor tinha alguma vez visto um mar tão turvo, e, caso não tivesse, como poderia saber o aspecto das ondas? Percebi então que, durante todos aqueles anos que eu olhava para aquelas pinturas, não as enxergava de verdade. Porque nunca havia trazido meu coração para a experiência. Na mesma viagem, visitei a casa de Anne Frank. Fazia muitos anos que eu lera *O diário de Anne Frank*, e pensava ter internalizado a história e seu significado. Porém, enquanto visitava o museu de Anne Frank com minha filha, quase não fui capaz de parar de chorar – na verdade, não consegui parar de chorar – enquanto caminhava pelos quartos de sua residência. Ver onde ela dormia, impedida de correr pela rua e de brincar, ou mesmo de ver o pôr-do-sol pela janela; ver os lugares da parede de seu quarto onde o pai colara fotos de revistas, de forma que o lugar não parecesse tão lúgubre; pensar sobre a extraordinária tensão cotidiana e sobre o medo que eles sentiam ao ficar escondidos naqueles quartos, junto com alguns amigos; pensar em todos os anos em que eles sobreviveram desse modo, apenas para serem traídos e presos um ano antes de a guerra terminar; e pensar sobre os dias terríveis de Anne no campo de concentração de Bergen-Belsen, onde acabou morrendo apenas um mês antes da libertação do campo –, eu quase não consegui suportar o peso de toda aquela tristeza, misturada com a visão profunda e apaixonada de Anne sobre a natureza do coração dos homens. Pensei sobre a sobrevivência do pai, a maneira como recebeu a notícia da morte de sua família, o que sentiu ao publicar o diário de Anne –, sempre com a noção de que essa mesma história de sofrimento se repetiu mais seis milhões de vezes.

    Enquanto caminhávamos pelos quartos e líamos as apresentações, falei à minha filha sobre a importância de presenciar o sofrimento dos outros. Porque o sofrimento como o da família de Frank continua existindo, no mundo inteiro, por pessoas tão pouco afortunadas hoje como eram aquelas pessoas de então. E só quando nos permitirmos nos angustiar por eles é que poderemos nos devotar, como Deus deseja que façamos, a criar um tipo diferente de mundo. Em certo momento, minha filha me disse suavemente: "Mamãe, por favor, não chore". E pensei comigo mesma: "Oh, Emma, por favor, chore".

Existem aqueles que não visitariam um museu deste tipo, que preferem se fechar em si mesmos e não sentir a agonia, ou enfrentar o horror de todo o sofrimento do mundo. Fazemos o que for possível para nos distanciarmos disso. Mas quando Jesus disse aos discípulos que estavam quase dormindo no jardim de Gethsêmani: "O quê? Vocês não conseguem ficar acordados em minha presença por mais uma hora"?, penso que ele estava se referindo à nossa necessidade de ficarmos despertos enquanto outros estão sofrendo. Se não for por nenhum outro motivo, isso vai nos lembrar de como somos afortunados – e eu quero dizer *extraordinariamente* afortunados – por ter um teto sobre a cabeça, comida no estômago e o direito de ver a luz do sol a cada dia. Enquanto isso não for verdade para todo mundo, há trabalho demais para nós neste planeta. E se não fizermos isso, quem o fará?

Mesmo quando não há nada específico que possamos fazer por aqueles que sofrem, permanecer atentos aos apuros faz aparecer um tipo especial de força moral. Existem pessoas no mundo – na prisão, ou sofrendo – para quem a diferença entre escolher a vida e a morte reside simplesmente em saber que alguém se importa.

Depois de visitar a casa de Anne Frank, sentei-me num café do outro lado do canal. Na mesma rua onde ela ansiava por correr e brincar, mas não podia, eu estava livre para caminhar e comprar e tomar café e rir em voz alta... Mas por qual presente do destino sou tão afortunada?

Existe uma construção em Amsterdã onde todos os judeus eram recolhidos pelos nazistas para deportação aos campos de concentração, onde muitos deles foram levados às câmaras de gás, assim que chegavam. Uma placa naquele edifício diz que deveríamos dedicar um momento para nos lembrarmos daquelas pessoas. Foi quando achei que a alma dos que se foram sentiram nossas bênçãos; espero que, de alguma maneira, isso lhes traga paz.

Quanto a nós, que isso nos traga mais profundidade. Que nosso coração possa explodir em todo o seu tamanho. Porque é nesse lugar que existe a esperança verdadeira para a humanidade.

RESSURREIÇÃO

É a consciência da paz, e não o comportamento belicoso, que vai, em última análise, fazer reverter as ondas do medo. E pesa sobre cada um de nós a missão de fomentar essa consciência. Não estou me referindo a apenas deixar as coisas melhores; refiro-me a transcender todas as leis físicas, dobrando as regras de tempo e espaço e renascendo onde antes existia a morte. É a hora de enxergar milagres em nossa própria vida, de ressurgir da pequenez de nosso eu anterior. Essas coisas são possíveis por meio de Deus. Esses milagres estão disponíveis, e são necessários agora. Não importa o que alguém lhe disse quando você era criança; você sabe que hoje é alguém atraente e inteligente. Não interessa o que aconteceu antes; você pode se levantar e começar de novo. Não importa o que lhe fizeram; o perdão o lavou totalmente.

Rapazes que se tornaram homens se tornarão agora *grandes* homens; meninas se tornaram mulheres agora serão *grandes* mulheres. Iremos dar à luz nosso melhor eu. E aqueles que se elevarem às alturas de seu potencial não serão as exceções, eles serão a regra. E será por meio deles – quero dizer, por meio de nós – que um plano surgirá para a salvação do mundo.

Um novo mundo espera por nós, pois nossa mente foi curada pelo amor.

Capítulo 10

Do seu plano ao plano de Deus

Uma revolução subterrânea está levando de roldão o coração e mente das pessoas no mundo, e ela vem acontecendo apesar das guerras e do terror que nos afrontam. Essa revolução é uma mudança fundamental na ideologia do mundo e carrega em si o potencial de reorganizar a estrutura da civilização humana. Ela traz uma mudança básica nos pensamentos que dominam o mundo. Ela promove a paz que encerrará todas as guerras. É um fenômeno global que transformará a estrutura celular da humanidade. Para aqueles que fazem parte dela, que se sentem chamados, sua realidade é o crescimento de uma verdade não óbvia. Para outros, é uma noção grandiosa, porém ridícula, uma ideia tola e irracional.

Entretanto, não surgiu ainda nenhuma revolução social de alguma importância porque todo mundo acordou um dia dizendo: "Consegui! Consegui"! Tais revoluções emergiram daquilo que a antropóloga Margaret Mead descreveu como "um pequeno grupo de cidadãos preocupados". De acordo com Mead, tais grupos não são apenas capazes de mudar o mundo, mas na verdade foram eles que o fizeram. E estão fazendo isso agora mesmo.

Uma contracultura espiritualmente harmonizada já existe em nosso meio. Ela não é identificada pelas roupas ou pelas músicas, por sexo ou drogas, como foi a contracultura dos anos 1960, mas é identificada pelas atitudes interiores daqueles que a compreendem. Essas pessoas fazem comentários e emitem sugestões um pouco mais inteligentes; trazem novas visões em áreas que estavam bloqueadas pelo *status quo*. Elas vêm algumas estrelas no céu que ninguém mais enxerga. E, em sua presença, começamos a vê-las também.

HORA DE ALISTAMENTO VOLUNTÁRIO

Nós nos alistamos para participar dessa revolução por causa de um desejo sincero de sermos usados por algo maior do que nós, com o propósito de curar o mundo. Não tem importância se não chamamos pelo nome de Deus esse "algo maior". Porque algumas pessoas conspiram com Deus, mesmo ainda não acreditando Nele. (*) Em última análise, é nossa experiência, e não nossa crença, o que importa. (*) Deus não tem um ego que se sentiria insultado, caso não falássemos seu nome corretamente. Mas seja por qual nome O chamarmos, saberemos que somos o exército, mas que Ele estará no comando. Deus não pode nos usar para transformar o mundo em profundidade se antes não tivermos sido mudados por Ele. Para podermos entregar o mundo a Deus, primeiro temos de nos entregar.

A transformação começa com a troca das lentes pelas quais percebemos o mundo. Essa mudança cresce dentro de nós e afeta nossa vida e a vida de quem está à nossa volta. Ela nos encaminha para uma conexão com outros que também estão sofrendo uma transformação na estrutura de seu ego, substituindo uma velha perspectiva por outra nova. E por meio de nossos esforços individuais e coletivos, inspirados pelo divino, transformaremos o mundo a tempo. No exato momento em que achávamos que toda esperança havia terminado, ela reaparecerá.

Para aqueles que são cínicos; para aqueles que estão cansados demais; para aqueles fatigados com o modo como as coisas sempre caminharam; para os outros que costumavam se importar, mas estão ocupados demais para tentar fazer isso de novo, existe uma mudança em progresso. Ela começa no coração. E à medida que sobe até a superfície, vai transformando todas as coisas.

Imagine que Deus perguntou a você se podia usar seus pés e mãos para ir aonde Ele queria que você fosse e você fizesse o que Ele mandou. Imagine que Deus pediu para usar sua boca para dizer o que Ele queria que dissesse e para quem.

Imagine tudo isso, porque Ele fez assim.

"Muitos são chamados, porém poucos são os escolhidos" significa que todo mundo foi chamado e poucos deram atenção. (*) O chamado vem para todos nós durante todo o tempo. E ninguém possui maior ou menor capacidade de contribuir para a salvação do mundo. Escolher servir a Deus é escolher o caminho para a grandeza de Deus dentro de nós. Quando vemos pessoas que estão claramente permitindo que o Espírito trabalhe por meio delas – pessoas que encontraram seu poder, sua paixão, seu gênio –, não estamos vendo algum poder especial que as escolheu no lugar de outras.

Aqueles entre nós que conseguiram o máximo só obtiveram uma *fração* daquilo que somos capazes de fazer. (*) Os "dons do Espírito Santo" estão à disposição de todos, quando nossa vida se torna dedicada aos planos de Deus.

Todas as manhãs, temos uma escolha: decidir procurar o plano de Deus hoje ou decidir seguir o dia como escravo dos projetos do ego. Escolher os planos de Deus é escolher a opção com as melhores oportunidades de transformar sua vida em um canal para os milagres. Assim que começamos a perguntar a Ele como podemos ajudar em seu plano, em vez de perguntar como Deus pode ajudar em *nossos* planos, tudo será melhor para todo mundo.

Estamos aqui para ser os professores de Deus – ou seja, aqueles que demonstram amor. Deus tem um plano para a salvação do mundo, chamado "O Plano para os Professores de Deus". (*) Seus professores vêm de todas as religiões e de nenhuma religião. (*) Não há necessidade de se registrar numa lista, não existe nenhuma organização terrena ou nenhuma instituição da qual fazer parte. Simplesmente se refere a uma agitação no coração, que então ativa um sistema de orientação interno que está presente em nós. Se *perguntarmos* como podemos ajudar, Ele nos mostrará como fazer isso.

Enquanto existem pessoas dominadas pelo ódio, planejando maneiras de semear a violência e a destruição, Deus tem um projeto de criar a paz na terra. Não é uma fotocópia física, mas um plano que existe em Sua mente, pedaços do qual já estão prontos para ser copiados e gravados na mente daqueles que pedirem para receber sua parte. Cada um de nós carrega o potencial máximo para ser utilizado por Deus na cura do mundo.

Ele tem um plano. E esse plano não pode deixar de funcionar.

ISSO É DA CONTA DELE

Algumas vezes, falar das coisas do nosso Pai envolve alguma coisa que nós *não* fazemos e outras que fazemos. Pode ser nossa resistência passiva que subverte uma influência injustificada, até mais do que um desafio direto.

Conheci um pastor cujo trabalho foi encerrado injustamente, e o comitê de diretores de sua igreja decidiu destruir sua personalidade para evitar qualquer tipo de objeção de sua congregação. Ele estava compreensivelmente irritado; entretanto, as atitudes de muitos dos amigos que o apoiaram acabaram tocando o seu coração.

Um desses amigos era uma cabelereira que cortava o cabelo dele todos os meses. Depois que a igreja dispensou o pastor, um dos membros da diretoria – um homem que havia sido amplamente responsável pela campanha contra ele – começou a frequentar o mesmo salão para também cortar o cabelo. Todos os meses o homem chegava, sentava na cadeira e repetia as mesmas inverdades sobre o caso.

Depois de alguns meses, a cabelereira simplesmente não quis mais cortar o cabelo daquele homem. Ela não se sentia bem fazendo negócios com ele. Sua lealdade ao amigo e sua posição firme no princípio daquilo que acreditava ser justo importavam mais do que seu lucro. Ela não conseguia entender, comentou depois, como um lugar podia abusar das pessoas e ainda se denominar igreja. Ela chamou o membro da diretoria para dizer que não ia mais cortar o cabelo dele.

Aquela atitude da mulher foi uma demonstração do princípio de não-violência de Mahatma Gandhi, o qual declara que a *força moral emana de uma ação justa*. Enquanto tal força pode não ter efeitos visíveis, ela tem seus efeitos no plano invisível. Ao simplesmente nos afirmarmos na Verdade – em palavras e em comportamento –, ajudamos a criar uma onda de poder que irá curar o mundo.

Em 1955, Rosa Parks inflamou o movimento pelos direitos civis ao simplesmente dizer *não* para o motorista branco de ônibus que lhe ordenou que desse seu lugar para um homem branco. Quando o Dr. Martin Luther King sugeriu um boicote contra a companhia de ônibus Montgomery, ele estava pedindo um enorme sacrifício da parte de centenas de pessoas. Durante 381 dias, as pessoas caminharam quilômetros para trabalhar, algumas vezes suportando terrorismo e tormentos, tudo para não continuar compactuando com o sistema de segregação. Ao simplesmente dizer *não* para aquilo que ela sabia ser injusto, a sra. Parks demonstrou o tremendo poder que esse tipo de ação desencadeia.

Nunca sabemos quais os efeitos que a verdade pode gerar. Pensamos: "Sou apenas uma pessoa, que diferença isso pode fazer?" Mas ninguém é apenas uma pessoa. Todas as mentes estão ligadas, e cada um de nós tem a oportunidade diária de dizer "sim" para algo que poderia deixar o mundo melhor e dizer "não" para aquilo que pode degradá-lo. Às vezes, procuramos o grande plano que irá salvar o mundo sem reconhecer nossa própria parte no processo. O plano que irá nos salvar envolve pequenas maneiras para nos deixar mais justos a cada dia. E, com o tempo, pequenas gotas podem criar um oceano.

A mulher que se recusou a cortar os cabelos da pessoa que sabia ter feito uma injustiça contra o amigo dela ajudou não apenas a ele. Ela também ajudou a si mesma. Ao reforçar as forças da lealdade e da integridade, ela gerou mais poder moral, que se somou à sua estatura espiritual.

Nenhuma ação passa despercebida pelo universo. O filósofo político Edmund Burke escreveu: "A única coisa que o mal necessita para triunfar é que muitas pessoas boas não façam nada". E a única coisa que pode triunfar sobre o mal é que um número suficiente de boas pessoas *faça* alguma coisa.

Mas não é o bastante apenas falar sobre a bondade. O fato de eu dizer que amo você não significa nada, enquanto não demonstrar isso. Dizer que eu o amo significa pouco enquanto não for demonstrado que sou um amigo leal e ético. E dizer que amo você não faz as coisas ficarem bem se meu comportamento mostrar o contrário. Este é frequentemente o problema com aquilo que se denomina ideologia espiritual: existem aqueles que agem como se o uso da palavra Amor conferisse um autêntico esforço à ética, à integridade, à lealdade e até à honestidade. Mas Deus está, com certeza, menos impressionado com nossas palavras do que com nossas ações.

No filme *Encontro marcado*, há uma cena em que a Morte diz ao pai de uma mulher que pretende levá-la junto com ele quando partir da terra, porque estava apaixonado e não queria ficar sem ela. Naquele ponto, o pai argumenta que o verdadeiro amor é mais do que o apetite ou a necessidade: é uma atenção constante quanto ao bem-estar do semelhante.

O amor nem sempre é fácil; e se ele não se estende à sua personalidade, então provavelmente não é amor.

O OBJETIVO DA VONTADE DE DEUS

Para muitos de nós, o problema não é não acreditar em Deus, ou não desejar se tornar o canal de Seu amor. O problema é que, simplesmente, temos outros objetivos. (*) E não reconhecemos o quanto nossos objetivos pessoais podem realmente se colocar no caminho dos objetivos de Deus.

Aquele que trabalha o milagre tem duas missões: ver o perdão como nossa função e abandonar todas as outras metas que inventamos para nós.

Algumas vezes, as pessoas me perguntam sobre meus primeiros anos dando palestras sobre *Um curso em milagres*, e a respeito do caminho profissional interessante que trilhei. Faz 20 anos desde que dei minha primeira palestra, e do ponto de vista atual, posso ver claramente por que minhas conquistas iniciais vieram sem esforço: eu tinha muito pouco, e queria pouco mais. Eu estava feliz com meu apartamento, meu trabalho, meus amigos, minha vida. Era completamente ingênua quanto a conceitos como o fato de meu livro ser um best-seller, relatórios de direitos autorais, planejamento de palestras, pagamentos, percepção pública e tudo o mais no mundo material ao que devotei total energia, enquanto me dedicava ao trabalho. Minha ingenuidade era um ativo valioso.

Entrar numa loja chique nunca me causou estresse, porque eu não podia comprar nada daquilo. Como eu sabia disso, caminhar pela loja era como visitar um museu. O estresse aparece quando você pode comprar um lindo vestido – e apenas um!

Agora, quando leio que aqueles que trabalham em milagres precisam abandonar todas as metas que inventaram para si mesmos, eu paro de repente. Calendário de palestras, as coisas para Emma, contratos de livros – a lista segue em frente. O mundo me recompensou, mas também me aprisionou. Como muitos outros, construí uma prisão ao meu redor e agora tenho a audácia de reclamar disso.

Então, estamos presos em uma laçada: tentamos escapar da dor de um mundo que é a própria dor. A inocência da ignorância – quando somos puros no coração por simplesmente não sabermos nada – certamente deve ser maravilhosa para Deus. Mas também existe outro tipo de inocência: uma inocência perdida e então recuperada, tendo sido escolhida por alguém que realmente sabe alguma coisa. Uma coisa é não cobiçar porque nem sabemos o que existe para ser cobiçado, e outra coisa é não cobiçar porque já estivemos lá, fizemos aquilo e comprovamos que não nos serviu. Pense no quanto seremos úteis para Deus quando nossos objetivos forem substituídos pelos Dele.

Com bastante frequência, tentamos imaginar quais são os nossos objetivos, concebendo um plano de cinco anos, fazendo mapas do tesouro, identificando quais são aqueles que queremos igualar. Mas devíamos pensar também sobre nossas metas espirituais. A pergunta não deveria ser: "Onde eu desejo estar daqui a cinco ou dez anos?", mas: "Quem eu deveria ser daqui a cinco ou dez anos?". Quanto tempo vai demorar para que eu fique acima das críticas e das culpas? Quanto tempo vai demorar até que eu pare de agir como vítima? Quanto tempo vai levar para que eu me perdoe e viva o melhor da vida que tenho?

Nosso objetivo em qualquer situação deveria ser aquele determinado por Deus. (*)

Seremos informados exatamente do que fazer a todo instante em que o nosso coração estiver aberto. (*) Deus fala conosco por meio da chamada "pequena voz de Deus". Por meio do perdão, das preces e da meditação, podemos apaziguar a mente para nos tornar capazes de ouvi-la.

Uma das minhas orações favoritas em *Um curso em milagres* é a seguinte:

Pai, o Teu caminho é o que escolho hoje.
Escolho ir aonde Ele me leva, escolho fazer o que Ele quer que eu faça.
O Teu caminho é certo e o fim, seguro. (*)

Com essa oração, pedimos a Deus que nos use, que use nossas mãos, pés, sentimentos e pensamentos. E, quando nos entregamos para sermos usados por um propósito mais alto, desistimos da obsessão de planejar, que tanto domina a civilização ocidental. Sabemos que não é possível conhecer o que vem depois de uma curva na estrada. Escolhemos cruzar a ponte da percepção do Espírito Santo, com o conhecimento de que o destino não é mais importante do que nós somos durante o caminhar.

A paz interior propicia mais experiências positivas em nossa vida porque ela nos alinha com os aspectos mais elevados de nossa personalidade. Mudamos da grandiosidade para a grandeza e da pequenez para a magnitude. (*) Atraímos afeição e confiança, em vez de repeli-las, e – muito importante – desenvolvemos o poder de retê-las. Não faz muito bem atrair coisas boas, se estamos fora do centro para segurá-las, quando aparecem.

NOSSA GRANDEZA ESPIRITUAL

O que acontece quando evoluímos em nossa grandeza espiritual? Ela vai parecer diferente em cada uma das vidas. Cada momento retém infinitas possibilidades, e a quantidade de grandeza que nos permitimos penetrar é determinada pela nossa disposição e receptividade. Na mesma medida em que removermos os blocos da consciência da nossa divina natureza, será a medida que nos vemos magnetizados pelos eventos e situações – e ambos são magnetizados por nós – que repercutem em nossa grandeza. Se estivermos vibrando com uma energia baixa, vamos atrair situações de baixa energia (quantas vezes demos uma topada no dedão quando estávamos zangados?); se estivermos vibrando em alta energia, atrairemos milagres.

Pessoas vão ligar do nada; situações vão melhorar de repente; abundância de todos os tipos vai aparecer. E quando isso ocorrer, será bom que sejam reconhecidos. Costumamos construir um altar para nossos desastres, dedicando a eles muito tempo, energia e atenção. Por acaso fazemos o mesmo por nossas bênçãos? Será que nossa mente está disciplinada o suficiente para chamar e aceitar o que é bom? Estamos vivendo em um momento de aceleração celestial, no qual tudo se move velozmente, incluindo nós mesmos. (*) Nossos problemas não estão surgindo numa brisa suave, mas em enormes tempestades torrenciais! E isso não está acontecendo por estarmos falhando, mas por estarmos disponíveis, e Deus sabe disso, e *isso é tudo*. Eu me lembro de assistir a um documentário na tevê sobre a invasão do Dia D e como as forças aliadas vinham treinando durante meses e, então, numa certa manhã, as coisas estavam diferentes: *tudo era real*. Este é um momento crítico em nossa vida, por ser um momento crítico na Terra. Cada um de nós tem agora a oportunidade de evoluir na plenitude de nosso divino potencial para assumir nosso lugar no plano de Deus. O plano existe na Mente de Deus, e nós faremos nossa parte à medida que entregarmos nosso pensamento a Ele. Nossa principal função é permanecer sob a luz de quem somos e nos tornar as pessoas que somos capazes de ser. A partir daí, tudo de bom começa a fluir.

E podemos entrar sob aquela luz a qualquer momento. Quando nosso coração está fechado ao amor – quando estamos sendo críticos e rancorosos –, não somos nós mesmos, literalmente. Nesse momento, escolhemos hospedar o ego no lugar de Deus.

Nosso trabalho, nossa felicidade e nossa função emanam do mesmo centro de poder: de nossa capacidade de corporificar o amor em qualquer instante. E o amor é mais do que "ser agradável". Ele é a capitulação do sentido de um eu separado, a reivindicação da totalidade da vida como parte de nós mesmos. Ao entender que somos parte de um todo, alteramos nossa perspectiva de uma identidade individual para o sentido de uma conexão universal. Torna-se impossível agir por si mesmo quando se sabe que o seu eu inclui todo mundo.

Se alguém sofre do outro lado do mundo, esse alguém não é menos do que parte de nós mesmos. E quando uma massa crítica da humanidade entender isso, os obstáculos para a paz mundial desaparecerão. No domínio do espírito, enxergamos nossa meta totalmente alcançada: queremos um mundo reconstruído segundo a imagem do amor. Nos domínios do corpo, conseguimos isso gradualmente: faremos aquilo que for possível para tornar este mundo um lugar melhor. E o poder dessa visão mantém o processo nos trilhos. Sabemos que, por meio de nossos esforços individuais, estamos contribuindo para um esforço maior. Nosso objetivo não é apenas criar um mundo no qual as coisas em desamor estão proscritas: nossa visão é a de um mundo em que esse tipo de coisa se torne literalmente *impensável*. Este é o papel de quem trabalha em milagres: pensar com tanto amor a ponto de o medo começar a perder a falsa autoridade com a qual controla o mundo. Pense num mundo no qual só exista amor e mantenha esse pensamento durante vários minutos todos os dias. O momento virá quando nosso pensamento guiar nossa crença, que irá guiar nossos atos para transformá-los em realidade.

ESTAMOS TENTANDO DE VERDADE?

Todos que conheço desejam que o mundo se transforme. E todos desejam ser parte da solução. Achamos que a ideia de uma revolução completa dos valores humanos é muito atraente. E todo mundo está pronto a se engajar. Então, vamos!

Mas, espere. Já começaram algumas pequenas reclamações: "Posso me engajar no horário entre as 14h e as 16h do sábado, enquanto as crianças estiverem no futebol"? "Será que a gente não podia se encontrar num lugar mais legal"? Somos a única geração na História do Mundo que pretende reinventar a sociedade tomando vinho branco e comendo queijo *brie*.

Só nos Estados Unidos é que alguém poderia esperar transformar o mundo num momento mais *conveniente*! Alô, checando a realidade: as sufragistas não tinham telefone celular. Os abolicionistas não tinham fax. Mas todos tinham amor no coração. Assim como você e eu. Perguntei a um amigo sobre o que eu deveria falar numa palestra que daria em sua livraria, e ele respondeu: — Fale sobre os desafios de ter uma vida espiritual hoje em dia, afinal, nós tentamos tanto!

"Não, acho que não tentamos", pensei comigo mesma. Por alguma razão, entretanto, continuamos a achar que fazemos isso. Somos todos revisionistas nestes dias, e não nos contentamos em apenas revisar nosso passado – revisamos até nosso presente. Parece que temos uma determinada crença mágica de que, se nos descrevermos de certa maneira, então isso deve ser verdade.

Costumamos dizer como é complicado ter uma vida espiritual quando nem mesmo meditamos regularmente ou fazemos esforço profundo para perdoar aqueles que nos magoaram. Talvez a gente tenha passado tantos anos na sala de aula que o "modo de funcionamento como aluno" tornou-se um hábito.

Já é tempo de obter o diploma. Uma boa quantidade de nós agora já conhece os princípios espirituais; já lemos os mesmos livros e ouvimos as mesmas gravações. Já é hora de nos *tornarmos* esses princípios, de incorporá-los e demonstrá-los em nosso cotidiano. Mas até que façamos isso, não teremos realmente aprendido esses princípios no seu nível mais profundo. Eles não informarão nossa alma ou transformarão o mundo.

E se for o caso, entraremos na história como a geração que conhecia aquilo que precisava conhecer, mas não fez o que devia ser feito. Não consigo imaginar como deve ser morrer sabendo que não fizemos aquilo que deveria ter sido feito.

Concordamos com um tipo de noção de educação espiritual como uma torre de marfim: mantê-la no sentido abstrato, intelectual e, portanto, segura. No entanto, os danos da história usualmente atingem aqueles que pretendem jogar a sujeira sob o tapete.

Recentemente, ouvi uma mulher falando sobre suas frustrações com a política: — Tentamos tanto e nada parece mudar. Achei que ela estivesse brincando:

— Não, não concordo. Quantas pessoas costumam votar? — perguntei. — E se concordarmos que muita gente vota, o que isso significa? Comparecemos à zona eleitoral para votar a cada dois anos, a cada quatro anos? Se for assim, por que achamos que *tentamos tanto*? Nós acreditamos estar fazendo um supremo esforço para mudar o mundo e ele, ainda assim, *não muda*? Fomos tão treinados por aquelas comédias da tevê de 30 minutos, que parece que, se não conseguirmos aquilo que desejamos em meia hora, é como se tivéssemos tentado e não dado certo. Que pena. Acabou e vamos para a próxima.

Madre Teresa fez, sim, um supremo e nobre esforço. Martin Luther King, também. Susan B. Anthony fez o mesmo. Nós é que não fizemos um supremo e nobre esforço. Na verdade, a maioria de nós faz muito pouco esforço para mudar o mundo. E então ficamos frustrados ao ver que nada está mudando!

Em geral, quando as pessoas dizem: "Tentamos bastante!", elas não estão falando sobre si mesmas. Parece mais que estão dizendo: "Bem, há outras pessoas que eu sei que estão tentando"! Dá vontade de rir quando você pensa sobre isso. Talvez a gente não compreenda o grande segredo no meio de nós – que não se trata de que temos *pouco* poder para mudar as coisas, mas sim de que temos *muito* poder e que esse não está sendo usado! Somos como pássaros que nunca foram informados, ou se esqueceram, de que possuem asas.

Mas uma grande lembrança vem reverberando entre nós, e seja o que for que fizemos ou que deixamos de fazer, que tenhamos falhado ou sido bem-sucedidos, seja qual for o tempo que tenha sido usado bem ou desperdiçado, o fato é que estamos aqui, disponíveis, presentes neste momento e prontos para o desafio.

Tudo o que precisa ser lembrado é isto: se Deus nos deu um trabalho para fazer, Ele irá providenciar os meios para que seja realizado. (*) E tudo o que devemos fazer é perguntar o que Ele deseja que façamos e, então, fazer de boa vontade.

OBJETIVOS

Antes de um despertar espiritual, vivemos a vida do nosso modo. Entramos em situações com nossas formas de pensamentos terrenas normalmente centradas em nossa própria lista de coisas a serem feitas, com nossos objetivos individuais e necessidades definidas por nós. Mas assim que estivermos no caminho de quem opera milagres, começamos a entregar nossos objetivos a Deus.

Algumas vezes, eu me encontrei razoavelmente decidida a renunciar ao que fazer, embora retomasse os controles quando surgisse a necessidade de escolher *como* eu faria isso. Não é o suficiente apenas permitir a Deus que decida qual o curso a tomar. Também devemos permitir que o espírito de Deus influencie profundamente quem seremos no cerne daquele curso.

Você pode se sentir guiado em uma determinada reunião. Mas se seus pensamentos durante o encontro são arrogantes ou críticos, se o comportamento é imaturo ou controlador, então mesmo que você esteja onde "deveria estar", ainda assim vai dinamitar tudo, quando chegar! Sua energia pessoal tanto atrai como repele seus benefícios. As pessoas sentem telepaticamente o caráter e o teor de nossos pensamentos, e muito poucas pessoas pulam de alegria, querendo ficar na presença de uma pessoa negativa.

Se eu entro numa sala e abençoo silenciosamente todos os presentes, ninguém saberá com certeza por que está se sentindo mais sereno, mas as pessoas se sentirão assim. Quando nossos pensamentos estão alinhados com os pensamentos de Deus, somos levados a um domínio mais amplo de possibilidades do que nossos pensamentos baseados no ego podem fornecer. Não basta apenas orar: "Querido Deus, será que eu deveria ir a essa reunião"? Será muito útil se lembrar, antes de a reunião começar, de rezar: "Caro Deus, agora que estou aqui, entrego-lhe esta reunião. Que eu possa ser o instrumento de sua paz. Amém".

Com bastante frequência, ignoramos o incrível poder da oração, e por uma razão igualmente incrível: não acreditamos que possa ser tão fácil. Porém, é difícil que um botão de rosa se abra? É difícil para as estrelas brilharem? Parte da genialidade de Deus é fazer com que tudo pareça muito fácil. Continuamos a desejar as asas de um pardal, quando as asas de uma águia já nos foram fornecidas. (*) Continuamos a nos aferrar à nossa fraqueza, quando nossa força já é enorme.

TROCANDO AMBIÇÃO POR INSPIRAÇÃO

O ponto não é fazer ou deixar de fazer alguma coisa. O ponto é fazer algo, se estivermos internamente guiados para fazê-lo, e não fazer aquilo para o que não fomos guiados. Algumas vezes, as pessoas acham que tiveram uma grande ideia e então ela desmorona. Pode ser que o plano tenha se autoiniciado em vez de ser inspirado divinamente, então talvez ele não tenha refletido o melhor uso de seus talentos naquela área em particular.

Aqueles que trabalham os milagres são avisados para "evitar os planos iniciados por nós mesmos". (*) Isso quer dizer que aquelas ideias que criamos sozinhos – que não surgem de uma profunda orientação e inspiração, mas são geradas pela ambição e pelo desejo de controle – vêm do próprio ego e não são apoiadas pelo céu. Simplesmente não são ideias abençoadas. Talvez sejam ideias boas e bem-intencionadas, mas se não emanarem do Espírito Santo, elas representam "a minha vontade" e não "A Sua Vontade". Nossas boas intenções não são suficientes; nossa prontidão é que é tudo. (*)

Tenho ouvido muitas pessoas reclamarem daquele plano que falhou: "Mas era uma ideia tão boa! Não sei por que não deu certo"! Mas, apesar de acharmos que aquela coisa era uma boa ideia, a mente mortal tem uma perspectiva muito limitada de "boas ideias". Qual é o critério pelo qual podemos distinguir uma ideia que seja verdadeiramente boa, tendo em vista nossa falta de capacidade de saber o que vai acontecer no futuro, quais as lições que precisam ser aprendidas e como nossas ações se encaixam no Grande Plano de Deus? Uma ideia abençoada não surge da mente mortal, que não consegue imaginar como nossos talentos e habilidades iriam funcionar melhor em um bem que está se desdobrando. E da perspectiva espiritual, existe um grande plano desabrochando, preparado para curar, e que está sendo elaborado pelas maquinações do universo. Receberemos todas as informações de que precisamos e veremos tudo aquilo que precisa ser visto. A mente total de Deus (o Espírito Santo) se fixa sobre nós quando oramos, meditamos e procuramos seguir os princípios espirituais. À medida que nos abrimos para receber Sua orientação, nossa mente e nossos sentimentos se encaixam nos padrões que dirigem todas as coisas que existem, dentro e ao redor de nós, em direção aos domínios da correta ordem divina.

O PLANO DE DEUS É PARA TODOS

Quando eu era mais jovem, lembro-me de ter sido dominada pelo pensamento de que não sabia o que deveria fazer com minha vida. Não tinha nenhuma suspeita de que podia já existir um plano divinamente ordenado, uma trilha que deveria seguir. Eu achava que deveria ser responsável pelo meu caminho *e* pelo modo como o seguiria. Não é surpresa que ambos sejam tão mal construídos, às vezes.

Seguir os caminhos de Deus não é tão difícil, embora seja diferente. (*) O que é difícil é treinar novamente nossa mente,

abandonando nossas resistências em pensar de uma forma diferente daquela como fomos ensinados. Se de fato nossa única função é amar e perdoar, então o mundo que conhecemos está errado. E ele está. O pensamento do mundo está a 180 graus do pensamento de Deus. (*)
Exige-se alguma humildade para que nos apresentemos totalmente vazios e disponíveis a Deus. Mas, quando o fazemos, nós nos tornamos preenchidos com informações que não possuiríamos de outra maneira, como, por exemplo, o que fazer com nossa vida – que é uma informação significativa e não deveria estar faltando.

Estamos sempre imaginando se devemos fazer isto ou aquilo, quando, do ponto de vista espiritual, o que é mais importante não é o *que* fazer, mas *quem* nos tornamos. Deus realmente deseja que façamos algumas coisas, mas antes precisamos ser pessoas diferentes para então saber como fazê-las. Deus não pode trabalhar por nós até que Ele possa trabalhar *por meio* de nós.

Certa vez, eu ia sair de férias e vinha trabalhando com uma agente de viagens chamada Connie. No último minuto, por causa de um compromisso profissional, precisei mudar minha data de embarque. Quando Connie foi verificar, descobriu que minha reserva não era restituível e o bilhete não poderia ser trocado.

Fiquei irritada porque eu não teria comprado aquele tipo de bilhete se soubesse que não poderia ser trocado. Mas também percebi que aquela era uma ótima oportunidade para encontrar um ponto de equilíbrio entre afirmar o desagrado com relação ao desempenho profissional de alguém e mostrar benevolência com uma pessoa que simplesmente tinha cometido um erro. Minha filha de 14 anos me disse, depois de ouvir minha conversa pelo telefone: — Você foi ótima, mamãe, mostrou para ela o erro cometido, mas não a *humilhou*.

De uma perspectiva puramente mortal, o plano de Deus talvez fosse que eu tirasse aquelas férias. Mas numa camada mais profunda, Seu plano tinha a ver com aquilo que eu e Connie

| 227

iríamos aprender com aquela experiência: ela, para ser mais cuidadosa no trabalho que fazia para seus clientes, e eu, para manobrar a situação de tal maneira que não fosse cooperativa demais e nem dura demais com as pessoas que me circundam.

Não importa qual a grandeza que poderia se desdobrar de outra maneira na vida de Connie, tal grandeza estaria bloqueada enquanto ela não realizasse seu trabalho com o máximo de eficiência. E não importa qual a grandeza que poderia despontar em minha vida, estaria bloqueada por todos os problemas que eu teria em lidar com as pessoas. E *este* é o plano de Deus – que os bloqueios de nossa luz interior sejam removidos, de forma que Sua luz brilhe.

O exercício de *Um curso em milagres* "Eu estou entre os Ministros de Deus" diz: "A nossa parte não é julgar o nosso valor, nem podemos saber qual é o melhor papel para nós; o que podemos fazer dentro de um plano maior, não podemos ver inteiramente..." E ele continua:

> Qualquer que seja o papel que te foi designado, foi selecionado pela Voz por Deus, Cuja função é falar por ti também. Vendo as tuas forças exatamente como são e também ciente de onde podem ser mais bem aplicadas, para o quê, para quem e quando, Ele escolhe e aceita o teu papel por ti. Ele não trabalha sem o teu próprio consentimento...
>
> ...Que tu venhas a ser enfim ciente de que há uma única Voz em ti mesmo. E aquela única Voz te designa a tua função e a entrega a ti, dando-te forças para compreendê-la, fazer o que ela acarreta e ter sucesso em tudo o que fazes que seja relacionado com ela.

Alguém pode dizer: "Bem, eu adoraria fazer o trabalho de Deus, mas tenho três crianças em casa – não é possível ir para lugar nenhum desse jeito"! Contudo, o ministério é determinado pelo conteúdo e não pela forma. Certamente, não existe nenhuma tarefa mais importante do que cuidar dos filhos. Estar consciente e atenta nos procedimentos com um jovem de 15 anos de idade, tentando descobrir como fazê-lo se sair bem nos estudos, é tão importante quanto cuidar de vítimas da aids na África. Se mais pessoas que governam o mundo hoje tivessem sido criadas com uma consciência espiritual maior, quando tinham 15 anos, talvez o mundo não estivesse na confusão que está atualmente.

O Espírito Santo especifica o lugar de cada um de nós, onde nossos talentos e habilidades podem ser mais bem utilizados. E onde nossas lições possam ser aprendidas mais eficazmente. (*) Não duvide do plano; apenas se torne acessível a ele.

Faz algum tempo, visitei minha mãe, e conversei com ela e sua enfermeira. Anos antes, estaria impaciente, achando que eu precisava estar lá fora, tentando fazer alguma coisa importante. O que sei agora é que o mundo existe onde estou, e que minhas lições para aprender e ensinar estão bem aqui e agora, naquele caso, com minha mãe e sua enfermeira, porque é possível que eu tenha coisas a ensinar a elas, mas seguramente, elas têm muito mais coisas para me ensinar – como, por exemplo, dominar a mim mesma. Como ser mais paciente. Como mostrar gratidão à mulher que me deu a vida. *Coisinhas* desse tipo...

Meu companheiro de casa (aquele da motocicleta, que raramente checa suas mensagens no celular) uma vez me ligou das férias e contou que havia encontrado uma mulher de quem tinha gostado muito e que a estava trazendo para casa para uma visita. Fiquei feliz por ele ter encontrado alguém, mas senti algum temor em função de como vivíamos. Será que ela iria viver conosco? Será que gostaria de mim e de minha filha? E eu, continuaria me sentindo confortável em minha casa? Caso a mulher não gostasse de nós, ela iria nos pedir que nos mudássemos?

Permiti que os macaquinhos em meu cérebro fizessem o que precisassem fazer, contudo, lembrei-me de que minha única missão é amar. Durante horas antes de conhecê-la, simplesmente rezei para que nosso encontro fosse abençoado. Pedi para ser um instrumento de amor na vida dela. Pedi também que meu coração se abrisse e que nosso relacionamento alcançasse sua mais alta possibilidade. Sabia que se eu colocasse meu coração e mente no devido lugar, o futuro alcançaria sua mais alta expressão. Não estou aqui para planejar o universo de Deus, mas para deixar que Ele me mostre o projeto que já criou. Fui criada no amor total, para mim e para todas as coisas vivas. A minha missão é acreditar nisso. O amor é infinito e infinitamente criativo. Se aquela mulher está vindo para minha casa, então essa é minha bênção naquele dia. É parte de meu currículo espiritual. É assim que deve ser, e sei que é importante. A realidade do agora é aquela que importa. Seja o que for que esteja acontecendo, torna-se a oportunidade para curar nossas partes machucadas, com nosso coração e mente abertos para o amor de Deus.

Aquilo seria uma lição, não importa o que acontecesse: fosse uma lição em se abrir para uma nova situação, ou uma lição para marcar os limites com compaixão. Mas a chave para esse aprendizado reside em abrir meu coração. Só dessa forma estarei fazendo minha parte, para mover a mim e ao universo em direção à correta ordem divina.

Fazendo minha mente percorrer o caminho, preparei espaço para coisas mais elevadas se abrirem. E elas assim o fizeram. A mulher e eu ficamos amigas no fim daquela mesma noite.

DEUS NÃO É SEU EMPREGADO

Algumas vezes, conversamos com Deus como se estivéssemos passando a ele nossa lista de compras. *Por favor, faça isso e aquilo por mim. Amém.*

Isso não quer dizer que não deveríamos pedir aquilo que desejamos, porém o mais importante é que deveríamos pedir aquilo que *Ele* deseja. Colocarmo-nos a serviço de Deus é a chave mais importante para descobrirmos a maneira correta de nos relacionarmos com cada um e com todos.

Nós não podemos salvar o mundo sem Deus, mas Ele pode salvar o mundo sem nós. Ao nos tornarmos disponíveis para o plano de Deus, nem sempre conseguimos enxergar a parte que nos cabe no esquema global das coisas. Mas nem precisamos fazer isso. Aquilo de que mais necessitamos, talvez mais do que todo o resto, é que exista paz suficiente em nós mesmos para percebermos a Sua fé em nós. Ele não cria espíritos pequenos e nem tem planos pequenos. Ele nos criou em grandeza e tem grandeza em sua Mente para nós. Não existe espaço para a mediocridade em Suas criações.

Houve ocasiões em minha vida em que me afastei de algo extraordinário, pensando: "Quem eu penso que sou para fazer algo deste tipo"? Mas, na realidade, quem eu estava pensando que era para *não* fazer alguma coisa que Deus colocou em minha frente? Como tudo o mais, temos a humildade e a arrogância completamente fora do lugar. Não é ser humilde achar que não consegue fazer aquilo que Deus pediu a você; e é arrogância achar que você se conhece mais do que Aquele que o criou. (*)

Seja aonde seu caminho o levar, não se preocupe com sua disposição; apenas tenha uma consciência consistente da presença de Deus. (*) Assim que você for solicitado a se tornar o canal por meio do qual Ele opera, seu único trabalho será relaxar no Instante Santo e deixar que o Espírito Santo guie suas ações e pensamentos. Somos apenas a torneira; Deus é a água.

A presença do medo é um sinal seguro de que estamos acreditando em nossa própria força. (*) Mais uma vez, quando nos achamos *o tal* é que somos atirados no medo. Você não é o tal; o Deus que habita em seu interior é que é.

Assim que descobrir isso, você estará bem avançado no jogo.

TOMANDO DECISÕES

O mundo nos ensina todas as maneiras para tomarmos decisões inteligentes, mas não existe nenhuma igual à Divina Inteligência. Ela emana de um lugar onde todas as coisas passadas, presentes e futuras são conhecidas e abençoadas. Ela toma decisões baseadas no melhor interesse de todas as coisas vivas. Ao entregarmos todas as nossas decisões nas mãos de Deus, não estaremos renunciando às nossas responsabilidades pessoais; estaremos, sim, realizando a mais alta forma de assumir as responsabilidades.

Quando decidimos as coisas por nós mesmos, não apenas estamos guiando de modo cego – incapazes de enxergar a próxima lombada da estrada –, como também tentando compensar aquilo que achamos que faltava no passado. O passado é uma ferramenta de navegação medíocre. Você não consegue pilotar o carro para a frente quando está olhando pelo retrovisor. Já que a percepção da falta então forma nosso centro de crença, iremos repetir essa atitude de modo inconsciente e inevitável. Tomar decisões com a mente do ego irá apenas resultar em mais ego apertando suas garras firmemente em nossas mente e vida.

No entanto, quando colocamos um problema nas mãos do Espírito Santo, Ele eleva e reordena nossas percepções. Quando colocamos um problema no altar, Ele altera nosso pensamento.

Frequentemente, recebo uma orientação direta depois de pedir em orações antes de dormir. Se rezamos: "Será que eu deveria fazer isso?" ou "Será que eu deveria fazer aquilo?", então sonhos relevantes aparecem enquanto dormimos, e a orientação pode nos acordar durante a noite ou podemos despertar de manhã com a sensação de saber a resposta.

Tais momentos podem ser importantes, porque o ego ainda não teve a oportunidade de colocar seu filtro mental e amortecer o som da voz de Deus. É estranho que ensinemos as crianças a fazer suas orações à noite, mas, de alguma maneira, achemos que, como adultos, não precisamos mais fazer isso. Como se, assim que crescemos, já soubéssemos tudo e então não precisássemos mais de ajuda.

Quando minha filha nasceu, coloquei o nome India na certidão de nascimento; aquele era o nome que tínhamos decidido meses antes. Porém, quando saí da maternidade, eu já não tinha mais tanta certeza. Muitos outros nomes ficavam saltando à minha frente. Então, na noite em que voltamos para casa, rezei antes de dormir e pedi a Deus que dissesse qual deveria ser o nome. Acordei na manhã seguinte com uma vívida imagem na minha mente, como se estivesse acabando de acordar de um sonho; a imagem era de uma garotinha loira que estava segurando um cartaz onde se viam claramente enormes letras pretas: EMMA. Fiquei espantada, e a garotinha disse: "Mamãe, meu nome é Emma". Muito pouco sutil.

A voz que dirigimos a Deus é como um sinal de rádio espiritual, e é mais fácil conseguir melhor recepção quando é tarde da noite ou bem cedo pela manhã – e também quando meditamos. Esses são os momentos em que o mundo ainda não está muito dentro de nós, quando o ofuscamento dos planos terrenos ainda não está sobrecarregando nossa mente.

Mas seja qual for o período do dia, nós podemos ficar sintonizados para receber a orientação que sabemos que chega além de nossa mente mortal.

No início de 1984, eu estava trabalhando como secretária temporária no World Savings Building em Los Angeles, e acabara de começar a dar palestras sobre *Um curso em milagres* na Philosophical Research Society. Como poucas pessoas vinham assistir às palestras, não tinha nenhuma pista de que esta seria a minha carreira de tempo integral. Certo dia, enquanto esperava o elevador no banco, ouvi uma voz dentro de minha cabeça, tão clara quanto um sino, dizendo: "Este será seu último trabalho como secretária".

E outra orientação, mais pessoal, iluminou meu caminho em outros momentos. E a mesma coisa ocorre com várias pessoas que conheço. Existem muito mais dimensões de consciência do que o ponto de vista terreno do ego considera possível ou real. A voz de Deus não ignora a realidade da existência prática. O Espírito Santo compreende o mundo e também entende seu lugar no esquema das coisas de Deus. Ele é como se fosse um embaixador divino, entrando nas ilusões terrenas com a função de nos guiar além delas. (*) Ele nos mostra como habitar a Terra e manter os princípios do céu. Ele não nos ensina a ignorar o mundo ou nossas responsabilidades terrenas. Simplesmente nos ensina a viver com um significado mais profundo e da forma que melhor sirva ao mundo. Desse modo, participamos do esforço coletivo para trazer esse domínio ao amor.

Em diversas ocasiões, podemos ouvir a orientação de Deus, mas simplesmente não conseguimos enquadrá-la naquilo que nossa mente mortal acredita: "Por que o Espírito iria me levar até Chicago, se o emprego está em Seattle"? Só um ano mais tarde você saberá, e então vai se sentir desapontado ao perder alguma coisa ótima em Chicago, descobrindo-se dizendo: "Eu tinha uma *sensação* de que devia ter ido para lá"! Quando você confundir as coisas, muitas vezes por não seguir sua orientação interior, aí se tornará muito mais obediente. Deus só tem nossa felicidade em mente – e a felicidade de todos os seres viventes. Quando entendermos isso, Seu caminho se tornará muito mais fácil de ser percorrido.

SEGUINDO O AMOR

Obedecer a Deus significa a disposição de seguir os ditames do amor: pensamentos e comportamento prescritos para nós por uma força que apenas deseja nossa felicidade e o melhor, em oposição aos pensamentos e comportamentos que mascaram nosso próprio interesse e que são, de fato, nossa autodestruição.

Isso cria divergência radical daquela noção tradicional de que Deus é severo, crítico e carrancudo. O propósito de nossa vida é sermos felizes; Deus deseja que sejamos felizes, muito mais do que nós próprios desejamos. Parece ser contrário a muitas religiões tradicionais ensinar a acreditar que se entregar a Deus é se entregar a alguma coisa que tem apenas nosso melhor em mente. Para o ego, o sofrimento parece mais importante, mais substancial do que a felicidade. O ego entende que o sofrimento muda as coisas, mas o Espírito Santo acredita que a alegria também faz isso. Quando vemos os bebês brincando, não nos sentimos inclinados a sorrir? Quando estamos apaixonados por alguém, não ficamos inclinados a sorrir? Conseguir realizar uma tarefa criativa não é motivo para sorrir? O que poderia ser mais natural do que a alegria?

Debaixo do feitiço do ego, somos tentados a pensar: "Será que eu quero fazer a vontade de Deus ou quero ser feliz? (*) Enquanto duvidarmos que a felicidade e a vontade de Deus são *a mesma coisa*, teremos a tendência de tomar decisões contra nós mesmos. Como poderia ser fácil nos entregar, se não estivermos convencidos de que nos entregaremos a quem realmente nos deseja ver felizes?

Basear nossas decisões nos assuntos do mundo deveria estar em equilíbrio quando as comparamos com os assuntos do coração. Uma vez que as questões legais, as opiniões médicas e as perspectivas das outras pessoas tiverem sido avaliadas; quando todas as opções tiverem sido pesquisadas e analisadas, então todas as decisões deveriam ser colocadas nas mãos de Deus. A maneira mais eficiente de se tomar uma decisão é pedir a Deus que a tome por você. (*)

Querido Deus,
Por favor, tome esta decisão por mim.
Eu não vejo o futuro,
Mas Você vê.
Eu não sei o que é melhor para todos, mas Você sabe.

Não consigo entender isso,
Mas Você consegue.
Querido Deus,
Por favor, decida isso por mim.
Amém.

Uma oração como essa autoriza as forças espirituais a moverem montanhas a seu favor. E elas o farão.
Às vezes, sinto que pedi e pedi e a resposta ainda não veio. Nessas ocasiões, sei qual é a resposta: como se diz no Alcoólicos Anônimos, "Mais coisas serão reveladas". Algumas vezes, a resposta não é tão simples como "faça isso" ou "faça aquilo". Algumas vezes, ela trata de como nos tornarmos mais pacientes, sabendo que enquanto continuamos a evoluir em profundidade e entendimento, saberemos o que fazer ou a pergunta vai se resolver por si só. Apenas a infinita paciência produz resultados imediatos. (*) Quando nossa fé é forte o suficiente, não nos preocupamos se Deus não nos ouve ou se Ele não nos responde.

E existe outra questão que pode nos tentar a tomar decisões que apenas Deus deveria tomar: nossa falsa crença de que sabemos o que é melhor para os outros. São pensamentos do tipo: "Não posso deixá-lo, porque ele precisa de mim", ou "Preciso ficar neste emprego, porque as pessoas não serão capazes de fazer as coisas sem mim".

De fato, este é um universo de ganha-ganha, quando o Espírito Santo entra numa situação e todos os afetados automaticamente "ganham". (*) Temos medo de tomar uma decisão que possa magoar alguém, e continuamos tentando evitá-la com a melhor das intenções. Porém, se simplesmente pedirmos a Deus que tome essa decisão por nós, então Aquele que sabe o que é *decididamente o melhor para todo mundo* irá decidir de um ponto de vista muito mais sábio do que a nossa mente mortal poderia conceber.

Na verdade, qualquer que seja a orientação de Deus para você, será também o melhor para os outros, com o tempo. O ato de permitir que Deus tome nossas decisões é apenas outra forma de profunda entrega. Quando Deus é convidado a escolher, somos dotados de mais sabedoria. Novas dimensões de conhecimento começam a brotar. Tornamo-nos preenchidos assim que nos esvaziamos; tornamo-nos inteligentes quando percebemos que *não* somos; e nos tornamos mais poderosos quando compreendemos a nossa impotência.

Ao permutar nossa inteligência mortal com a inteligência divina, começaremos a enxergar além das aparências. E nada mais será igual.

Capítulo 11

De quem fomos a quem estamos nos tornando

Sempre ouço as pessoas dizerem que têm medo de mudanças. Mas sou do tipo que fica nervosa quando as coisas não mudam. Acho que, com o tempo, acabo prosperando com elas.

As pessoas costumam ir até minha casa e dizer: "Espere, aquele quadro não estava na outra sala"? Sou tão obcecada em mudar os móveis (especialmente as almofadas), que uma vez cheguei a levantar uma cadeira para levá-la a outro canto enquanto meu amigo ainda estava sentado!

Mas também fui pega pelas mudanças, dominada por aquelas que eu mesma coloquei em movimento, liberando por acidente energias que não eram tão casuais. Já considerei certas mudanças como sendo apenas um leve chuvisco passageiro quando, na verdade, se mostraram um furacão. Já subestimei a força da mudança. E então aprendi a tratar o assunto com humildade, tendo compreendido da forma mais difícil como é importante se mover lentamente no interior, quando as coisas no exterior estão se movendo rapidamente. Embora não tema a mudança em si mesma, tenho medo de mim, quando não estou consciente, devagar e compenetrada enquanto tal mudança acontece.

Meu primeiro livro, *Um retorno ao amor*, foi publicado em 1992. Graças a Oprah Winfrey e a seu generoso entusiasmo pelo livro, meu mundo mudou. O dinheiro veio de uma forma como nunca tinha acontecido, junto com a atenção da imprensa e um leve *status* de celebridade. Nunca pensei nessas coisas como algo incrível; apenas as considerei como mais coisas a fazer! Tornei-me parecida com uma galinha cuja cabeça foi cortada, não tendo mais tanto tempo para ouvir, refletir, meditar, pensar. Num momento em que eu mais precisava voltar a meu quarto interior para reparos, para pedir a Deus que viesse e me explicasse as coisas, comecei a me esquecer. Estava indo muito rápido. Pus certas coisas secundárias na frente e algumas coisas primárias atrás, de uma maneira que vim a me arrepender depois.

Lembro do dia em que recebi meu primeiro cheque de direitos autorais, mais dinheiro do que jamais havia visto antes. E talvez porque eu estivesse morando em Los Angeles naquela época, embarquei na ideia de que, caso tenha a sorte de ter dinheiro, você precisa comprar uma casa. Mas lembro-me de ter rezado e pedido orientação sobre isso, e esta foi bastante precisa, embora parecesse estranha: "Redecore seu apartamento".

Mantive esse pensamento, "Redecore seu apartamento". Mas as pessoas ao meu redor riam dessa ideia. Por qual motivo iria fazer isso, se tinha dinheiro suficiente para comprar uma casa? *Um curso em milagres* diz que o Espírito Santo oferece muitas vezes uma orientação que choca de início, mas acho que me esqueci dessa parte. Segui as vozes do mundo em vez de seguir a voz de meu coração.

No grande esquema das coisas, não é importante se você compra ou não uma casa. O que importa é quando a voz em seu coração começa a perder o volume. Por que o Espírito Santo estava me dirigindo para redecorar meu apartamento? Porque eu precisava de tempo para me ajustar à virada que minha vida tinha acabado de sofrer. Precisava de tempo para evoluir em minhas novas circunstâncias, de habitar emocionalmente o espaço que já habitava materialmente. Precisava de tempo para pensar sobre o que aquelas coisas novas significavam e a respeito de como lidar com as novas situações de forma mais madura. Certas vezes, a vida o levanta como um tornado e o traz de volta para um lugar onde nunca esteve antes. Os tornados são rápidos e também destrutivos. A velocidade pode ser a inimiga de uma mudança construtiva.

A outra razão pela qual estava sendo internamente dirigida para permanecer em meu apartamento, eu acho, era para dizer adeus. Precisava me despedir de partes de mim que estavam sendo chamadas para se transformar em algo novo, e precisava cumprimentar as partes de mim que estavam nascendo. Eu não teria cometido os maiores erros de minha vida se tivesse dedicado mais tempo. Tempo para pensar, meditar e rezar.

Talvez você tenha sido uma coisa e agora é outra: talvez tenha estado no colégio e agora está na faculdade; talvez fosse solteiro e agora está se casando; quem sabe fosse casado e agora está solteiro; talvez não tivesse filhos e agora é pai; ou tivesse uma criança em casa e agora não tem mais. Seja qual for a porta que tenha atravessado, o fato é que sua vida não será mais a mesma de antes. O quarto onde você estava ficou para trás.

O solo emocional debaixo de seus pés é diferente e você precisa de tempo para se reorientar. Correr para dentro das mudanças é um movimento inconsciente, e é um modo perfeito para que erros sejam cometidos.

MUDANÇA NA NAVEGAÇÃO

Quando um estágio da vida dá espaço para outro, trata-se do fim de uma era e do começo de outra. O modo como navegaremos por essa transição espiritual determinará a alegria ou o desespero que vem a seguir. Ao navegarmos em uma mudança, podemos nos ver tentados para um dos extremos – resistir a ela, de um lado, ou ser indiferente, do outro. Tais extremos são na verdade os dois lados de uma resposta à mudança que está baseada no ego. A tarefa espiritual mais profunda é conseguir a moderação necessária para evitar esses extremos.

A moderação é a sobriedade emocional, que traz uma consciência profunda e ponderada tanto das armadilhas quanto das oportunidades inerentes a cada situação. Isso implica a capacidade de reflexão, a habilidade de se manter atento e agir responsavelmente, não importando o que aconteça. Sem moderação, a mudança pode ser mais danosa do que milagrosa. Mas não importa se a mudança é alegre ou triste, o que vale é que pode ser uma experiência sagrada, se estivermos espiritualmente despertos.

Se a mudança é feliz, você permanece desperto para agradecer a Deus e às pessoas que o ajudaram a fazer isso acontecer, lembrando-se daqueles que não tiveram a mesma felicidade, e não se permitindo ficar arrogante ou agir de modo leviano. (Agir assim irá detonar essa mudança.) Você fica desperto ao orar para que seja merecedor dessa boa sorte, agora e para sempre.

Quando uma mudança positiva está ocorrendo em sua vida, pode ser uma boa ideia dedicar um tempo para se sentar calmamente e respirar nela, literal e figurativamente. Com o olho da mente, veja um retrato da nova situação, e imagine-se trabalhando nela em seu máximo. Agora, de olhos fechados, respire profundamente e se sinta expandindo por dentro naquela possibilidade. Estes exercícios não são fantasias inúteis; ao contrário, são poderes da mente.

Caso não faça esses esforços, o ego engendrará tudo ao seu alcance para sabotar você. Essa, afinal, é a razão de sua existência. A menos que estabeleça firmemente seu centro emocional bem no meio da nova condição, permanecerá psicologicamente fora dela, embora dentro dela. E se não estiver habitando tal condição a partir de seu centro espiritual, não tirará vantagem completa da situação nem se comportará de um modo mais centrado e eficaz.

O espaço psíquico é mais real em cada pedacinho – e, de certo modo, até mais verdadeiro – do que o espaço físico. Se você está aqui, e psicologicamente a condição está lá longe, essa divisão entre ambos será refletida nas circunstâncias de sua vida.

USANDO O RITUAL

Uma das maneiras mais poderosas de alinharmos uma circunstância material à realidade interior é por meio de um ritual. Podemos usar uma cerimônia simples para impregnar qualquer transição com o entendimento iluminado.

Podemos mais do que simplesmente dar à luz nosso bebê; podemos elevar essa experiência da sua infância – e nosso relacionamento com ela – por meio do batismo, da circuncisão, e assim por diante.

Podemos fazer mais do que simplesmente observar nossa criança crescer e virar adolescente; podemos dar um adeus piedoso para sua infância e recebê-la na vida adulta, enriquecendo essa nova fase em sua vida por meio de ritos de passagem, *bar* e *bat mitzvahs*, e assim por diante.

Com os rituais, fazemos mais do que começar um novo emprego; pedimos piedosamente para que ele sirva aos propósitos de Deus e invocamos as forças espirituais para que nos apoiem no esforço. Fazemos mais do que simplesmente nos casarmos: pedimos a Deus para unir nosso coração, para entrar no casamento e torná-lo uma bênção para o mundo. E fazemos mais do simplesmente nos divorciar; pedimos a Deus que ajude a curar nosso coração, preenchendo-nos com o perdão e pavimentando o caminho para novos começos. Fazemos mais do que perder um emprego: realizamos um ritual para pedir a Deus que torne esta situação uma bênção, provendo uma forma superior de serviços e abundância. Fazemos mais do que enterrar nossos entes queridos; realizamos um serviço fúnebre para trazer consolo à alma deles e à nossa, recebendo a paz nos braços de Deus.

No verão de 2004, os Estados Unidos inauguraram oficialmente o Memorial da Segunda Guerra Mundial, em honra aos homens e mulheres que lutaram com valentia pela liberdade. Um monumento em Washington tem mais do que um significado simbólico; ele se torna parte da paisagem psíquica da nação, ao colocarmos num relicário permanente a lembrança daqueles que se sacrificaram tanto por nós. Então, para possuir esse enorme poder, o monumento precisa se *encontrar* emocional e espiritualmente com aqueles que o visitam. Ao visitar os monumentos a Lincoln, Jefferson ou Washington, você percebe que algumas pessoas estão ali com uma mentalidade de turistas, mas também consegue perceber que outras trazem consigo uma profundidade de espírito que faz daquela visita uma peregrinação cívica. Seus coração e mente estão abertos ao contato sagrado com aqueles grandes seres humanos que vieram antes de nós, a quem nunca encontraremos, e ainda assim afetaram profundamente a vida que vivemos hoje. É possível ler as citações de Jefferson ou Lincoln, nas laterais dos monumentos, com um mero interesse histórico, ou com uma imersão comovente no poder e no significado de sua vida abençoada.

Viajar tem um grande potencial ritualístico. Quando você visita a esfinge ou as pirâmides no Egito, ou o Parthenon na Grécia, ou o Templo da Mãe em Bali, ou a Catedral de Glastonbury, aquele que você é ao chegar – qual tipo de consciência traz para a experiência – irá determinar a profundidade do efeito daquela visita em sua vida.

Os rituais estão tão instintivamente dentro dos seres humanos que nós os criamos espontaneamente, quando se tornam necessários. Desde as pessoas deixando milhares de flores no palácio de Kensington depois da morte da princesa Diana até as flores e ursinhos de pelúcia e fotos deixadas na porta do apartamento do falecido John F. Kennedy Jr.; desde as fotos – e orações – ao redor do local do atentado a bomba no Murrah Federal Building em Oklahoma City até a reunião com velas acesas em Nova York, onde milhares rezaram pelas vítimas do atentado ao World Trade Center; as pessoas sabem que precisamos de um instrumento para canalizar nossos sentimentos – para ordená-los, dar-lhes significado e elevá-los espiritualmente.

Alguns são rituais coletivos, como a posse de um presidente ou a coroação de um monarca. O rito de passagem psíquico é tão importante quanto o rito legal, no qual ele toca não apenas o líder, mas também as pessoas que serão lideradas.

Se a pessoa em quem não votei ganhar a eleição, então meu coração poderá não concordar facilmente com sua liderança. Uma cerimônia de posse traz à tona, entretanto, a afirmação psicológica, emocional e espiritual de que eu devo me curvar a este fato. O relacionamento entre o povo e seu líder é uma antiga e arquetípica conexão impressa na psique humana; um começo ritualístico convoca a boa vontade nos corações.

Se as coisas vão bem, realize um ritual para agradecer e louvar a Deus; se as coisas estiverem tristes, faça um ritual para chamar os anjos para ajudarem você. Seja como for, um ritual irá envolvê-lo em uma luz que nenhum poder material será capaz de lhe conceder. É um evento exterior que realinha as forças interiores, elevando-as de volta para o lugar de onde vieram e a que pertencem. Os rituais sagrados unem o céu e a terra.

Então, pelo fato de os fazermos, um mundo despedaçado se torna inteiro novamente.

PREPARANDO O CORAÇÃO PARA A MUDANÇA

Antes de saber de minha gravidez, andava com uma forte sensação de que tudo estava prestes a mudar. Essa era a única coisa que eu sabia. Só com o passar do tempo foi que acabei percebendo exatamente o que estava prestes a mudar, quando tal realização abriu caminho em minha consciência; e quando isso aconteceu, não havia maneira de saber – já que nunca antes tinha dado à luz – a profundidade daquela transição fundamental que se aproximava.

Quando minha filha nasceu, foi recebida com muito amor, é claro. Mas minha psique estava retorcida, tanto quanto exaltada. Vejo hoje que a gravidez e o parto são abundantes em mudanças psicológicas e emocionais, de forma tão significativa quanto as mudanças que ocorrem no corpo da mulher. Claro que, na cultura materialista, temos a tendência de dar mais crédito às mudanças físicas do que às emocionais, para nosso próprio detrimento. "Ela está grávida, por isso anda meio doida" é uma descrição que dificilmente se constitui em uma profunda análise das condições psicológicas de uma mulher grávida. Eu gostaria de ter me preparado internamente para a maternidade tão bem como preparei minha vida externamente. Deveria ter existido um quarto dentro de mim destinado à minha filha tão bem decorado quanto o quartinho de bebê que preparei em meu apartamento. O quarto dela foi pintado com perfeitas nuvens rosa e brancas, com azulões carregando fitas amarelas perto do teto. Mas, quando olho para trás, percebo que eu devia ter dado mais atenção ao quarto dentro de meu coração, onde a dinâmica da maternidade tinha acabado de começar a reverberar.

Mas como poderia ter feito isso de forma diferente? Eu me lembro de um grande chá de bebê que foi feito para mim na casa de minha amiga Victoria. Tenho uma foto de quando estava sentada no sofá de Victoria (se você pode chamar de "sentar" aquilo que você faz nessa altura) com meus 18kg a mais e rodeada pelas amigas, apenas uma semana antes do nascimento de Emma. Os presentes que elas trouxeram eram maravilhosos e senti muito amor. Mas só agora entendo que questões muito mais sérias estavam por perto naquela época de minha vida, e se soubesse disso então, teria organizado uma cerimônia, um círculo de mulheres, algum processo ritualístico para assinalar o extraordinário momento na vida de duas fêmeas – minha filha e eu. A maternidade é um mistério que não é auxiliado ou revelado pelos registros na Toys "R" Us, loja de brinquedos, videogames e produtos para bebês.

Quando uma mulher dá a luz, são dois os recém-nascidos: o bebê que nasce do ventre da mãe e a mulher que nasce do ventre da sua antiga existência. O nascimento físico cuida mais ou menos de si mesmo, enquanto o renascimento espiritual é uma experiência que devemos cultivar de modo consciente.

Suspeito que a depressão pós-parto é uma experiência que não ocorre em uma sociedade devotada ao Sagrado. Na verdade, o que a sociedade entende como depressão pós-parto é a consequência emocional de uma situação que não terminou: a mulher ainda não cortou o cordão umbilical que a liga àquela mulher que ela costumava ser. A transição para a maternidade envolve angustiar-se por uma vida que agora deve ser psicologicamente colocada de lado, não apenas para abrir espaço para a criança, mas para abrir um lugar a uma nova dimensão na consciência feminina e a uma nova experiência de vida. Em cada novo estágio na vida existem coisas cuja perda devemos lamentar, assim como coisas a celebrar.

Na época em que minha filha chegou à adolescência, eu tinha mais clareza sobre uma porção de coisas. Assegurei que tanto ela quanto eu fizéssemos seu *bat mitzvah* sob a maior quantidade de luz possível. Aquela era uma transição de sua vida como uma garota judia tornando-se uma mulher judia, e eu sabia que assim como em todo o resto, poderíamos realizar isso de modo profundo ou de modo superficial. Eu desejava preparar para ela um tapete de rosas, conduzindo-a da infância para a vida adulta que viria a seguir. Muitas mulheres, assim como homens, teriam sofrido menos mágoas, se alguém tivesse feito isso por elas.

Disse a Emma que lhe ofereceria uma festa bonita e divertida apenas se ela fizesse a sua parte. Nada que fosse apenas memorizar algumas linhas em hebraico e fingir que isso fosse o grande negócio.

Um dia ela me perguntou qual seria o tema do bat mitzvah e eu disse: — Como assim, o tema?

— Oh, as crianças escolhem um tema — ela respondeu. — Para a festa. Algumas escolhem Britney Spears ou Detroit Pistons ou... Achei que fosse desmaiar. Então, falei de modo claro e pausado: — O tema de seu bat mitzvah é que você está se tornando uma mulher aos olhos de Deus. *Ponto final.* Preciso dar-lhe crédito, porque minha filha compreendeu. Ela estudou assiduamente durante meses com um grande *chantre*, que lhe ensinou muito bem, e quando o bat mitzvah se aproximou, tivemos conversas maravilhosas sobre o que aquela transição iria significar para nós duas. Para Emma, significava que ela não seria mais uma criança. Também não seria uma mulher, mas estaria entrando em uma fase da vida que é menosprezada na cultura contemporânea: tornar-se o que nossos antepassados chamavam uma donzela (aos meninos, chamavam mestres). Se não honrarem esse período de forma consciente, os jovens o vivem como se fosse um circo psíquico, com os *piercings* no umbigo substituindo as contas do rosário e o sexo casual substituindo a conexão com o divino. Eu desejava que Emma tivesse um contexto sagrado para estes anos extraordinários. Desejava que ela se separasse de forma apropriada de sua ligação infantil comigo, e que nós duas entrássemos dignamente em nossas novas dimensões e nosso novo relacionamento.

Durante o bat mitzvah, eu entreguei cerimoniosamente minha filha a Deus e ao mundo. Depois de fazer as orações na *bima* com ela, então – do mesmo jeito que milhões de mulheres judias antes de mim – fui ao meu lugar na congregação e assisti enquanto minha filha conduzia o resto da cerimônia sozinha. Enquanto ela lia o Torá em hebraico, a presença de Deus era como um brilho que preenchia a sala. E depois que ela levou o Torá em seus ombros e o colocou de volta na arca, o chantre conduziu-a até mim e disse: "Você a trouxe aqui como criança. Eu lhe devolvo uma mulher".

Nunca senti tanto poder ou tanto amor em minha vida.

A PASSAGEM DA TOCHA

Existem ocasiões nas quais realizamos alguns rituais sem nem perceber que estamos fazendo isso. Quando eu estava com 18 anos e estudava na faculdade, fui assistir a uma palestra do falecido autor Norman O. Brown, cujo livro *Love's Body* me inspirou demais. Depois da apresentação, entrei na fila para perguntar-lhe, com seriedade, se ele teria algum conselho para me dar. O escritor me falou do princípio do Talmude, que reza que, no meio da noite mais escura, devemos agir como se a manhã já tivesse chegado. Então, ele me beijou na fronte. Uma sensação de completa felicidade me invadiu, durando horas.

Um beijo na fronte é um gesto repleto de poder: alguém beija (oferece amor para) sua fronte (seu terceiro olho, ou a sede da alma). Poderia existir um ritual mais profundo do que se despedir de alguém oferecendo suas bênçãos?

Durante aquele mesmo período, recebi outro, e igualmente maravilhoso, sopro de energia. Estava caminhando com um de meus professores – o agora crítico de jazz Stanley Crouch – para assistir a uma palestra de Jane Fonda. Estávamos em 1970 ou 1971, e Fonda visitava os campi da universidade para falar sobre seu ativismo contra a guerra. Ela estava deslumbrante, muito esbelta em seus jeans e camiseta, com aquele corte em camadas que se tornou famoso no filme *O passado condena (Klute)*. E ela parecia iluminada por dentro. A combinação de sua beleza física estonteante com seu brilho quase espiritual me impressionou então, e ainda impressiona hoje, quando penso sobre isso. E enquanto Jane Fonda caminhava para a palestra, ela fez uma coisa que mudou minha vida.

Crouch, que é afro-descendente, e eu caminhávamos por uma calçada perpendicular àquela por onde a atriz andava. Quando cruzou nossa passagem, Jane virou o pescoço e deu uma olhada em nós. Não sei o que fez com que seu rosto se iluminasse – uma jovem branca com um professor negro? (lembre-se, estávamos em 1970) –, mas ela deu um sorriso em minha direção que rivalizava em poder com as transmissões de energia que recebi anos depois de um mestre espiritual. Ela parecia projetar algum tipo de força maravilhosa sobre Stanley e mim, apenas caminhando junto de nós, e sua aprovação me atingiu como um maremoto de energia positiva. Daquele ponto em diante, senti como se tivesse sido abençoada por Jane Fonda.

Eu quis mencionar esse incidente quando me encontrei com ela quase 30 anos depois, mas não consegui. Teria me sentido uma idiota. O que eu deveria dizer? — Vi você há 30 anos e havia uma luz fluindo de sua cabeça, e quando sorriu para mim senti como se um raio tivesse me atingido no peito, mas eu sabia que estava tudo bem...

Aquele momento claramente já passou. Mas recebi um presente que ficará comigo para sempre porque pelo menos uma de minhas escolhas – que de certa forma simbolizava muitas outras – havia sido validada por uma mulher poderosa.

Hoje em dia, muitas mulheres jovens assistem às minhas palestras, e vejo nelas a jovem que fui um dia. Elas me dizem que desejam fazer o que eu faço, e tenho certeza de que o farão – só que melhor. A tocha vem sendo passada de geração a geração. Meus discursos talvez tenham acendido alguma estrela no céu, da mesma maneira que outras mulheres acenderam estrelas em meu céu particular. Todos nós estamos passando de um estado a outro durante todo o tempo, e Deus nos envia guias e anjos mentores e inspiradores para iluminar nosso caminho. Ele está sempre preparando novas vidas.

OS INTERVALOS

Algumas vezes, vivemos nos intervalos: lugares quando não somos mais quem costumávamos ser, mas ainda não chegamos ao nosso próximo estágio.

Em janeiro de 2004, levei minha filha para ver um show de Bette Midler; para mim, seria a terceira vez. Eu me lembro de tê-la visto em Nova York nos anos 1970 e depois em Los Angeles no começo dos anos 1990. Os anos tinham passado e muita coisa mudara. Enquanto levava minha filha para o show, senti como se estivesse passando a ela um presente maravilhoso e de muito significado para mim. A música de Midler agitara minha alma e quem sabe agora iria agitar a alma de Emma.

Foi interessante ver o quanto Bette tinha mudado e o quanto continuava a mesma. Por um lado, as piadas que haviam funcionado havia dez ou vinte anos não tinham mais sentido: o mundo é totalmente diferente, assim como nós. Mas a mudança mais perceptível para mim foi na própria artista. Fica nítido que se preocupa com as pessoas, e ela mesma é uma pessoa muito sincera; seus comentários sobre a situação do mundo e, em particular, sobre a política americana eram marcantes e verdadeiros. (E muito corajosos, tendo em vista que parte de sua plateia obviamente não concordava com ela!) Entretanto, pude sentir uma amargura que pareceu a mim um reflexo pungente da situação de nossa geração. Continuamos contando piadas, mas elas não parecem mais tão engraçadas quanto antes.

O que foi mais impressionante para mim naquela noite é que não podemos mais voltar para casa. Os anos 1970, 1980 e 1990 da divina *Miss M* não existem mais. Eles foram um momento engraçado no tempo, como uma festa realmente legal. Mas a festa terminou e o mundo, como ela bem salientou, não é mais seguro para ninguém. Éramos crianças então, hoje não somos mais. Achei que ela não estivesse mentindo inteiramente, quando comentou que se retirou durante alguns anos para sofrer sua menopausa em silêncio.

Midler não parecia realmente capaz de se jogar de corpo e alma nas velhas piadas. Mas como ela poderia? Posso imaginá-la discutindo com alguém de sua produção: "Ora, vamos lá, Bette. Essas piadas ainda são muito engraçadas! Essa série ainda funciona! Há uma plateia inteira lá fora que ainda não ouviu nenhuma delas, e eles vão adorar"! Sua resposta – pelo menos em minha imaginação

– seria que ela estava tão cheia com a situação do mundo que não repetiria mais essas piadas. Como poderíamos rir no momento em que o mundo está tão confuso? Bette Midler brilhou duas vezes apenas durante aquela noite: quando falou seriamente sobre política e a situação do mundo, e quando cantava algumas canções musicalmente profundas.

Eu conseguia enxergar seu enigma, porque ela – assim como muitos outros – não está nem aqui nem lá. Ela não é mais quem costumava ser (embora consiga imitar-se brilhantemente) –, porém ainda não é quem está se tornando. Bette consegue ainda fazer as outras coisas – Delores, o peixe, Clementine e Ernie –, mas senti que eles não mais falavam com sua alma. Talvez tudo isso seja projeção minha, mas foi assim que me senti. Ela parece estar agora na zona do meio, onde as verdadeiras mudanças acontecem, assim como muitos de nós. Somos agora grandes demais espiritualmente para cabermos nas roupas atitudinais que costumávamos vestir, porém as novas roupas ainda estão penduradas no armário.

Quando você tira suas roupas, fica nu durante um minuto antes de colocar as outras. Quando a idade é vista puramente apenas no contexto material, você fica imaginando se *existem* outras roupas. Entretanto, em um contexto espiritual, não existe nenhuma fase da vida – porque não existe nenhum ponto no universo – em que Deus não esteja presente. Continuamos na estrada, a caminho do próximo estágio, quer estejamos alguns dias mais velhos, quer décadas mais velhos. O espírito da vida não diminui com o tempo. No momento presente, nossa tarefa é abandonar o que passou, com amor ou tristeza, e aceitar aquilo que emerge a seguir da Mente de Deus. Quando já tivermos visto o mundo, entendido o mundo e sentido nossa alma ficar doente por causa do mundo, é hora de voltarmos a ser crianças novamente. Olhamos para Deus pedindo que nos dê uma nova vida quando a anterior começar a morrer.

Eu irei ver o brilho de Bette Midler a qualquer momento, mas tenho uma impressão bem precisa de que, na próxima vez em que for assistir a seu show, Clementine e Ernie terão se transformado em alguma outra coisa. Ela já demonstrou sua grandeza teatral e agora parece ir em direção ao destino de nossa geração: uma grandeza que irá coroar a glória de todas as suas conquistas até este ponto, pavimentando o caminho para a transformação deste mundo. Shakespeare disse que o mundo inteiro é um palco, e todos nós somos atores. Hoje – sejamos astros famosos ou pessoas comuns –, parece que os anos de ensaio finalmente terminaram e que o grande espetáculo de nossa vida está prestes a começar.

ENCENANDO NOSSA PARTE

Houve um tempo em que a ideia de mudar o mundo não parecia ser assim tão difícil.

Quando você é jovem, é razoavelmente fácil aceitar a noção de que iremos algum dia acabar com todos os problemas do mundo. Nosso corpo é jovem e voluptuoso, nossa energia parece infinita e as oportunidades, aparentemente eternas; achamos que é apenas uma questão de tempo para que todos os problemas se curvem sob o poder de nossos esforços (que são, afinal de contas, tão impressionantes). Porém, a vida tem maneiras de esgotá-lo. Você aprende, por modos dolorosos, que o mal não dá um passo atrás ao enfrentar sua prodigiosa energia e intelecto. Torna-se tentador sucumbir ao cinismo da idade quando se vê com que frequência as coisas não mudam. Especialmente quando os fatores mais recalcitrantes, as montanhas mais inalteráveis, parecem estar dentro de si mesmo.

Como posso acreditar que o mundo inteiro irá alterar seus padrões neuróticos quando continuo casando com a mesma pessoa vezes sem conta? Como posso acreditar que duas nações que continuam matando os cidadãos uma da outra vão encontrar a paz em algum momento, quando continuo sem falar com meus pais?

Nossos músculos atitudinais, e não apenas os físicos, tornam-se menos flexíveis com a idade. É impressionante notar quanta fadiga pode ser causada por decepções frequentes. Para que exista mudança, é necessário energia e, às vezes, nosso estoque de energia é pequeno. Você pode sentir a pressão quando chega à meia-idade, quando simplesmente aceita o *status quo*, que dificilmente é aquilo que você esperava, mas, como já está aqui, que assim seja.

Jesus disse de Lázaro: "Ele não está morto. Está apenas adormecido". Assim como nós. Na maioria de nós, reside a frustração acumulada dos sonhos não realizados e o esmagador desejo de abrir nossas asas e voar sobre as limitações terrenas que nos prendem. Tais energias dolorosas não são transmutadas automaticamente, senão por meio da oração, da entrega e dos relacionamentos sagrados. Elas se prendem aos nossos órgãos espirituais da fé e da esperança, insultando-nos com frases como: "Você é velho demais" ou "Você estragou tudo" ou "Você está esgotado". E de vez em quando tudo isso parece ser comprovado pelas evidências.

Dizer a essas vozes: "Satã, sai de ré" não é falar asneiras ou um pensamento ilusório. Espiritualmente, trata-se de nosso poder e da nossa força.

ANJOS E DEMÔNIOS

Durante as primeiras horas da manhã, os anjos e os demônios tomam forma. As glórias e os terrores de uma vida estão mais claros antes que o dia amanheça. Assim que a luz da manhã nos ilumina, os significados mais profundos – que algumas vezes eram óbvios horas antes – são facilmente esquecidos. É quando nos tornamos vítimas da estrutura de pensamento do mundo.

Como é contrária às leis da natureza a relação do mundo moderno ocidental ao relógio da vida! Será que Edison percebeu a destruição que reside escondida em seu presente para a humanidade? A luz elétrica iria mudar o mundo. A serviço da era industrial e às suas necessidades de produtividade, treinamos nós mesmos a dormir quando o sistema assim o exigia e a acordar quando o sistema precisava. Com que frequência, então, perdemos o nascer do sol e sua bênção? Tais bênçãos não são apenas metafóricas. Elas são mais que simplesmente maravilhosas; são uma lembrança de Deus: "Veja o que produzi da escuridão de cada noite; este é o mesmo trabalho que deverei fazer em você". Envelhecer é uma forma de anoitecer, também cheia de anjos e demônios. Estamos mais perto da sabedoria, porém mais perto da morte. É necessário subir bastante para obter uma visão mais límpida: uma escalada acima dos pensamentos e dos sentimentos que nos mantêm atados ao solo onde antes pisávamos. O solo de ontem está estéril agora. Seu drama terminou. Só o presente, vivido em plenitude e com intensidade, contém a promessa de um novo amanhã.

Durante noites seguidas, fiquei deitada acordada, com os olhos abertos por nenhuma razão aparente, meu corpo se recusando a cair no sono, e meus hormônios não parecendo mais me pertencer. Por um instante, disse as coisas usuais a mim mesma: "Detesto isso; preciso checar de novo meus níveis de estrógeno; preciso comprar mais melatonina; vou me sentir péssima manhã". Então, percebi que mais alguma coisa estava acontecendo: "Estou naquela idade, por isso tenho dificuldades para dormir", era uma noção tão devastadora, tão privada de dimensão, tão superficial que não servia com interpretação daquela experiência. Sob o ponto de vista espiritual, aquelas horas não eram cansativas; eram profundamente estimulantes. O restante daquilo que buscamos não será encontrado enquanto dormirmos, mas quando estivermos acordados. (*)

Durante aquelas horas em que fiquei inconvenientemente desperta, acho que comecei a compreender finalmente o que *significa* estar desperto. Ao notar a hora mágica – 4h15 da madrugada – na qual eu mais frequentemente acordo, saindo para fora para olhar as estrelas e me maravilhar com a lua, percebo que volto novamente para meu remoto eu. Nessas horas, não sou uma das malucas por causa da menopausa. Sou uma *bruxa*, e posso sentir isso em meus ossos.

Quando facetas suas, que costumavam dar certo, agora parecem ter chegado ao apogeu e se exaurido; quando situações que costumavam ser excitantes agora perderam o fio, assim como você; quando frases do tipo "chegar ao teto" passaram de repente a fazer sentido, então está pronto para o renascimento. É hora de encarar o terrível vazio – não com resignação, mas com fé, porque esse vazio é o ventre de um novo ser que emerge. A partir da acidez dos lamentos sobre coisas que aconteceram e não aconteceram, até nossa obstinada esperança sobre algo que ainda pode ocorrer, uma profunda e transformativa alquimia está operando dentro de nós. Não estamos acabados, não até que Deus faça soar o gongo.

E o gongo, como o conhecemos, está bem distante. Uma apresentadora de tevê certa vez perguntou a Clint Eastwood sobre seu casamento com uma mulher que era décadas mais nova do que ele. Adorei sua resposta oblíqua: "Se ela morrer, paciência"! De fato, quem pode saber quem partirá antes? Em 1994, minha irmã morreu aos 44 anos de idade. No ano seguinte, meu pai morreu aos 85. Vá entender...

Então, o que iremos fazer com o resto da nossa vida, quando escolhermos o caminho do renascimento espiritual? Primeiro, devemos *decidir conscientemente viver esses dias*. Crenças ocultas são perigosas, e aquela que diz que: "Os melhores anos de minha vida ficaram para trás" é um agente poderoso – não de mudanças, mas de inércia. Embora possa ser enunciado de maneira inconsciente, o fato é que a maioria de nós pensa assim. Só que pensamentos desse tipo podem ser alterados.

Caso nos identifiquemos primeiro com as realidades exteriores, do modo como fomos treinados a fazer pelo sistema de pensamentos do ego, então fica mais difícil olhar para a frente, em busca de anos melhores, já que boa parte de nossos anos já passou. Porém, este é o nosso desafio: enxergar além do mundo e então invocar novos começos. Uma criança cresce, quer esta seja sua escolha, quer não. Mas, em certo ponto na vida, nós crescemos apenas se escolhermos fazer isso. E nessa escolha reside uma opção que não será exclusiva, mas sim de todo mundo.

MAIS FUNDO NOS ANOS

Quando visitava Londres no outono de 2003, fui até a Royal Academy of Arts para ver a coleção de pinturas pré-rafaelitas de Andrew Lloyd Webber. Uma das pinturas, chamada "Prata e ouro", mostra uma bela jovem caminhando com uma senhora mais idosa. Fiquei observando a pintura durante um tempo, lembrando como era ser jovem como a garota do retrato, como a parte que eu tinha atuado em uma peça que tinha encerrado a temporada e não voltaria mais. Tenho certeza de que ainda não sou aquela senhora idosa, mas certamente estou colocada de modo precário entre as duas. Posso agora me relacionar tanto com a senhora mais velha, que espero ser um dia, quanto com a jovem garota, que não sou mais. E o que é mais impressionante para mim naquele quadro é a seriedade com que a senhora idosa ouve a mais nova. Seria a garota talvez sua neta? Sua protegida? Quem sabe. Mas ela claramente se importa com a moça, a quem está dando toda a sua atenção. É parte da iniciação de uma jovem nos mistérios, ou seja, receber a boa vontade de uma mulher que passou pela juventude e agora se importa com alguém.

Minha mãe me disse um dia: — Sabe, Marianne, seja qual for a idade que você tenha, já experimentou todas as idades antes dessa. Acho que ela disse isso em resposta a alguma coisa condescendente que eu tinha dito, do tipo que juventude era uma coisa que ela não entendia! E meu pai, por volta dos 80 anos, me disse: — Gozado, quando se está velho, você não se *sente* velho!

Minha conclusão é de que a idade, embora no sentido eterno não seja nada, no sentido material é verdadeiramente alguma coisa. E eu honro a ambos, já que ambos são meus.

Tive uma assistente que era 20 anos mais nova do que eu, e de vez em quando, quando a via chegando pelo corredor, podia jurar estar vendo uma versão mais jovem de mim mesma. Eu gostava de observar sua alegria em relação a coisas que eu nem percebia mais – sua perplexidade ao saber que Cameron Diaz recebe mais de *dois milhões de dólares* para estrelar um filme, e sua excitação ao ir para Paris pela primeira vez. Observar aquela garota era como ter a oportunidade de dar um alô para aquela que fui um dia. E também sabia que ela estava espiando pelo corredor para uma mulher que ela poderia vir a ser depois.

Tive uma amiga que estava morrendo de câncer, e, depois de sua morte, comecei a sair com seu antigo namorado. Ele me contou que, durante seus últimos meses, as sessões na terapia sempre alinhavam sua intuição de que, um dia, seu namorado e eu ficaríamos juntos. Ela precisou lidar com o fato de que o arco de sua vida estava descendo, enquanto que o meu, em certo sentido, apenas começava a subir. Doeu muito em mim pensar no que ela pode ter sentido. E agora, tendo entrado na última metade de minha vida, percebo mais e mais aquilo que ela estava deixando ir embora.

Nenhum de nós tem controle sobre os papéis que nos foram designados neste drama em eterna mudança que é a vida. Você é o jovem Turk quando for o jovem Turk; você é a velha encarquilhada quando tem de ser a velha encarquilhada; é o ingênuo apaixonado quando for o ingênuo apaixonado; e você estará gasto quando tiver de estar gasto. Entretanto, alguma coisa dentro de nós não é nenhum desses papéis; quem somos de verdade é imutável na Mente de Deus. Estamos apenas experimentando alguns cantos do universo para conhecer suas dimensões, suas lições, antes de ir investigar outro. Não acho que a morte seja o final de nossa vida, porque do mesmo modo como fomos trazidos até aqui, seremos levados em frente para novas aventuras. Entendo que a roda do carma continua girando até cada ponto que Deus possa concretizar e que tenha tido a oportunidade de fazê-lo, e Ele pode ver que fizemos todos eles.

É importante desistir do ontem quando o ontem já se foi. Eu me lembro de reclamar com meu melhor amigo de que, quando dou uma palestra, não sou mais tão rápida como já fui, entregando o que prometi com fluidez. Sua resposta foi muito útil: que muitas pessoas em minha plateia também não são tão rápidas, também não têm mais tanta vivacidade, e que seria falso se eu tentasse ser diferente. A idade nos faz andar mais devagar, mas nos leva a locais mais profundos, a domínios que não são menos férteis, do ponto de vista espiritual, do que aqueles onde habitávamos antes. À medida que os anos passam, perdemos parte daquele brilho exterior que tão gloriosamente se introduziu em nossa juventude – mas uma faísca interior emerge, uma que nunca tivemos. Ralph Waldo Emerson escreveu: "Quando envelhecemos, a beleza se converte em qualidade interior".

E é mais do que apenas a beleza se tornar qualidade interior. Toda a riqueza da vida começa a se refugiar secretamente quando envelhecemos; não se trata de menos magia, que não é visível ao olho físico. Na verdade, de certa forma, a vida se torna mais repleta de magia, porque a magia está nos planos invisíveis.

Pensando sobre a alegria de minha jovem assistente prestes a ir pela primeira vez a Paris, refleti sobre minha história com relação àquela cidade em comparação com os homens que conheci. Os anos que levam uma mulher da juventude à maturidade são marcados emocionalmente por sua história em relação ao amor. Há fases sobre Paris, assim como há fases sobre certos relacionamentos: preparar-se, viver o momento, e depois se lembrar de como foi.

Quando eu era mais jovem, fui um dia a Paris com um homem que me encantava tanto quanto a cidade. Nossos esforços para que a viagem acontecesse e o período que lá estivemos são memórias que guardarei com carinho para sempre. Mas décadas depois houve outro homem. E quando o assunto de Paris surgiu em nossas conversas, uma rápida olhada disse tudo.

Nós dois já tínhamos estado lá, e ambos amávamos o lugar; eu podia sentir isso. Ambos tínhamos tido sonhos que se realizaram em Paris, e sonhos que morreram lá. Nós nem precisamos falar sobre isso, de tão claro que estava naquele segundo em que nos olhamos de que os dois sabiam todos os lados da questão. Percebi então que seja aonde for que tínhamos ido naquele momento – não tanto em relação aos anos que vivemos, mas por causa deles – foi um lugar muito mais encantador do que Paris.

UM NOVO FUTURO COMEÇA

E o que fazer com aqueles que dizem: "Bem, talvez a gente possa mudar o mundo – mas não durante o tempo em que eu viver. Então, para que tentar"?

De acordo com o budismo, aquilo que dá significado à nossa existência não é o que conseguimos atingir em nossa vida, mas sim aquilo que morremos *tentando* conseguir. Susan B. Anthony[6] não viveu para ver a aprovação da 19ª Emenda. Entretanto, milhões de mulheres vivem uma vida muito mais enriquecida por causa dela. Seus esforços incansáveis por gerações de mulheres que ela nunca iria conhecer proporcionaram à metade dos americanos – eu acho que à outra metade também – uma capacidade maior de se expressarem totalmente. Com certeza, em algum nível celestial, sua alma recebe as bênçãos que ela ofereceu.

E agora, em nosso tempo e por meio de nossos esforços, somos também chamados para uma grande aspiração: pensar sobre

---

6 – Susan B. Anthony (1820-1906) foi uma proeminente feminista que lutou pelos direitos da mulher nos Estados Unidos. (N. E.)

um mundo em paz, infundido com amor total, porque enquanto não pensarmos na paz, ela não será nossa. Nós vamos terminar com as guerras não porque as detestamos; vamos encerrá-las porque amamos a paz muito mais. Nós vamos amá-la tanto que tentaremos viver a paz em nossa vida. Podemos promover a paz em nosso coração e em nossa política. E, então, um dia, vamos notar que a guerra desapareceu.

Daqui a muitos anos, quando nós mesmos não seremos mais lembrados, as pessoas irão viver em um planeta pacífico, sem saber a quem abençoar e agradecer. As crianças vão perguntar aos pais: "É verdade que houve um tempo quando as pessoas faziam guerra"? E os pais responderão: "Sim, existiu essa época. Mas foi há muito tempo. Não acontecem mais guerras".

E quando isso acontecer, nossa alma receberá as bênçãos que oferecemos. Levantaremos nosso copo para o céu, onde já estamos e, rindo e com os olhos cheios de lágrimas, brindaremos:
— Nós conseguimos!

Não importa quem você é ou o que você fez, Deus está consciente de seu ânimo para trabalhar em Seu Nome. Se você tropeçou e se levantou – tendo tropeçado por sua própria culpa ou pela intenção de alguém machucá-lo, ou ambos –, você se levantará agora com um novo poder. Falará com maior credibilidade e carregará uma profunda compaixão por aqueles que sofrem. Terá recebido visão, humildade e nunca mais será facilmente enganado pelo ego. Estará totalmente preparado para servir a Deus.

Este é o momento em nossa vida de lidar com aquelas questões que empurramos para o fundo da gaveta e que não nos deixam realizar nossos objetivos com 100% de capacidade. Este é o momento para fazermos uma mudança radical de nosso eu enfraquecido, devotando cada dia à eliminação total de quaisquer energias que permaneçam ligadas à nossa psique e que possam arruinar nossa vida. E isso não pode ser feito sem oração. Não pode ser realizado sem trabalho. E não pode ser feito sem uma brutal honestidade pessoal. E sem que tenhamos perdoado aos outros e a nós mesmos. Nada pode ser feito sem amor. E quando realizarmos tudo isso, teremos obtido autoridade espiritual. A pedra na frente de nossa tumba é removida. Nosso espírito ressurge e estamos prontos para a luz. Estamos prontos no sentido de que agora podemos conter a luz: chegamos finalmente a viver no conforto de nossa própria pele. Percebemos o chamado urgente da história. Fomos chamados por uma força de espírito coletiva, e cada um de nós está preparado para fazer sua parte. Nosso mundo necessita de gigantes espirituais, e exige-se não o ego, mas a humildade, para inscrever-se nesse esforço. Muitos de nossos problemas surgiram porque decidimos agir de modo insignificante, pensando que desse jeito encontraríamos a segurança. Mas nascemos com asas, e somos destinados a abri-las. Qualquer coisa que for menos do que isso irá nos ferir, irá nos negar o amor, para nós e para os outros, e significará que terminaremos nossa vida sem ter voado na glória espiritual.

Vamos voar.

Querido Deus,
Se deixadas aos meus próprios esquemas,
Minhas percepções ficarão distorcidas.
Entrego ao Senhor tudo o que eu penso e sinto.
Por favor, leve meu passado e planeje o meu futuro.
Envie Seu Espírito para libertar minha mente
Para que eu me torne livre.
Que eu possa ser Sua nave,
E que possa servir ao mundo.
Que eu possa ser aquele que o Senhor deseja,
Que eu possa fazer aquilo que o Senhor quer que eu faça.
E eu farei, querido Deus.
Amém.

Agora, imagine-se do jeito que gostaria de ser. Feche os olhos e veja-se elegante, honrado e calmo. Veja a si mesmo como uma pessoa inteligente, criteriosa, humilde e gentil. Imagine todas as suas fraquezas substituídas pela força. E não pare de fazer isso. Permaneça tranquilamente com os olhos fechados por quanto tempo puder, porque está concebendo uma nova vida. Peça ao Espírito de Deus que venha dentro de você e o faça nascer em completude de seu eu possível. Seja qual for o portal pelo qual entrou na casa de Deus, saiba que Sua casa é o seu verdadeiro lar. É o lugar onde encontrará sua identidade, onde receberá os reparos em sua alma, a cura do mundo, e onde começará de novo. Você voltará para dentro da escuridão do mundo e a trará para a luz. Terá conhecido o milagre e, por meio de você, os outros viverão os milagres também.

Deus ama tanto você, e o mundo, que está enviando a pessoa que Ele criou para que você seja essa pessoa.

Lembre-se de que, em qualquer situação, só estará faltando aquilo que você não estiver oferecendo. Traga o amor de Deus e você estará abençoando todas as coisas. Ele estará à sua esquerda e à sua direita. Ele estará à sua frente e atrás de você. Aonde quer que você vá, Ele estará junto.

E juntos, vocês mudarão o mundo.

Este livro foi impresso pela Prol Editora Gráfica
para a Editora Prumo Ltda.